国家社科基金后期资助项目
出版说明

后期资助项目是国家社科基金设立的一类重要项目，旨在鼓励广大社科研究者潜心治学，支持基础研究多出优秀成果。它是经过严格评审，从接近完成的科研成果中遴选立项的。为扩大后期资助项目的影响，更好地推动学术发展，促进成果转化，全国哲学社会科学工作办公室按照“统一设计、统一标识、统一版式、形成系列”的总体要求，组织出版国家社科基金后期资助项目成果。

全国哲学社会科学工作办公室

国家社科基金
GUOJIA SHEKE JIJIN HOUQI ZIZHU XIANGMU
后期资助项目

国际金融监管法律冲突研究

Legal Conflicts in International Financial Regulations

吴永辉 著

法律出版社
LAW PRESS·CHINA
——北京——

图书在版编目(CIP)数据

国际金融监管法律冲突研究 / 吴永辉著. -- 北京 : 法律出版社, 2023
ISBN 978-7-5197-7911-5

Ⅰ. ①国… Ⅱ. ①吴… Ⅲ. ①国际金融—金融监管—金融法—研究 Ⅳ. ①D996.2

中国国家版本馆 CIP 数据核字(2023)第 083983 号

国际金融监管法律冲突研究
GUOJI JINRONG JIANGUAN FALÜ CHONGTU YANJIU

吴永辉 著

责任编辑 赵明霞 王 斓
装帧设计 李 瞻

出版发行 法律出版社
编辑统筹 法商出版分社
责任校对 王晓萍 王语童
责任印制 胡晓雅
经　　销 新华书店

开本 710 毫米×1000 毫米 1/16
印张 17.75 **字数** 300 千
版本 2023 年 11 月第 1 版
印次 2023 年 11 月第 1 次印刷
印刷 北京虎彩文化传播有限公司

地址:北京市丰台区莲花池西里 7 号(100073)
网址:www.lawpress.com.cn
投稿邮箱:info@lawpress.com.cn
举报盗版邮箱:jbwq@lawpress.com.cn

销售电话:010-83938349
客服电话:010-83938350
咨询电话:010-63939796

书号:ISBN 978-7-5197-7911-5
定价:58.00 元

凡购买本社图书,如有印装错误,我社负责退换。电话:010-83938349

基金项目
国家社会科学基金后期资助项目，项目批准号：17FFX028

缩 略 语 表

BCBS(Basel Committee on Banking Supervision)	巴塞尔银行监管委员会
FATF(Financial Action Task Force on Money Laundering)	反洗钱金融行动特别工作组
FSB(Financial Stability Board)	金融稳定委员会
GATS (General Agreement on Trade in Services)	《服务贸易总协定》
IAIS(International Association of Insurance Supervisors)	国际保险监管者协会
IFRS (International Financial Reporting Standards)	国际财务报告准则
IMF (International Monetary Fund)	国际货币基金组织
IOSCO(International Organization of Securities Commissions)	国际证监会组织
ISO(International Organization for Standardization)	国际标准化组织
MOU(Memorandum of Understanding)	谅解备忘录
SEC(U. S. Securities and Exchange Commission)	美国证券交易委员会
WBG(World Bank Group)	世界银行集团
WTO(World Trade Organization)	世界贸易组织

目录 Contents

导　言

一、研究背景

在金融自由化迅速推进和金融创新不断涌现的国际背景下，金融全球化的出现给各国的金融监管带来了巨大的挑战，因而一国的金融监管也必须相应地走向国际化的发展道路。但是，当前的金融监管主要属于国内经济管制事项，这种内生性的金融监管制度不足以应对金融全球化的国际趋势，从而导致各自为政的金融安全监管在跨国监管上的失灵，使得金融发展的跨国性与金融安全的内国监管之间产生了明显的对抗与张力，外化在法律上就是各国金融监管的法律管辖权冲突与实体法冲突。在经济全球化的背景下，如何协调各国的管制冲突、增强国际金融监管的法律效力就成了重要的国际冲突法问题，如何在保证国际社会享受全球金融自由化与全球化利益的同时，又能有效保证全球金融系统和市场的稳健、促进世界经济的可持续发展便成了重要的跨国金融监管问题。

金融自由化进程与金融资源在全球配置效率的提高已进入一个新的历史发展时期，而金融安全与稳定的适配问题依然严峻，尤其是全球性金融危机的防范与化解以及全球金融秩序的构建方面却显得相对滞后。尽管对金融监管的研究在各国得到了一些经济学家和法学家的重视，并相继有一些研究成果问世，但针对金融监管国际合作的法律效力问题的研究，一直付之阙如。已有的研究多数属于知识性、介绍性工作，主要单纯从经济金融学角度阐述，缺乏必要的法律价值目标导引，无法承载金融监管在一国乃至国际社会中的多重功能性目标。从法律角度对金融监管进行归纳、分析也只是局限于一国范围，没有从金融全球化的宏观背景考察金融监管法律的有效性。因此，只有充分进行多学科的综合研究才能有效解决国际金融监管的法律冲突问题，从而保证金融监管的有效性，维护国际金融秩序的稳定。

在我国，金融发展与潜在的金融风险也成为经济学界和法学界面临的一个亟待解决的重大研究论题。2006 年 11 月入世过渡期结束后，尤其是 2013 年“一带一路”倡议提出和推行后，我国金融制度的双向改革与开放已步入一个全新的历史时期。为保障国家金融安全，自 1997 年亚洲金融危机以来，党中央和国务院先后召开过五次全国金融工作会议，对每五年一个经济周期的金融工作确立“基调”。尤其是在2017年召开的全国金融工作会议上，大会强调要坚持从我国国情出发推进金融监管体制改革，增强金融监管协调的权威性和有效性，强化金融监管的专业性、统一性和穿透性，所有金融业务都要纳入监管，及时有效识别和化解风险。最高规格金融工作会议的成功召开，为我国今后金融风险防范与金融监管改革奠定了良好的政策基础。因此，金融全球化背景下的金融安全问题很大程度上依赖于国际金融监管法律的有效实施，国际社会只有解决减损金融监管实效的法律冲突问题，才能从根本上维护全球金融体系的系统安全。

二、研究目标和意义

金融全球化背景下的金融安全在很大程度上依赖于金融监管法律的有效实施，为达到预防金融风险和维护金融稳定的法律价值目标，国际社会必须着力解决减损金融监管实效的法律冲突问题。在这一整体研究目标的导引下，本书尝试着用公法法律冲突的全新研究范式去分析和论证解决方案。本书围绕国际金融监管法律冲突的预防与解决，从理论和实践两个方面寻求突破，并确立相应的金融监管体系。本书一方面提出了公法冲突和法律价值的理论，并以此作为金融监管实践的指导原则和研究的逻辑起点，力求对国际金融监管理论进行创新；另一方面提出了协调程序法和实体法规则的路径安排，着力解决当前困扰国际社会的金融风险和金融危机的预防与化解等实际问题。本书从法律冲突的角度研究金融风险防范与金融监管国际合作的法律效力，具有重大的理论价值和紧迫的现实指导意义，具体体现在以下几个方面：

第一，本书以国际金融监管法律冲突为研究中心，力求更准确地厘清国际金融监管法“监管竞争与监管套利”的法律特性，进一步发掘全球治理背景下金融监管国际合作的条件与趋势，在一定程度上展现了国际金融监管法全新的理论面貌和合作发展的法律价值导向。

第二，本书以“法律冲突”为切入点，直面当前国际社会中金融风险防范与金融监管合作机制中效力性不足的国际难题，力求理论研究与国际实践之间的有机互动，一定程度上展示了金融监管法的实践价值。

第三，本书以“国际金融监管法律冲突的协调模式”为理论视点，审视转型时期我国涉外金融监管法律制度的发展与完善，力图夯实我国涉外金融监管法律制度与国际金融监管制度对话和融合的基础，一定程度上为建构具有中国特色的涉外金融监管法律制度提供较为丰富的国际改革经验和更为坚实的法理基础。

三、本书的结构安排

本书主要围绕金融监管域外效力法律冲突的预防与解决这一问题展开，通过对金融监管法律冲突特征的论述及其协调路径的探讨，重新构建了国际金融监管的法律体系。本书从国际金融监管效力问题的提出、国际金融监管法律冲突问题的分析以及国际金融监管法律冲突的协调三个层次共七章对金融监管域外效力的法律冲突进行了全面探讨。

第一章为国际金融监管法律冲突概述，通过阐释法律冲突的基本概念与类型、国际金融监管法律冲突的基本概念和特征，以及国际金融监管法律冲突的基本类型和正负面影响，重点说明了国际金融监管法律冲突不同于传统国际私法的公法特性，从而形成本书的逻辑起点。

第二章为国际金融监管法律冲突协调的理论基础，重点阐释了跨国金融监管法律冲突产生的原因及解决思路，从而奠定全书的基本理论和框架结构。本章揭示了法律冲突产生的管辖权原因及条件，从方法论角度阐释了公法法律冲突协调的基础理论，总体上概括了域外管辖权冲突的三大协调路径，并为后续三章展开具体内容铺垫了理论基础。

第三章为国际金融监管法律冲突的立法管辖权协调，着重从金融监管的管辖权分配与协调方面，探讨了金融监管法律冲突的解决。由于金融监管法是公法，具有严格的地域属性，因而金融监管管辖权是探讨金融监管法律冲突协调首先面临的问题，既集中体现金融监管的国家主权，又直接关涉实体法律规则的适用。在管辖权协调的国际合作实践中，目前形成了四种管辖权的协调方式，即单边主义的自我调节方式，双边主义的共享管辖权和相互认可方式，以欧盟为代表的区域主义方式，以 WTO、IMF 和 FSB 为核心的全球统一监管方式。

第四章为国际金融监管法律冲突的司法管辖权协调，主要从金融监管的司法管辖权分配与协调方面，探讨了金融监管法律冲突的解决。本章首先从司法管辖权的谦抑行使，即国际礼让原则和不方便管辖原则方面阐述了各国司法机关对金融监管的谦抑性，减少了金融监管的平行管辖权冲突。其次从金融监管法域外适用的具体案例出发，探讨了各国对外国金融监管法的域内适用，从而从司法实践上印证了公法域外适用的最新进展和趋势。

第五章为国际金融监管法律冲突的执法管辖权协调，主要从金融监管的执法管辖权分配与协调方面，探讨了金融监管法律冲突的解决。本章分别从单边执法管辖权的冲突及其调整、执法管辖权冲突的双边主义协调以及多边主义协调等方面，阐述了金融监管法执法过程中的冲突。

第六章为国际金融监管法律冲突的统一实体法协调，本章从实体规则和监管标准趋同与统一的角度，探讨了金融监管法律冲突的协调。金融监管管辖权的分配与协调只是缓解法律冲突的权宜之计，并不能从根本上消弭国际金融监管的法律冲突。只有着力减少实体法内容的分歧与差异，才能从根本上消除法律冲突。随着经济的全球化，跨国监管的公法领域也出现了全球化和趋同化的趋势。除了各国金融监管法律的趋同以外，国际经济组织和国际金融监管行业协会也制定了一系列有关金融监管的国际公约、国际金融惯例和国际金融软法。这些金融监管规范不仅在一定程度上满足了金融全球治理规则的增量需求，而且从不同的协调层次和效力方面促进了国际金融监管实体规则的趋同和统一。

第七章为我国涉外金融监管法律冲突的现状及其应对，主要探讨我国涉外金融监管的法律冲突问题。该章从我国的涉外金融监管现状出发，以银行业和证券业为参照体系，从监管体制、监管权的协调和监管规则的趋同等方面探讨了我国涉外金融监管法律冲突的协调。在金融全球化的背景下，为减少和消除金融监管的法律冲突，本章还从法律冲突预防与协调的视角，进一步讨论了我国涉外金融监管法律制度的发展和完善。

结语部分在总结全书主要观点的基础上，概括了与论题密切相关的几点研究启示，并展望了国际金融监管法的研究趋向。本书认为立法管辖权和执行管辖权、公法和私法的划分是相对的，因而金融监管法律冲突的协调方式并非总是彼此分离或泾渭分明。事实上程序法模式和实体法模式已日益交融在一起，并且出现了公法突破“属地禁忌”，在法律冲突中直接适用公法的新趋势。

第一章 国际金融监管法律冲突概述

第一节 金融监管法的域外效力

一、金融监管法概述

(一)金融监管的概念

金融监管中的"监管"一词源于经济管理学中的 regulation 或 supervision,亦有学者将其译为"管制"、"规制"或"监督"。在英文中,supervise(监督)是指一般性的照看、主管或检查,①强调立法的执行或日常的行政管理行为。regulate(管理)是指依规则进行指导,或者受监管原则或法律的管辖。② 日本学者也把 regulation(监管)理解为管制或者规制,认为"公的规制"是指为矫正、改善市场机制的内在缺陷而由政府干预和干涉经济主体活动的行为。③ 虽然"管理"是一个多义词,但各种含义基本上都强调规范性立法指引下的执法管控。在我国,监督一般指监察和督促,管理泛指管辖、管束和处理等。④ 在词源学之外的考察中,我国对"监管"与"管理"二者并没有作出严格的区分,经常互为指称或合并使用。

由此看来,"监管"是监督和管理的复合词,金融监管包括监督和管理两个方面。金融监督是指有权监管机构依法对各类金融机构及其业务活动的检查和督导;金融管理则是指有权监管机构依法对各类金融机构及其业务活动的管控和协调。严格来讲,金融监督和金融管理在具体语境中存在一定的差别。金融监督偏重于日常具体金融经营行为的规制,而金融管理则偏重于一般经营活动的规范性管理。但是在具体的实践中,金融监督和金融管理的区别不是很明显,金融监管当局在对金融业进行规制时,对这两个概念经常相互替代使用。从国外文献上看,financial supervision、financial regulation、financial supervision and regulation 等术语无论是在监管实践还是理论研究中,通常不加区分地相互替代使用。许多国家和地区

---

① See Henry Campbell, *Black's Law Dictionary*, 5th edition, West Publishing Cop, 1983, p. 1290.

② See Henry Campbell, *Black's Law Dictionary*, 5th edition, West Publishing Cop, 1983, p. 1156.

③ 参见[日]植草益:《微观规制经济学》,朱绍文等译,中国发展出版社 1992 年版,第 1 ~2 页。

④ 参见辞海编辑委员会编:《辞海》,上海辞书出版社 1989 年版,第 4423 页"监督"条。

的监管当局在正式场合中也往往不加区分地将它们相互替代使用，本书亦将“金融监督”与“金融管理”归并为“金融监管”，统一使用，一般不作严格区分。

金融监管是金融监管机构依法对各类金融机构、金融市场及金融活动的监督管理。金融监管包括政府监管、内控监管和行业监管，其中政府的权威监管在整个监管体系中居于主导地位。金融监管作为一种特殊的经济监管，不仅是政府对各金融主体的监管，还包括金融企业的自律性监管和代表金融产品消费者的民间监管组织的监管。狭义的金融监管仅指特定的监管机关或金融行政机构依据法律的规定及程序对金融机构及其经营活动的监督和管理。广义的金融监管除了政府的权威监管之外，还包括金融行业组织的自律性监管和金融机构的内部自我监管。为了突出金融监管的经济法特性和权威属性，本书重点研究严格意义上的狭义金融监管。

（二）金融监管法的概念和性质

为促使监管效果趋于最佳状态，监管部门在进行金融监管时，往往采用综合性的监督管理手段和方法。监管手段概括起来可分为三类：经济手段、法律手段和行政手段，其中法律手段是基础性的监管手段，其他监管手段一般也需要依托或借助法律手段才能达到相应的监管效果。以法律为基础展开的金融监管活动，对金融业的安全稳定与有效运转发挥着重要的作用，并由此形成金融监管法，即调控金融关系所形成的法律规范。

金融监管法的调整对象是金融监管关系，即在金融监管过程中由监管者与监管对象所形成的关系。金融监管法具体分为两个层面：一是对金融监管机构本身具有约束力的组织和职权法律规范，以保障金融监管机构依法监管；二是对金融机构具有约束力的法律规范，以保障金融机构依法从事金融活动。金融监管法不仅直接作用于金融监管关系，还间接作用于金融交易关系。金融交易关系是指金融机构与其他金融市场主体所发生的金融业务关系。金融交易关系虽为平等主体之间的关系，但由于这种社会关系渗透了国家金融行政机关的监管意图，受到金融监管法的调整和制约，在相当程度上打上了金融监管的烙印。如在存贷款业务关系中金融监管当局对利率的调控和对金融消费者的特别保护，贷款业务关系中的信用保证和贷款集中度的限制等监管要求，都集中体现了金融监管法对平等性金融交易关系的渗透和调整。

金融监管法体现为国家对金融领域的经济调控和合理干预与调节，在本质上属于经济法的范畴。首先，金融监管法的调整对象是具有鲜明经济法属性的金融关系，是国家调控经济结构平衡、维护市场经济秩序稳定运行的重要法律手段；其次，金融监管法确认和维护金融监管机构的职权范围与监管措施，对政府管理市场经济的“有形之手”进行了法治化的约束与限制；最后，金融监管法确立了金融市场监管和业务监管的基本法律原则，对金融监管对象的规范化运营起到了重要作用。由于经济法具有较为明显的公法特性，甚至有学者直接将经济法归属到行政法或经济行政法的范畴。日本经济学家金泽良雄认为，经济法中的规制往往采取行政干预经济的方法。因此，此种情形下的经济法，往往同时具有行政法的特征。[①] 而作为经济法重要组成部分的金融监管法则更加集中地体现了国家对金融活动的干预与调节，具有鲜明的公法特性。

二、金融监管法的效力范围

（一）法的效力范围

法律效力是指法律的拘束力。无论是规范性法律文件，还是非规范性法律文件，对人的行为都产生法律上的拘束力，甚至是强制作用。规范性法律文件，如法律、法规和判例法等，对非特定的人产生普遍性拘束力；非规范性法律文件，如判决书、调解书和行政裁定等，仅对特定的人产生拘束力。因此，根据法律文件性质的不同，法律效力的范围分为规范性法律文件法律效力和非规范性法律文件法律效力两种，这两种法律效力即是广义的法律效力。狭义的法律效力仅仅指规范性法律文件法律效力，具体包括适用主体、适用时间和适用空间的效力范围。作为法律调整对象的主体行为和事实，只能发生于一定的时空，因而主体、时间和空间是狭义的法律效力不可或缺的三个基本要素。

任何受法律调整的行为都存在于一定的场域范围，因而任何法律都有一定的空间效力范围。根据法律场域范围的内外之分，空间效力可分为域内效力和域外效力。有的法律只有域内效力，有的法律既有域内效力，又有域外效力。那么法律上的场域究竟是“领域”还是“法域”呢？领域一般指国家的领土范围，但现代国际法上的国家领域或领土范围的含义已超出了传统国际法中国家领土范围的含义，扩展到国家的领空和领水，以及领陆和领水的下层底土。至于国家管辖权意义上的“领域范围”，则更为宽广，除了国家领域之外，还包括当代国际法赋予国家在专属经济区、毗连区、大陆架等地域的主权性管辖空间。此外，也包括主权国家实际控制管

---

① 参见［日］金泽良雄：《经济法概论》，满达人译，甘肃人民出版社 1985 年版，第 37 页。

理的其他区域,如租借区、军事占领区和在公海或公空穿越的本国船舶和航空器管控的空间等,但一般不包括该国的驻外使领馆。[①] 因此,国际法上的领域范围是国家管辖性权力作用的效力空间和范围。法域则是国际私法中的专有概念,是指特定私法适用的空间范围,[②]如我国现存的大陆(内地)、台湾、香港和澳门四法域。因此,国家的领域范围与法域范围并不完全一致,二者之间存在大于(如我国香港特别行政区的法律)、小于(如欧盟法)和等同(如我国宪法)三种关系。因此,法律的域内效力是一国法律在其管辖领域范围内的效力。法律的"域外"效力是相对于"域内"空间范围而言的,指的是一国法律在该国"管辖领域范围"之外的地域或空间产生的效力。国家在制定或确认法律规范时,都可以依照自身的主权权利为本国法律设定相应的空间效力范围,甚至是为本国法律确立一定的域外效力,只不过此时的域外效力只是一种立法主张和权利宣示。质言之,这种权利仅仅是自我创设的域外效力,只有当他国根据国际礼让原则或平等互惠原则认可该法的域外效力时,这种含有域外效力的立法主张才有可能变成现实的法律权利,并产生实在法意义上的域外效力与现实影响。当代各国已在互惠平等的基础上普遍承认外国民商事法律的域外效力,但由于公法具有较为明显的国家公权力色彩,容易与他国主权形成明显的对抗与冲突,因而公法的域外效力仍然是一个充满争议的法律问题,远没有得到国际社会的普遍认同。因此,无论是传统的民商事私法,还是以金融监管法为代表的公法,法律的空间效力仍然主要以国家管辖的领土范围为中心,并以此中心为基础来界分其外围扩展适用的效力和后果。只不过私法的域外效力已得到国际社会的普遍认同和适用,而监管法等公法的域外效力主要停留在立法主张阶段,实在法意义上的域外效力尚未得到普遍认同与适用。

(二)金融监管法的域外效力

金融监管法的效力是国家对在其法律体系框架范围内的人、财产和经济相关事件及交易行为行使的权力。这种权力一般通过规范性的立法形式,予以正式确立。为了保证金融监管立法的权威性和有效性,国家往往通过强制措施,如收集证据、制裁、征收及国有化、罚款、损害赔偿金裁决、监禁、拒绝入境等,来保证立法管辖权的有效实施。

---

① See A. Cassese et al., *Cassese's International Criminal Law*, 3rd ed., Oxford University Press, 2013, p. 275.

② 参见沈涓:《中国区际冲突法研究》,中国政法大学出版社 1999 年版,第 1 页。

随着经济全球化的发展和跨国经济活动多重管辖和规制的出现，经济监管法的效力范围也逐渐由传统的国内范围扩展至域外，而产生相应的域外效力。跨境交易的进行、跨国公司的出现、国际商事中决策的地域多样性，以及国际资金转移的便捷性等，都促进了各国域外管辖权的广泛行使。从理论上讲，经济监管法的域外效力源于国家的管辖权。国际法下的管辖权分配原则，就其本身而言，是以国家主权这一概念为基础的。各国行使主权和管辖权，从而主张行动的权力和自由。值得注意的是，国家的立法管辖权不仅限于其领土范围，而往往产生管辖领土范围之外的域外效力，至少在涉外立法中宣称或主张享有这种域外效力。事实上，除非国际法上有明文禁止或限制性的规定，国际法实际认可了国家享有这样的广泛管辖权，甚至是域外管辖权。此外，国际经济监管呈现非集中化的特征，全球经济关系的交融与竞争使得国家法律的输出竞争已成为各国的通行做法。事实上，国家在经济领域行使域外管辖权已被描述为“几乎不可避免”的历史趋势。[①] 因此，在一定程度上讲，划分各国经济管辖权的范围和内容，特别是域外管辖权的范围和内容，已逐渐形成为国际法的基本功能和特征之一。

值得注意的是，在有关国际经济交往活动的国际规制中，国家并不是唯一拥有管辖权的主体。出于管理效力和效率的双重考虑，越来越多的政府间国际经济组织也拥有了创设和实施经济监管法的权力和职能。虽然这些权力和职能无一例外地来自成员方的授权或让渡，无论是明示的组织条约约定，还是组织本身职能暗含的监管权力，都必须符合国际法的一般规定，尤其是不能超越成员方的授权范围。因此，虽然经济监管法的域外效力主要是对主权国家的域外管辖权进行分析和论证，但也同样适用于具有经济监管职能的全球性和区域性经济组织。

三、金融监管法域外效力与域外管辖权的关系

(一)域外效力与域外管辖权的外在侧重点不同

在国际法理论和实践中，国家管辖权从来就不是一个单一的概念，其在具体的语义环境中通常衍化为各种不同的含义和形式。从国家管辖权作用和行使的空间范围来看，国家管辖权分为国内管辖权和国际管辖权，两者侧重点各有不同。国内法上的管辖权，主要由宪法和法律进行规定，是指国家审判机关相对于其他权力机关所拥有的裁断案件的权力。国内

① See Qureshi et al. , *International Economic Law*, 3rd edition, Sweet & Maxwell, 1999, p. 82.

管辖权侧重于国内司法机关受理案件的范围，主要解决在特定案件中具体由哪些国家机构行使案件的司法审判权等问题。国内管辖权是一个国内法问题，主要由宪法和诉讼法等法律进行规范。但是，一国根据国内法或者相关事实而享有或行使的管辖权，并不当然地意味着其合乎国际法上的管辖权原则或规定。①

国际法上的管辖权是指国家对其管辖范围内的一切人、物和行为所行使的控制权，“国家管辖权主要是涉及每一个国家对行为和事件后果加以调整的权利范围”②，是国家主权最集中、最普遍的体现。国家管辖权是国家主权的核心要素，在国际法中居于十分重要的地位，以至不少国际法学者主张：国际法的宗旨或目标就在于“建立主权国家间管辖权行使的分配规则”［巴德旺（Basdevant）］，“划分某个特定国家相对于其他国家的权力”［特里普勒（Tripel）］或“确定每一司法秩序的有效范围”［凯尔森（Kelsen）］等。③ “国际法决定国家可以采取各种形式管辖权的可允许限度，而国内法则规定国家在事实上行使其管辖权的范围和方式。”④一个国家可以通过其立法机构来主张和管辖其国内外行为，或者通过其司法机关来管辖法律纠纷案件，或者通过其执法机关或行政职能部门采取行政执法措施，直接行使行政管辖权。由此看来，国家管辖权的范围和方式是多层面和多元化的，呈现不同的维度。所谓国际管辖权则是指一国管辖具有涉外因素的人、物和行为的权力与依据。在国际社会中，由于缺乏超越主权国家的实体，因而国际管辖权主要由主权国家行为体自行进行管辖权限的协调和分配。因此，国家管辖权既受到国内法的约束，也在一定程度上受到“国际自治法”的国际法制约，遵循有关的国际管辖权规则。“如果根据国际法原则，主权国家没有国际管辖权，那么就不能赋予其立法、执法或司法机关主张或行使具体的管辖权。”⑤

鉴于此，国家管辖权的国际管辖权与国内管辖权之分，涉及国家领域内外管辖的权限和效力问题。从实在法的观点来看，法律规则和法律效力

---

① See F. A. Mann, *The Doctrine of Jurisdiction in International Law*, Academie de Droit International de la Haye ed., The Hague Academy Collected Courses / Recueil des Cours, Vol. 111. Sijthoff, 1964, p. 150.

② ［英］奥本海著，［英］詹宁斯、［英］瓦茨修订：《奥本海国际法》（第 1 卷第 1 分册），王铁崖等译，中国大百科全书出版社 1995 年版，第 327 页。

③ 参见韩德培：《现代国际法》，武汉大学出版社 1992 年版，第 112 页。

④ ［英］奥本海著，［英］詹宁斯、［英］瓦茨修订：《奥本海国际法》（第 1 卷第 1 分册），王铁崖等译，中国大百科全书出版社 1995 年版，第 327 页。

⑤ Joseph & Beale, *A Digest of the Law of England with Reference to the Conflict of Laws by A. V. Dicey*, 36 Harvard Law Review 243 (1922).

来源于主权者的命令。正是国家管辖权在领域内外的覆盖和延伸，才导致了国家立法在其领域内外的效力。法律的域外效力是指法律规范在国家领域之外的法律拘束力，强调的是规范性法律文件自身的空间影响力。而域外管辖权指国家在其领域范围之外的管辖权力，强调的是国家行使权力的合法性问题。从国际关系和国际法的角度来看，国家的管辖权实际上是特定国家相对于其他国家在其管辖领域内外所拥有的权力，强调的是以国家领域的界分为基础的国家管控权的合理分配和相互协调。因此，金融监管法的域外效力强调的是金融监管法超出其本国领域范围的法律拘束力。而金融监管法的域外管辖权强调的是国家的金融机构在域外的管辖职能和控制权力，由于金融监管法的主体一方是行使国家经济管理权能的金融监管机构，因而域外管辖权实质上强化了国家在金融监管方面的立法、执法和司法等具体的管辖权力。

（二）域外效力与域外管辖权的内在一致性

上文对域外效力与域外管辖权作出了较为具象的分析，但不得不承认这种区分只是人为的逻辑界分，实际上很难对二者作出清晰的界分。事实上，作为法律效力范围的域外效力通常也被称为域外管辖权。[①] 美国国务院在 1983 年发布了《域外性与管辖权冲突》的公告，在该公告中单方面宣称美国的域外管辖权得到了欧洲盟国长期以来的承认，因而这些国家也应该能够预见美国扩张域外管辖和制裁的法律效力。虽然该公告只是美国单方面声明，且没有考虑实体内容的国际合法性问题，但也从一个侧面说明了域外效力与域外管辖权之间的内在一致性。[②] 国内王中美教授也较早在论著中指出，（一国法律的）域外效力的说辞应该是一种易于感知的表象化描述，域外管辖权才是相对规范准确的国际法表达。[③]

在国际法上，早有将公法管辖权延伸至国家领域之外空间范围的理论和立法主张。我国著名国际法学者周鲠生教授很早就认为“刑法的属地性并不是国际法的绝对原则，与领土主权和领土范围也并非完全一致”[④]。例如，刑法中的属人管辖权、保护性管辖权和普遍性管辖权都能导致刑法的域外效力。根据《刑法》第 8 条的规定，外国人在中国管辖领域范围以外的地方对中国或其公民犯罪的，如伪造、变造我国货币等违法犯罪行为，按

---

① 参见张利民：《经济行政法的域外效力》，法律出版社 2008 年版，第 23 页。

② See Kenneth W. Dam, *Extraterritoriality and Conflicts of Jurisdiction*, 77 American Society of International Law Proceedings 370 (1983).

③ 参见王中美：《竞争规则的国际协调》，人民出版社 2005 年版，第 46 页。

④ 周鲠生：《国际法》，商务印书馆 1976 年版，第 229 页。

照《刑法》规定最低刑期为3年以上有期徒刑的,可以适用该法。除了刑事法律规范的域外效力实践外,经济法方面也早已有域外效力的立法主张与司法实践。例如,针对1911年“美国烟草公司案”,美国联邦最高法院就开始主张其《反托拉斯法》的域外法律效力。[①] 美国联邦最高法院认为它对英国公司有管辖权,并认定美国公司与英国公司合谋瓜分市场的协议违反了美国的《谢尔曼法》。尽管如此,经济法域外效力的国际认可却远不如刑法那样顺利,国际社会对其域外效力的承认起步相对较晚。即使在最早推行域外管辖权的英美发达国家,对域外效力的普遍认可也经历了一个较长的过程。“在历史上,英美法院行使超出领土范围的管辖权并不常见,但是,随着现代交通和通信手段的日益发达,这种状况已不可能持久下去了。”[②]

总体而言,一国法律并非总是只适用于领土范围之内,仅仅具有域内效力,相反许多法律往往同时具有域外管辖权,并产生相应的域外效力。一国民商事私法的域外效力早已得到国际社会普遍性的认可,并形成了一整套有关外国私法效力承认与适用的法律部门体系,即冲突法。公法虽然与私法一样,其域外效力在实践中早已存在,并在事实上形成了较为明显的法律冲突,但各国在立法和司法上却普遍没有正面回应或认可公法的这种域外效力和冲突,如各国冲突法中普遍存在的公法属地限制原则或公共秩序保留制度等消极的排斥做法即为明证。随着经济全球化和法律全球化的发展,当代公法的域外效力逐渐得到了国际社会越来越多的认可,而不至于像20世纪初那样普遍遭受质疑和排除。承认和认可金融监管法的域外效力,在国际上遇到的第一个问题就是该公法是否具有国际法合法性。进言之,金融监管法的合法性与域外效力的有效性问题在很大程度上取决于域外管辖权的合理性与必要性。从实质意义上讲,经济法的域外效力问题本质上就是经济监管的域外管辖权问题。域外管辖权是域外效力的前提与基础,域外效力是域外管辖权的具体表现形式。因此,金融监管法的域外效力与域外管辖权具有高度的内在一致性,研究公法的域外效力必然绕不开域外管辖权。

---

① United States v. American Tobacco Co. ,221US106(1911). 参见王贵国:《发展中的国际投资法律规范》,法律出版社1988年版,第354页。

② [英]斯塔克:《国际法导论》,赵维田译,法律出版社1984年版,第197页。

第二节 金融监管域外管辖权基础

一、金融监管域外管辖权的社会基础

（一）全球化时代主权国家的经济规制需要

"二战"以后，尤其是20世纪六七十年代以来，世界出现了经济自由化与全球化的浪潮，逐渐把各国分割的市场和经济更为紧密地联结在一起。这一趋势推动了跨国公司奔走全球，在世界各地进行投资和贸易，重构了战后的市场分工和经济格局，也为各国经济立法域外管辖权的产生与扩展提供了丰厚的"经济沃土"。随着通信与交通的日益发达，国家之间联系日益密切，商品与人员的国际流动也日益增强，各国民众的频繁交流带来了诸多的经济、政治与法律问题。在国家间社会经济交流日益密切的历史背景下，人们或通过理论分析，或通过政治法律实践，逐渐发现与之相因应的涉外社会管理和经济调控手段已不能再按照传统的领土边界进行"划界而治"，往往需要对领域范围之外的事件或行为行使一定的管辖权，才能达到特定的管制目标和需求。与此同时，随着计算机技术和通信网络技术的发展，使得各国之间的交往更为便捷，人类社会逐步进入网络经济时代。为了加大对网络新经济和电子化交易的干预和管理，抑或为了加强本国新经济形态的竞争优势，各国进一步加大了本国监管法律域外适用的力度和频次，也在一定程度上加剧了各国经济监管法的矛盾与冲突。

根据属地管辖原则，一国法律原则上仅应适用于本国领域范围内的人、物和行为。国际私法中法律的域外适用是主权国家在互惠平等或国际礼让的基础上，对他国私法主动地、自愿地适用，应视作属地原则在私法中的例外。涉外经济管制法大多属于经济领域的行政法，也即传统的公法范畴。公法一般仅具有域内效力，只适用于本国领域范围内的人、物和行为。然而，在国际司法实践中，如果各国一味固守涉外经济管制立法的"属地管辖原则"，就会给当事人逃避这些法律的监管敞开方便之门。[1] 为逃避本国反不正当竞争法或反托拉斯法等经济法的规制或制裁，一些跨国公司将被法律禁止或限制的行为转移至国外实行，从而实现对国内市场的垄断；为规避本国对特定出口管制或技术限制的法律管制，跨国公司通过设立在

① 参见徐崇利：《论涉外经济管制立法的域外适用冲突问题》，载《法律科学（西北政法学院学报）》1993年第4期。

第三国的分公司或子公司完成向该管制目标国产品和技术的出口；为规避本国对特定国家的外汇管制或金融制裁，跨国公司通过设立在第三国的分公司或子公司完成向该管制目标国外汇资金或资产的转移。“二战”后各类跨国公司的迅猛发展和贸易金融的突飞猛进，使得这类跨国逃避监管或监管套利的法律问题更为突出和严重。①

就领土内发生的经济事项而言，主权国家拥有无可争议的绝对管辖权。基于同样的事实和理由，对于国家管辖领域之外的事项，如果该关联事项对国内市场和国家利益产生重要影响，国际社会也普遍认为，不应绝对禁止主权国家行使对这种经济事项的管辖权。总体而言，各国在经济领域行使域外管辖权时，通常有以下经济规制原因：

一是保护本国领域范围内的经济自由和制度免受外来的冲击和影响。

二是保护本国领域范围内的经济资源。

三是确保国外的本国国民合法经济利益得到有效保护。

四是确保本国获得共同的全球经济利益，如公海海洋资源和外层空间的开发和利用。

五是扩展国内法的域外效力，以弥补国际合作机制的不足或缺陷。

六是确保本国能积极参与国际社会公共物品的供给与维护，如 WTO、WBG、IMF 和 FSB 等国际组织和制度的有效运作等。

（二）全球化时代主权国家的政治治理需要

主权国家主张监管法律的域外效力，并通过司法管辖和执行管辖的方式促使本国法律域外管辖权的实现，除了满足国内的立法政策和经济目标之外，域外管辖权也是维护和实现正当国际经济秩序和公平竞争的重要法律手段。国际社会迫切需要法律规范来指引和规范个人和跨国公司的行为，但是，如果国家的政治不想要法律的这种工具，那么就不会产生实在法意义上的有效法律。② “任何将法律和政策清晰区分的努力都注定要失败，法律和政治的关系是如此的紧密，难以截然分开。”③例如，美国主张对中国华为、中兴等高科技公司适用美国的系列出口技术管制法，表面上的法律理由是为了保护美国技术和产品在国际市场的所谓公平竞争，其实质则是借助国内法的域外效力保持美国在技术和商业上的优势地位，以法律

---

① 参见余劲松：《国际投资法》，法律出版社 2018 年版，第 72 页。

② 参见［美］路易斯·亨金：《国际法：政治与价值》，张乃根等译，中国政法大学出版社 2005 年版，第 78 页。

③ A. L. C. de Mestral & T. Gruchalla Wesierski, *Extraterritorial Application of Export Control Legislation：Canada and the U. S. A.* , Martinus Nijhoff Publishers, 1990, p. 15.

名义实现其打压中国的特殊政策目标。

经济法域外效力突破了经济监管法一般只有属地效力的传统观念。传统的观念认为法律只有域内效力，与这一原则相左的理论和做法会遭到其他国家的强烈抵制和反对。没有超强的政治经济实力，没有空前强大的综合国力，法律域外效力的推行必然困难重重，四处碰壁。[①] 以美国为首的发达国家，由于具备这些综合条件，因而能够率先突破国家的绝对属地效力框架体系，从而凸显与其经济霸主地位相呼应的强权政治。美国对经济监管法域外效力的过分热衷，除了利益驱使之外，还与它独步世界的经济实力大有干系。美国早期从保护自身利益出发，严格遵循属地管辖原则。及至“二战”后，随着美国国力的不断增强，为配合经济、政治对外扩张需要，美国法律也走向了单边性输出的霸权主义道路，极力扩张美国法在其他国家的域外效力，重点考虑效果主义和长臂主义的管辖原则。在立法上，美国通过效果主义原则单方面主张和确立了本国的域外立法管辖权；在执法和司法领域，美国奉行所谓“最低限度联系”标准，将域外当事人在其境内的短暂停留或偶发性的间接接触也作为“联系”依据，变本加厉地推行“长臂管辖”，极力扩大其执法和司法的实施强度和范围。美国全面推行经济法域外效力的强势做法，有力地配合了其政治和经济领域的霸权主义扩张政策，也在一定程度上证实了当前域外管辖权冲突与管制性法律对抗的政治动因。因此，借助法律名义或“以规则为主导”，裹挟政治恐吓、经济打压和金融制裁等强权手段，强行推行本国法律的域外管辖权，是以美国为代表的强国推行监管性法律域外效力的典型做法。美国贸易法301 条款、《赫尔姆斯 - 伯顿法》、《达马托法》、出口管制的系列法律和1988 年的系列修正法案等均是如此。

（三）“不禁止域外管辖”的国际习惯法沿袭

属地管辖权之外的域外管辖权的不断增长，除了出于国际社会实践的现实需要之外，传统管辖权国际规则本身的不足也是催生域外管辖权和域外效力的重要原因。这种域外管辖权国际法规则的不完善体现在两个方面：一方面，国际法本身并不禁止一国立法主张域外效力。另一方面，各种管辖权的界限从来都是模糊不清的，也缺乏相应的国际法规则去解释和限定管辖权的具体内涵。

域外管辖权的理论和国际立法尚存在较大争议，国际社会的实践却先行迈出了试探性的重要一步。国际常设法院在 1927 年“荷花号”案判决中

① 参见张利民：《经济行政法的域外效力》，法律出版社 2008 年版，第 63 页。

首次从国际司法实践的维度肯定了域外管辖权的“合法性”,即国际法并没有明文禁止域外管辖权的主张和行使。在“荷花号”案的争议焦点中,双方就“是否存在禁止主权国家对外国人在国外所实施犯罪行为行使管辖权的国际法原则或规则”问题,展开了辩论。国际常设法院认为国际法“绝不是一般地禁止国家对它们领土之外的人、财产或行为适用其法律或由其法律管辖,它在这方面留给它们相当宽的自由选择权。这项自由选择权只是在某些场合受禁止性规范的限制。在其他场合,每个国家都可以自由地采用它认为最好的、最合适的规则”①。

1927 年“荷花号”案确认了国家管辖权的主张与合理行使必须受到国际法的约束,为国际管辖权或涉外管辖权的合理分配与行使提供了国际司法实践的指引,并起到了积极的作用。但判决也明确指出,国际法承认各国在适用法律和行使管辖权上享有“广泛的自由裁量权”。在该案中,国际常设法院一方面宣称,国家管辖权的行使“在某些情形下受到禁止性规则的限制”,而且“国家必须……不超出国际法对国家管辖权的限制”;但另一方面其所指的“在某些情况下”似乎仅指国家及其外交代表的豁免权。那么在其他情况下,国际法对管辖权的行使是否存在限制呢?从判决的用语来看,赋予各国自由裁量权似乎更符合国际常设法院的真实意图。这就为后世自由地阐释这一判决意见留下了空间,使之成为各国主张和推行本国经济立法域外效力的重要依据。因此,国际法规则的不完善为各国法律的域外管辖权“立法”“预留”了扩张性解释的空间和余地。

国际法并非绝对禁止一国经济立法的域外效力,只是“决定国家可以采取各种形式管辖权的许可限度”②。习惯国际法一般认为,一个国家可以就任何事项自由地行使管辖权,除非国际法上存在相关禁止性规则。③在某种程度上而言,对传统属地管辖权进行反思的过程,即意味着对不断扩张域外管辖权的认可,从而也在一定程度上确定了域外管辖权的领域和范围。例如,有学者认为,由于域外管辖权长期以来未能受到国际法的合理约束,为避免管辖权的冲突,有必要为域外管辖权确立适当的国际法规则。④ 然而,在主要以民族国家为法律主体的国际社会,并不存在“超国

① [美]巴里·E. 卡特、[美]艾伦·S. 韦纳:《国际法》,冯洁菡译,商务印书馆 2015 年版,第 271 页。

② [英]奥本海著,[英]詹宁斯、[英]瓦茨修订:《奥本海国际法》(第 1 卷第 1 分册),王铁崖等译,中国大百科全书出版社 1995 年版,第 327 页。

③ See Harold G. Maier, *Jurisdictional Rules in Customary International Law*, in Karl M. Meessen ed., Extraterritorial Jurisdiction in Theory and Practice, Kluwer Law International, 1996, p. 65.

④ See J. G. Stark & I. A. Shearer, *Stark's International Law*, Butterworths, 1994, p. 189.

家”或“世界中央集权式”的决策机构，由此决定了国际法体系的本质整体上仍然是“协商式”的共同法律意志。也就是说，域外管辖权的主张和行使，在目前的国际社会仍然没有“协商”形成广泛接受的国际法规则。因此，在没有形成新的禁止性国际强行法之前，各国仍有充分的自由权决定域外管辖权的范围和方式。

二、金融监管域外管辖权的传统国际法依据

传统国际法把国家的权利分为基本权利和派生权利两大类。我国国际法学者周鲠生教授也主张这种分类方法。[①] 根据国际法实践，国家的基本权利可以概括为以下四项内容：独立权、平等权、自保权和管辖权。也有国际法学者用主权概念来描述国家的这种法律权能，或者特指这种权能具有的法律功能，或为这种权能提供法理支撑。因此，国家主权权能和国家基本权利都包含国家领土之上立法权限在内的管辖权。[②] 无论是从主权原则推演出来的国家基本权利，还是从主权本身的权能描述，我们都可以发现管辖权是国家主权的本质属性和基本权能。国家管辖权集中反映了国家主权最普遍、最基本的存在方式与行使状态。在长期的国际社会交往实践过程中，国际法逐渐形成和强化了有关国家管辖权的基本原则，甚至逐渐发展演变成习惯国际法，诸多国际条约也不断确认和重申了这些管辖权原则。因此，这些基本原则就成为主权国家对国内外事务主张和行使国内外管辖权的重要国际法依据。

（一）属地管辖权原则

属地管辖权原则，即管辖权的属地原则，亦称为领域管辖权原则，是主权国家基于属地权威，对国家领域内的一切人、物和事享有完全的和排他的管辖权的原则。根据管辖对象的不同，属地管辖权包含两层含义：一是国家对其“属地”本身的管辖，即国家对其领域各个组成部分及其自然资源的管辖。值得注意的是，随着科学技术的迅猛发展，国家开发和控制自然资源与空间能力的提高，传统国际法意义上的“领土”已被现当代国际法不断扩展和更新，已发展成为一个由海、陆、空和底土组成的多维立体空间。二是国家对其领域空间和范围的管辖，强调的是以领域范围为活动基础或地域连结点而产生的管辖。凡是国家领域范围内的一切人和物，以及发生在该领域空间内的一切行为和事件，属地国都有权主张和行使相应的管

---

① 参见周鲠生：《国际法》，商务印书馆 1976 年版，第 167 页。

② 参见[英]伊恩·布朗利：《国际公法原理》，曾令良、余敏友等译，法律出版社 2003 年版，第 320 页。

辖权。在某些情形下,属地国甚至享有优先和排他的绝对管辖权。

国际法极为尊重和注重国家以领域为基础和依据的属地管辖权。国家对其领域范围内的物、人或发生的行为与事件进行管辖,是国际法明确赋予主权国家重要的基本权利之一。由于领土是构成国家的首要物质性因素,因而属地管辖原则是国家行使管辖权的首要原则。“领土内的一切都属于领土”这句古老的法律格言揭示了国家对其领土内的人或物,拥有排他性的管辖权。基于属地优越性而产生的属地管辖权也得到了诸多国际法律文件的确认。联合国大会 1949 年通过的《国家权利义务宣言草案》第 2 条明确规定:“各国对其领土以及境内之一切人与物,除国际法公认豁免者外,有行使管辖的权利。”

属地管辖权原则是国家管辖权中最古老和最基本的管辖权原则。然而,在国际实践中,国家行使属地管辖权也并非不受到任何限制或约束,其在一定程度上受到其他国际法或其他管辖权原则的制约和平衡。根据国际习惯法,属地国一般不得对在其境内依法享有特权与豁免的外国人行使管辖权,也不得对其领域范围内的外国国家财产和国家行为主张和行使管辖权。此外,属地管辖权的行使还要适当考虑其他管辖权原则。一般而言,属地国对外国人行使管辖权时,应适当尊重其国籍国的属人管辖权;在领海内行使属地管辖权时,应充分保证他国船舶的无害通过权,不得管辖和干预外国船舶及其内部事务,除非该船舶的通过严重影响到属地国的安全利益;经允许入境的外国军用飞行器和军舰可豁免属地管辖权。除了这些消极的容忍义务之外,属地国还要承担一定的积极义务,如不得允许利用其领域损害或侵害他国的利益或管辖权等。

(二)属人管辖权原则

属人管辖权指一国有权对本国人在国内外的事项及其行为行使的管辖权。随着各国国民跨国流动和移民定居日益增多,在传统的属地管辖权之外逐渐形成了以国籍身份为联结依据的属人管辖权。属人管辖权的管辖依据是国际法意义上的国籍标准,相对于属地管辖权的客观“领域”标准,属人管辖权具有一定的主观性和变动性,因而国籍变动以及多重国籍都会给属人管辖权的行使带来障碍和冲突,而不像属地管辖权那样具有客观恒定性。由于属人管辖权强调的是国籍标准,对国籍主体所在的客观物理空间范围没有限制和要求,因而这种管辖权经常会与属地管辖权产生适用上的竞合。在此种情形下,主权国家对本国公民或国民主张和行使域外管辖权的法律价值和意义才会彰显出来。随着国际交往的扩大和国际移民趋势的发展,属人管辖权原则的具体内涵也在不断地发生变化。传统属人管辖权以严格的国籍标准为管辖依据，而在现代国际法处理国籍冲突实践的基础上，越来越多的国家倾向于以居民身份或居所地作为属人管辖权的依据，在涉外私法和涉外经济法的法律适用中表现得尤为明显。

（三）保护性管辖权原则

保护性管辖权是指国家对外国人在该国领域外严重侵害本国重大利益的行为而行使的管辖权。一般而言，只有对严重危害一国或其国民利益的重大违法犯罪行为，国家才会主张和行使保护性管辖权。这类严重违法行为包括针对国家的特定犯罪，典型的如伪造货币罪，一国的货币主权和货币利益具有较强的域外效力，为了保护这种货币发行权和流通权，国家对危害其货币主权和货币利益的境外伪造货币行为具有普遍认可的国家管辖权。此外，如妨碍国家边境管理和海关管理的偷渡和走私行为，还有针对本国国民的特定犯罪等（如谋杀和纵火），国家都有保护性管辖权。保护性管辖权强调国家对管辖对象具有国际法意义上的国家法益，而不论二者之间是否具有地域或国籍上的联系。因此，保护性管辖权原则在一定程度上赋予了国家超越客观联结点的域外管辖权。保护性管辖权一般适用于国际社会公认的危害国家和其国民的严重违法犯罪行为，在主张和行使此种管辖权时，还要适当尊重行为属地国和行为人国籍国等相关国家的管辖权，谨慎遵循权利不得滥用的一般法律原则。如果一国仅仅以其管辖领域外的行为违反该国的国家政策为由，而武断粗暴地适用保护性管辖权原则，那么就侵犯了国家平等权，有可能干涉了他国的管辖权和内政。[①] 当前，一些发达国家为了给国内经济监管法的域外适用寻求国际法上的法理支撑和正当性依据，开始将保护性管辖权保护的重大国家安全利益泛化为国家的重大商业和经济利益，但这一做法没有得到国际社会的普遍认同。

（四）普遍性管辖权原则

普遍性管辖权是指任何国家对国际社会公认的国际犯罪行为均有权主张和行使管辖权。普遍性管辖权对特定国际罪行的管辖，建立在国际社会的普遍共识和共同认可的基础上，深刻揭示和反映了人类命运共同体对严重违背国际公共道德和国际基本安全行为的休戚与共的一致行动。普遍性管辖权是建立在案件类型基础上的管辖权，强调的是犯罪行为的严重

① 例如，1952 年，阿拉伯国家制定了禁止或限制与以色列通商的法律。美国为了维护自己在中东的利益，1977 年专门通过了对抗性立法，要求美国公司在这些阿拉伯国家的分公司和子公司不得遵守当地此类抵制以色列的法律，就被认为是“没有充分理由的和违反国际法的”行为。参见［英］奥本海著，［英］詹宁斯、［英］瓦茨修订：《奥本海国际法》（第 1 卷第 1 分册），王铁崖等译，中国大百科全书出版社 1995 年版，第 335 页。

性和国际性,而不论犯罪行为发生在国家属地还是国际公共地域,也不论行为人的国籍身份等主体信息。根据普遍性管辖权原则,任何国家可以就发生在全球任何地方、被国际社会普遍承认为严重犯罪的不法行为行使管辖权。因此,对特定国家而言,普遍性管辖权也同样具有鲜明的域外管辖权特征。“二战”以前,普遍性管辖权主要适用于打击国际海盗行为和贩卖奴隶行为。随着反战争法和国际人权法的发展,尤其是自纽伦堡和远东国际军事法庭对“二战”战犯审判以来,普遍性管辖权的管辖范围逐渐拓展至战争罪以及反人道罪等严重国际不法行为,现在则进一步延伸到劫机犯罪、恐怖主义犯罪等危害国际和平安全的新型国际犯罪。由于普遍性管辖权目前只适用于严重的国际刑事犯罪行为,还没有对经济领域的严重国际犯罪行为适用该管辖权形成国际普遍共识。因此,主权国家尚不能以普遍性管辖权原则为法律依据,对国际碳排放和海洋排放及污染治理等域外危害国际公共安全的行为,主张和行使本国经济监管法的域外管辖权。

(五)传统管辖权原则对域外管辖权的影响

国际法的基本理论、习惯国际法以及国际社会实践都普遍接受和认可了上述四种管辖权基本原则,为国家主张和行使一定范围的域外管辖权提供了较为充分的国际法依据。但是,国际社会总是处于不断发展变化的动态历史进程中,实践的需要也总是在挑战这些既有的传统管辖权原则。事实上,这些管辖权基本原则之间并非总能保持和谐一致,其本身也不能完全适应国际交往实践的发展需要。随着国家交往的扩大,这些基本原则越来越难以满足国际管辖的需要,新的管辖权原则或主张正在不断地发展和形成中。由于管辖权关涉国家主权的核心利益,因而国际管辖权的扩张过程必然充满了国际矛盾和斗争,同时也会给无时不在的管辖权行使和国际交往带来新的变数。但是,无论国际管辖权的发展如何演变,由于传统国家管辖权原则的权威性和普遍性,任何国家在寻求国际管辖权的扩大时,尤其是推行本国经济监管法的域外管辖时,仍然会以传统的基本管辖权原则为逻辑起点和理论依据进行诠释或辩护。

从四种基本管辖权原则的历史演变及其国际法地位来看,属地管辖权原则是国际管辖权最基础和最古老的管辖权原则,也是国家行使国内外管辖权最权威和最普遍的国际法依据。随着国际主权观念的发展变化以及经济全球化的不断发展,跨国经济文化交流和融合的发展,在传统属地管辖权的基础上,国际社会逐渐发展形成了属人管辖权,国籍国可以对身处异国的本国国民行使域外管辖权。从这个意义上讲,国籍国在本国领域外形成的属人管辖权,在一定程度上构成了属地管辖权的例外。只不过,属人管辖权的这种“域外性管辖权”已被国际习惯法所认可，并作为一项基本管辖权原则广为适用。同理，后来出现的保护性管辖权原则和普遍性管辖权原则，也得到了国际社会的普遍认同和接受。这两种管辖权原则虽然是在刑事领域率先发展起来的，但后来逐渐发展成为具有普适性的一般管辖权原则。[①] 目前这两类管辖权原则虽然得到了国际社会的普遍承认，但在其适用范围上仍然存在较大的争议。由于损害国家利益行为的界定不清，保护性管辖权原则的行为管辖范围存在一定的分歧。在普遍性管辖权原则中，除了公认的几类国际犯罪之外，对于其他类型的国际犯罪行为目前国际社会的观点并没有达成一致，导致普遍性管辖权原则项下的管辖情形存在一定的分歧。

属地管辖权是最古老和最传统的国家管辖权，属人管辖权、保护性管辖权以及普遍性管辖权都是以属地管辖权为中心，在“属地”外围陆续发展起来的新兴管辖权，因而此三类管辖权都可看作传统属地管辖权的例外。《奥本海国际法》（第九版）也持类似的观点，认为属地管辖权原则是国际管辖权的核心原则，相对于该原则，其他管辖权原则被一同归并为“域外管辖权”，而形成了核心原则与外围原则的对照。国际法发展过程中形成的这种管辖权类别区分，如原始基本原则与扩展原则、一般原则与例外原则，在一定程度上暗含着国际法对管辖权行使的内在制衡与相互牵制。但值得注意的是，传统国际法毕竟尚未形成有关管辖权行使的明确规定或限制规则。相反，即使域外管辖权的行使无疑会造成国家间的管辖权矛盾和法律适用冲突，但国际法理论与实践并没有禁止四类管辖权的竞相主张与并行行使，更没有谴责或规制这种国家管辖权冲突给国际交往带来的负面影响。

为适应不断发展的国际社会与经济交往的客观需要，主权国家的国内国际管辖权的依据也随之不断推陈出新，呈现日益复杂化的发展态势。近年来，各国以主张和行使刑法域外管辖权为突破口，不断将管辖权向经济领域延伸，进一步发展和扩大了国家域外管辖权的理论和实践。原因在于，刑法是各法律部门中最严厉和最后的法律救济手段，而且刑法与民法、经济法等法律部门发生了越来越多的交叉与融合，它们的界限也并非总是清晰明确的。而且，民事和经济事项管辖权的实现也需要借助于包括行政、刑事制裁在内的强制执行程序的保障，因而从本质看，国家主张对外国人进行民事管辖或刑事管辖，并因行使该类管辖权而产生的管辖权争议问

① See Andrea Bianchi, *Comment on Jurisdictional Rules in Customary International Law*, in Karl M. Meessen ed., Extraterritorial Jurisdiction in Theory and Practice, Kluwer Law International, 1996, p. 75.

题并没有明显的差别。如果主权国家过分保护民事经济管辖权或滥用民事经济管辖权也同样会引发其他国家的对抗,甚至也会导致国际责任的产生。域外管辖权一般首先涉及立法管辖权,而在任何情况下有关包括反垄断在内的经济监管立法都会在名义或形式上是“民事”性质,而在实施过程中,在实质上却属于具有强制性的执行程序。①

综上所述,传统国际管辖权原则不仅没有解决基于主权平等的管辖权自由所产生的并行管辖权和管辖权冲突的问题,而且对属地管辖权以外三种“域外管辖权”的分类和认可,进一步承认了国内法域外效力的合法性和国家域外管辖权的有效性。因此,当前国际法实践中出现的管辖权扩张趋势,以及随之而来的新型域外管辖权理论和学说的勃兴,进一步加剧了国家管辖权之间的矛盾和冲突。

三、金融监管域外管辖权的新兴理论依据

在国家的各种传统管辖权原则中,属地管辖权原则是最核心的管辖权原则。属人管辖权原则、保护性管辖权原则以及普遍性管辖权原则都是在属地管辖的中心原则基础之外逐渐发展而形成的原则,很大程度上成为属地管辖权原则的例外和补充,它们共同构成了国际管辖权原则的基本体系。虽然补充性管辖权在传统管辖权中处于从属性地位,主要用来主张和解释国家的域外管辖权,但还是得到了国际社会的普遍认可,开始适用于国际刑事领域,且并没有引起国际社会的较大争议。然而晚近以来,随着跨国人员交往与经贸关系的相互渗透与融合,时代的发展变革需要推动国家管辖权的内涵和外延都出现了不同于以往时期的扩张,全面向行政管制法、经济规制法和金融监管法等法律领域渗透,直接导致了国际管辖权分配格局的深刻变动和国家管辖权的矛盾和冲突。域外管辖权扩张的国际立法和司法实践,推动了国际法管辖权理论的嬗变,而这种管辖权理论的革新和演化,又反过来滋养和影响了各国域外管辖权的实践。

(一)属地管辖权原则的扩张性解释

属地管辖权原则是传统国际法最基础和最重要的管辖权原则,得到了国际社会的普遍认可和承认。但是,该原则本身的含义与范围并非总是一成不变,如其中的“属地”即由传统的“领土”范围扩展为现代国际法的“领域”范围。国际常设法院在“荷花号”案的判决中曾指出:“国际法加之于

---

① 参见[英]伊恩·布朗利:《国际公法原理》,曾令良、余敏友等译,法律出版社2003年版,第331页。

国家的第一个、也是最重要的一个限制是：国家不得以任何形式在他国领土内行使权力，且不存在相反的允许性规则。从这个意义上说，管辖权具有鲜明的属地性。国家不能在其领土以外行使管辖权，除非能从国际条约或国际习惯法中找到允许域外行使权力的一般原则或类似规则。"[①]因此，"从逻辑上看，所有非基于属地原则而主张行使的涉外管辖权都是在行使域外管辖权"[②]。对于国家而言，领域的意义不仅仅是一个物理上的地理范围，更重要的是为国家主张和行使管辖权提供权力作用的物质基础和空间范围。如果某种单一行为或系列行为整体上都发生于一国领域范围之内，行为属地国毫无疑问享有完全的甚至是排他的管辖权。当系列行为或持续行为分别发生在不同的国家或领域，一国主张和行使的属地管辖权就会与他国主张和行使的属地管辖权发生并行管辖权或国际管辖权的竞合，并由此引发相关法律的域外效力冲突与法律适用的选择冲突。

经济全球化催生了域外管辖权原则的进一步扩张。也许正是基于属地管辖权原则根深蒂固的正统性、合理性和权威性，一些国家开始对传统的属地管辖权原则进行技术性的扩张解释，以方便对一个或多个构成要素发生于本国领土之外的（犯罪）行为主张并行使域外管辖权。[③] 国际交通与互联网通信技术的迅猛发展，促使许多传统产业向互联网平台转移，也直接导致了域外管辖权扩张的现实需要。例如，一国证券发行人在另一国证券市场上的发行与挂牌交易行为，在一国策划或预备而在另一国实施或造成后果的金融欺诈犯罪行为，都引发了相关国家域外金融监管的治理需求。著名国际法学者曼恩也曾敏锐地指出："属地原则在当今时代已渐现粗糙。"[④]为迎合经济全球化和互联网时代飞速发展的现实需要，在变革的历史潮流中，传统的属地管辖权原则再次引起了国际社会的关注，一些国家尝试对该原则的内涵进行技术性地发掘与拓展。当然也有一些国家坚守严格意义上的属地管辖权原则，它们认为，尽管某些金融犯罪的辅助行为发生于其领土之内，但由于这些行为相对于在其他国家境内实施的主要犯罪行为而言，只起到辅助作用，因而传统的属地管辖权原则无法适用于此类跨国犯罪或监管事项。因此，有些国家对此类跨国违法犯罪行为或金

---

① ［美］巴里·E. 卡特、［美］艾伦·S. 韦纳：《国际法》，冯洁菡译，商务印书馆 2015 年版，第273 页。

② R. Higgins, *Allocating Competence: Jurisdiction*, in W. Michael Reisman ed., Jurisdiction in International Law, Ashgate Publishing Limited, 1999, p. 283.

③ See J. G. Stark & I. A. Shearer, *Starke's International Law*, Butterworths, 1994, p. 186.

④ F. A. Mann, *The Doctrine of International Jurisdiction Revisited after Twenty Years*, in W. Michael Reisman ed., Jurisdiction in International Law, Ashgate Publishing Limited, 1999, p. 143.

融监管事项持消极的管辖态度，拒绝对该罪犯或监管事项提起公诉或推行积极的监管措施，从而在一定程度上造成了管辖权的消极冲突。

1. 主观属地管辖权原则

主观属地管辖权原则，又称行为发生地原则，是指国家基于属地优越权，享有对发生在该国领域内行为的管辖权。主观属地管辖权原则强调系列行为起始发生的地点，并以该行为发生地作为实行管辖权的依据。主观属地管辖权原则最早发端于刑事案件的国际管辖，采用此原则的国家擅取管辖权的含义，对始于其领域之内但结束或完成于另一国领域之内的犯罪提起公诉或实施惩处，后来逐渐扩展至其他法律部门。近年来，随着全球经济竞争的加剧，一些发达国家依据主观属地管辖权原则，纷纷主张本国经济监管法的域外效力，并行使相应的域外管辖权。尽管主观属地管辖权原则尚未得到国际社会的普遍认可，但是1929年《防止伪造货币的日内瓦公约》和1936年《防止非法毒品贩运的日内瓦公约》①促成了该原则在这两个领域的特别适用，在一定程度上提升了主观属地管辖权原则的国际法效力。根据这两部公约的有关规定，成员方有义务对发生于其领土以内的密谋实施或故意参与伪造货币或贩运毒品等犯罪行为（无论该伪造货币或贩运毒品的犯罪行为的最终行为发生于何处）以及试图实施或采取预备行为以便实施上述犯罪的行为实施惩罚，同时各签字方还同意将特定行为视为明显的犯罪，而不是将它们视为在其他地方实施的主要犯罪行为的从行为。②

2. 客观属地管辖权原则

客观属地管辖权原则，又称结果发生地原则，是指国家基于属地优越权，对结果发生或存在于该国领域内的行为，或者行为后果及于该国领域内的行为享有的属地管辖权。客观属地管辖权原则强调行为发生的后果，并以行为后果发生地作为行使管辖权的依据。③ 还有学者从与属人管辖权相关联的角度对其进行定义，“行为发生在一国强力以外却在本国以直接后果的方式产生损害性效果，在行为人进入本国疆域之时可对其提起诉讼”④。国际联盟在一份关于国家对在其领域之外实施的犯罪行使刑事管

---

① 1961年《麻醉品单一公约》对毒品犯罪实施刑事打击之后，《防止非法毒品贩运的日内瓦公约》在其成员方之间尚有效。

② See J. G. Stark & I. A. Shearer, *Starke's International Law*, Butterworths, 1994, p. 186 – 187.

③ See J. G. Stark & I. A. Shearer, *Starke's International Law*, Butterworths, 1994, p. 187.

④ J. G. Stark & I. A. Shearer, *Starke's International Law*, Butterworths, 1994, p. 187.

辖权问题的官方报告中曾对该理论予以举例说明。[①]

(1)一人开枪(子弹)越过边境射杀了位于邻国境内的另一人;

(2)在英国的行为人向德国的收信人邮递信函实施诈骗,以获取金钱。

客观属地管辖权原则由于其管辖权扩张的本质而得到一些国家的认同和推行。值得注意的是,前述的《防止伪造货币的日内瓦公约》和《防止非法毒品贩运的日内瓦公约》均规定了客观属地管辖权原则,以加强对该类跨国刑事犯罪的管辖与治理。该原则后来又相继得到英国、德国和美国的法院在审判实践中的援用及认可。[②] 经过一些国家司法实践的援引与发展,目前客观属地管辖权原则已不再仅限于国际刑事案件,而逐渐扩展至"跨境环境污染""跨境产品责任""国际垄断""跨国证券欺诈""跨国金融风险传播"等跨国侵权、欺诈、反不正当竞争或民商经济法损害案件。

(二)属人管辖权原则的扩张

属人管辖权原则赋予主权国家在特定情况下对在国外的本国国民适用本国法律的权力。属人管辖权本质上是域外管辖权的一种表现形式,也是最早得到国际社会认可的域外管辖权。国际习惯法已经普遍认可和接受了这种所谓的域外管辖权,只要该管辖权的行使不过分,而且只要不是尝试在另一国的领域内强制实施即可。[③] 近年来,随着跨国交往的扩大和居民跨国流动的逐渐频繁,属人管辖权也有扩张的趋势。根据对该原则的扩张性解释,内国的经济监管法可根据积极国籍管辖权原则与消极属人管辖权原则本国当事人的域外行为。

1. 积极国籍管辖权原则

积极国籍管辖权原则是指国籍国可以对其领域内外的本国国民主张和行使管辖权。由于该管辖权原则强调国家与其国民国籍的联结关系,因而国籍国仅凭其国籍为依据就可以对该国民的国内外活动主张和行使相应的管辖权。根据国际法上的属人管辖权原则,一个国家可以在其领土内对旅居国外的本国国民行使管辖权,包括对他们在国外的行为或财产进行

---

① Report of Sub - Committee of League of Nations Committee of Experts for the Progressive Codification of International Law (1926), on Criminal Competence of States in Respect of Offences Committed outside their Territory.

② 这些案例如 R. v. Geoffrey (1923) 1KB 24;Ford v. United States 273 US 593 (1927); DPP v. Stonehouse (1978) AC 55 等。美国和德国在反托拉斯法上的域外管辖主张也是明证。

③ See Higgins, *Allocating Competence: Jurisdiction*, in W. Michael Reisman ed., Jurisdiction in International Law, Ashgate Publishing Limited, 1999, p. 286.

规制、对他们在国外的资产和收入征税。① 当国民居留在其本国时，国籍国与属地国为同一个国家，属人管辖权自然没有行使的必要。当国民居留在国外时，国籍国与属地国为两个国家，国籍国的管辖权才逐渐分离并凸显出来。在此情形下，国籍国虽然能够对域外的本国国民及其财产享有并主张管辖权，但实际上该管辖权仍然不能得以实现。只有当该国民返回本国境内或在本国境内有可供执行的其他财产时，国籍国的税法和证券法等经济监管法才有域外适用的实际效力。

2. 消极属人管辖权原则

消极属人管辖权原则是指国籍国基于保护其国民利益的需要，而享有的对域外侵害本国国民的相关事件或行为的管辖权。虽然国家对于其国民的保护由来已久，甚至形成了国际法上的外交保护规则，但国籍国在何种情形下才能行使这种保护权，却存在很大的分歧和争议，因而消极属人管辖权原则尚未得到国际社会的普遍认可。

国际常设法院在 1927 年"荷花号"案中认为，土耳其基于犯罪行为的结果及于土耳其的船舶，主张并行使域外管辖权具有一定的合法性，而不是基于受害者拥有土耳其的国籍。判决指明了本案的国际管辖权依据是特殊情形的属地管辖权，排除了属人管辖权，但国际常设法院并没有直接否定消极属人管辖权原则的合法性，这为后世继续援引该原则提供了国际法的注脚。此外，该判决还指出，"除非有禁止性规范限制，每个国家都可以自由采用它自认为最好、最合适的管辖权规则"②。诚如前文所述，该判例在实质上鼓励对国际管辖权不加禁止地开放性行使，是否在一定程度上也表明了消极属人管辖权原则存在的合理性呢？争论的观点及其理由大致如下：

第一，国际常设法院"荷花号"案判决适用于"荷花号"案，且判例尚不是严格意义上的国际法渊源，因而盲目扩大判决适用范围是不恰当的。但事实上，美国 1965 年《涉外法诠释》（第二版）也明确排除了消极属人管辖权原则。

第二，"荷花号"案所涉事件发生于公海。在域外管辖权中，域外包含其他国家领域范围和不属于任何国家领域范围的国际公共空间，域外范围的具体含义不同，域外管辖权所带来的法律效果显然不一样。如果事故发

---

① 参见［英］奥本海著，［英］詹宁斯、［英］瓦茨修订：《奥本海国际法》（第 1 卷第 1 分册），王铁崖等译，中国大百科全书出版社 1995 年版，第 327 页。

② Higgins, *The Legal Bases of Jurisdiction*, in Olmstead and J. Cecil eds., Extra-territorial Application of Laws and Responses Thereto, ESC Publishing Limited, 1984, p. 12 – 14.

生在某个国家领土之内，显然就不能适用消极属人管辖权原则。①

第三，尽管国际常设法院在判决中指出各国可以采用其“自认为最好、最合适的”管辖权规则，但是，判决并未直接肯定消极属人管辖权原则的合法性。相反，承认消极属人管辖权原则的合法性和合理性，扩大域外管辖权的国际法依据，势必会进一步加剧各国管辖权的冲突。消极属人管辖权原则的适用也可能会造成极不合理的法律结果。②

第四，近年来在反劫机等公约中初步确立了受害人所属国对劫机犯罪行为的管辖权，似乎有肯定消极属人管辖权原则的趋势。但值得注意的是，上述少数公约中确立受害人国籍国的管辖权，应属于特别法，还没有上升为一般国际法。另外，从普遍性和保护性的国际管辖权原则的发展趋势来看，这两类原则也完全可以适用于对域外劫机行为和劫机犯的管辖。

在各国经济监管法的域外适用上，有学者认为，消极属人管辖权原则可适用于外国企业域外的不正当竞争行为对本国企业产生损害的情形。但此适用情形的说理与分析往往与主观属地管辖权原则竞合。③ 此外，外国人的行为对本国人产生了影响或构成危害，受害人国籍国可主张本国法律的域外效力。但是，该原则的行使往往也与保护性管辖权原则产生竞合，如同时符合国际法中的保护性管辖权原则，也可认定其具有合法性。④

（三）效果主义原则

效果主义原则是指国家对在本国领域内完成或效果明显损害或影响本国领域的行为享有管辖权。效果主义原则强调行为完成状态或行为严重损害结果与国家地域的联系，行为结果属地国据此享有相应的管辖权。

“二战”以来，为进一步维护美国在全球市场中的竞争利益和竞争优势，美国开始极力扩大和增强美国法在域外的适用范围和法律效力。在1945 年美国铝品公司案（以下简称 ALCOA 案）中，美国联邦法院确立了

---

① 例如，不妨假设，“荷花号”案的事实改为在法国领土内发生了法国车辆与土耳其车辆相撞的事故，这时土耳其就不能对法国司机主张管辖权。

② 例如，假设 A 国国民在本国境内对 B 国国民实施某一行为，该行为在 A 国法律中可能完全合法，而 B 国则可能以该行为违反 B 国法律为由，域外适用其法律，进而对该 A 国国民实施惩处。可见，由于被动属人原则的适用而导致同一行为在两个国家的法律效果迥异，显然不妥。

③ See J. G. Castel, *Extraterritoriality in International Trade*, Butterworths, 1988, p. 20. 转引自徐崇利：《美国及其他西方国家经济立法域外适用的理论与实践评判》，载《厦门大学法律评论》2001 年第 1 期。

④ See Mestral & T. Gruchalla Wesierski, *Extraterritorial Application of Export Control Legislation: Canada and the U. S. A.*, Martinus Nijhoff, 1990, p. 23. 转引自徐崇利：《美国及其他西方国家经济立法域外适用的理论与实践评判》，载《厦门大学法律评论》2001 年第 1 期。

效果主义的管辖原则，开创了美国经济监管法域外适用的先例。[①]在ALCOA案中，在加拿大注册的美洲铝品公司参加了主要由欧洲企业组成的卡特尔组织，该组织共同谋划限制对美国出口铝锭的数量，从而被指控违反了美国《谢尔曼法》。美国联邦第二巡回法院受理了ALCOA案，审理案件的汉德法官一方面认为，"域外管辖权是一个国内法问题"，因而域外管辖权的主张和行使必须要有国内法的依据。如果国内立法没有设定相关的域外管辖权，美国的司法机构就不得主张和行使此类域外管辖权。但另一方面，他依据所谓的美国习惯法又指出"任何国家都有权规定，即使不属于本国国民，他们也不得在该国领域之外从事对该国领域产生不良法律后果与影响的任何不法或不端行为"。美国联邦第二巡回法院进一步明确指出，"该卡特尔合同缔结地虽然位于美国领域之外，但限制出口数量的合同目标和宗旨却试图影响美国的国内市场，实际上影响了美国的进口贸易，因而这种合同行为应受美国反垄断法的审查，并应由美国联邦法院进行国际管辖"。据此，美国反托拉斯的《谢尔曼法》便具有了域外适用的法律效力，反托拉斯法域外适用的效果主义原则由此产生。依据效果主义原则，对于违反美国反托拉斯法立法宗旨的任何域外行为，无论当事人的国籍如何，也无论行为发生的场所与持续时间的长短，只要对美国国内市场产生了限制竞争的影响或结果，美国联邦法院就享有相应的国际或域外管辖权。

美国联邦法院通过效果主义原则的创设，首先在反托拉斯法领域确立了美国法律的域外管辖权和适用效力。近年来，效果主义原则的适用范围不断扩张，逐步由传统的反托拉斯法和反不正当竞争法扩展到证券、技术贸易和进出口贸易禁运等方面的涉外经济监管法。效果主义原则不仅适用于来自域外的本国人的行为，而且适用于来自域外的外国人的行为，这在一定程度上弥补了"属人原则"适用对象仅限于域外本国人的不足。

自美国联邦法院在ALCOA案中确立效果主义原则以来，效果主义原则得到了美国联邦法院在司法实践中的不断推广和实践，该原则一度成为美国法域外适用较为成熟和普遍的管辖权原则。在美国的示范和影响下，其他西方发达国家也纷纷确立了本国法域外适用和域外管辖的基本原则。虽然其名称有所差异，但究其本质大多与美国的效果主义原则类同。德国、法国、奥地利、瑞典、澳大利亚、瑞士、日本、希腊等国也陆续主张效果主义原则在反托拉斯法领域的域外管辖和适用。[②] 欧盟反垄断法的域外管辖

---

① 参见杜爱武、陈云开：《反垄断诉讼典型案例评析》，中国法制出版社2017年版，第178～180页。

② 参见徐崇利：《美国及其他西方国家经济立法域外适用的理论与实践评判》，载《厦门大学法律评论》2001年第1期。

权制度一是通过欧盟委员会的决定；二是通过欧洲法院的司法判例，二者相互促进共同确立了欧盟范围内法律的域外效力制度。早在20世纪70年代，欧洲经济共同体委员会在审理不正当竞争案件的过程中，就确立了《罗马条约》第85条和第86条有关不正当竞争的域外适用规则。1977年欧共体竞争政策报告进一步表明"即使实施行为的公司位于海外，属于非欧共体成员国籍，并主要在欧共体以外从事商业活动，或者签订的协议受外国法律的支配或管辖，欧共体仍然有权针对影响到欧共体领域内的任何限制竞争行为进行管辖"。作为欧盟竞争法的执行机构，欧盟委员会通过决定，最终确立了"效果原则"，为系列垄断与限制竞争案件中竞争法的域外适用明确了方向。

效果原则最初产生于国际经济和贸易领域中的反垄断规制，由于其抽象化的解释和简便易行的特点，满足了以美国为代表的西方国家经济扩张的需要，效果原则的适用不断呈现扩大趋势，现在已经逐步扩大适用于其他涉外经济管制法。近年来，随着金融全球化的迅猛发展，效果原则已全面渗透到证券、保险和银行业监管的域外管辖。根据效果主义的域外管辖原则，欧美国家的法院常常对发生在境外的某些商业活动或行为行使管辖权，对传统国际法的属地管辖理论形成了强烈冲击。效果原则开创了经济监管法域外管辖权扩张的先河，从而导致了欧美之间以及与其他国家之间法律冲突的绵延不断。但是，欧美国家的这种强势做法遭到了其他相关国家的强烈抗议，被指为司法帝国主义。

（四）长臂管辖原则

美国是长臂管辖原则的发源地，也是目前运用该原则主张和实施域外管辖最广泛和最频繁的国家。国际上只有美国有"长臂管辖权"的称谓，"究其本质其实是域外管辖权的一种形式"①。我国的官方白皮书也明确指出："长臂管辖"是指依托国内法规的触角延伸到境外，管辖境外实体的做法。② 由此可见，我国一般认为美国的长臂管辖在本质上是一种域外管辖权。

美国的长臂管辖原本仅限于民事诉讼中的对人管辖权，是指法院对起

---

① 肖永平：《"长臂管辖权"的法理分析与对策研究》，载《中国法学》2019年第6期。

② 国务院新闻办公室：《〈关于中美经贸摩擦的事实与中方立场〉白皮书》，2018年9月发布。

诉时与该司法管辖区有联系的非居民被告的特别管辖权。① 长臂管辖原来仅仅是美国各州法律的管辖权适用原则,依据管辖法院所在州的相关长臂管辖法律和规则,对与法院所在州有着最低限度联系的非本州被告,只要文书能够送达到州外被告,州法院即可获得对被告的特别管辖权。② 由于普通法管辖的共同历史基础及其变革发展,美国绝大多数的州都制定了大同小异的长臂管辖规则,只要非居民被告与州所属的司法管辖区具备最低限度的联系,该州法院即可取得管辖权。后来,长臂管辖则进一步扩展到美国联邦法院层面,只要非居民被告与美国联邦具备最低限度的联系,美国联邦法院即享有相应的管辖权。因此,管辖对象由州外非居民被告扩展为美国联邦领域之外的非居民,美国法的域外效力和域外管辖权范围得到进一步拓展,长臂管辖由此完成了国内管辖权规则向国际管辖权规则的扩张,从而上升为美国行使域外管辖权的重要国际管辖权原则。在 1945 年国际鞋业公司诉华盛顿州案中,美国联邦最高法院以判例法的形式最终在联邦司法层面首次确立了长臂管辖原则。③ 在该案中,美国联邦最高法院放弃了此前一贯恪守的属地管辖权原则,转而确立了"最低限度联系"的管辖标准。联邦最高法院认为,只要被告与某一州具有某种最低限度联系,且不违背传统的公平与正义的法律理念,该州法院就能够行使管辖权。美国联邦最高法院在此后的系列判例中相继发展和重申了"最低限度联系"的判断标准,即"即使被告没有在法院地实际出现,只要被告在法院地从事商业或经济活动,就可被视为与该法院地有最低限度的联系",从而将美国对涉外民事经济案件的管辖权依据确立为自由宽松的"最低联系标准"。④ 虽然美国在联邦司法实践中以判例的形式确立了长臂管辖权,但美国国会至今也没有进行全国性的统一长臂立法,而是因势利导,通过系列授权性立法,确立了对非居民外国被告的域外管辖权。不过,美国确立了相应的授权法令,以确保分设在全国各州的联邦法院"有法可依"。《美利坚合众国联邦民事诉讼规则》第 4 条规定,美国联邦法院可以直接"借用"其所在州的长臂法规,从而赋予了美国联邦司法系统对非居民外国被

---

① 就管辖对象而言,美国对人管辖权可分为一般管辖权和特别管辖权。一般管辖权是指对美国人或在有司法管辖区(联邦或州)内有住所或居所的居民行使的管辖权。特别管辖权相对一般管辖权而言,是指对非本国人或非司法管辖区居民行使的管辖权。See Bryan A. Garner eds. ,*Black's Law Dictionary*,West Group,10th edition,2014,p. 96.

② 参见廖鸿程、刘德标主编:《企业境外法律风险防控》,人民法院出版社 2016 年版,第 353 页。

③ See International Shoe Co. v. Washington,326 U. S. 310(1945).

④ 参见沈涓:《再论海牙〈民商事管辖权和外国判决的承认与执行公约〉草案及中国的考量》,载《国际法研究》2016 年第 6 期。

告的特别管辖权。①

经过半个多世纪的演绎和发展,美国目前已形成了系统完善的长臂管辖原则和规则体系。长臂管辖既可能出现在联邦和各州的民事诉讼法、法院管辖规则等程序法中,也可能出现在相关的实体法中。这些规则授予联邦法院三种基本的管辖权:一是授权联邦法院借用所在州的长臂法规,增加联邦法院适用法律的灵活性;二是联邦法院可以行使联邦成文法中所包含的管辖权,这些成文法如 1933 年《证券法》、1934 年《证券交易法》等,这些法规允许法院在世界范围内向被告的经营地或可以发现被告的任何地方进行送达,从而获得对被告的管辖权;三是在依据联邦法律提起诉讼的案件中,对于不受州法院一般管辖的被告,行使宪法允许范围内的属人管辖权。②

近年来,美国联邦司法机构和行政机构不断扩充"长臂管辖"的适用范围,由传统的反垄断和反不正当竞争领域,逐渐扩展到出口管制、涉外侵权、金融监管、反洗钱、网络安全、技术和服务管制等众多涉外法律领域,以经济封锁、技术限制、贸易禁运和金融制裁等强制手段进行胁迫,在国际经济交往中动辄要求领域外的外国法人和自然人遵守美国的国内管制法,进一步强化了美国法域外适用的效力和域外管辖权,遭到了全球范围内普遍的谴责和抵制。不过,长臂管辖原则的主张和行使也并不是不受任何规则和程序约束的霸王法则,至少它要受到程序正当和实质正义等美国国内法原则和规则的制约。程序正当原则要求美国法院对外国被告进行合法有效的送达,使外国被告有机会充分地参与诉讼程序。实质正义原则则要求诉讼程序和审理要符合公平正义的要求,尽可能满足或达到实体正义。如果案件的处理流程不符合这些基本的制约原则,美国联邦法院还需要启动"不方便法院管辖"程序,由另一个更方便的法院具体对该案件进行管辖和审理。但是,即使有正当程序和实质正义等原则的制约,甚至还有不方便法院管辖原则作为备用,作为美国经济霸权扩张主义的司法配套制度,美国的长臂管辖在实践中还是作为政治工具被滥用,从而给跨国民事经济纠纷的国际管辖权造成了更大规模的管辖权冲突和法律适用冲突。仅仅以涉外金融监管领域为例,截至 2022 年,美国长臂管辖在涉外金融监管领域的域外适用中至少涉及表 1 所列法律。③

---

① See Gary B. Born & Peter B. Rutledge, *International Civil Litigation in United States Courts*, Wolters Kluwer, 6th edition, 2018, p. 80 – 81.

② 参见廖鸿程、刘德标主编:《企业境外法律风险防控》,人民法院出版社 2016 年版,第 354 ~ 355 页。

③ 参见何迎新:《美国长臂管辖在跨境金融监管中的运用及启示》,载《西南金融》2020 年第 6 期。

表1　美国涉及长臂管辖的金融监管法律

法律法规	管辖领域
《证券法》(1933年)、《证券交易法》(1934年)、《证券投资者保护法》(1970年)、《萨班斯－奥克斯利法案》(2010年)	反造假反欺诈
《出口管制法案》(1949年)、《贸易法》(1974年)、《出口管制改革法案》(2018年)	国际贸易出口管制和知识产权保护
《银行保密法案》(1970年)、《洗钱控制法案》(1986年)、《洗钱检控改善法案》(1988年)、《洗钱抑制法案》(1994年)	反洗钱
《反海外腐败法》(1977年)、《美国反海外腐败法实施指南》(2012年)	反腐败反贿赂
《爱国者法案》(2001年)	反洗钱反恐怖
《多德－弗兰克法案》(2010年)	防范金融风险
《国际紧急经济权力法》(1974年)、《国家紧急状态法》(1976年)、《国防授权法案》(美国历年财政年度)	一般安全或经济安全制裁
《外国公司问责法案》(2020年)	反上市公司造假
《以制裁反击美国敌人法案》(2017年)	制裁措施

注:上述法律法规的立法机构均为国会。

第三节　国际金融监管法律冲突的产生

一、涉外金融监管管辖权的矛盾

从国际法理论来看,内国法的域外效力与域外管辖权相辅相成地并存于国家的管辖权体系之中,因而可以在很大程度上说,国家主权的矛盾性概念本身造成了法律域外效力的冲突,这种逻辑推演是比较恰当的。一方面,现代民族国家最显著的特征即是国家权力限于其领土范围以内,只能在领土内行使最高的国家管辖权;另一方面,随着国际交往的扩大,产生了越来越多的域外联结因素,主权国家出于保护其海外国民或者国家利益的需要,不断超越国家权力的领土空间限制,而对传统管辖领土范围之外的人、物或事主张行使管辖权。因此,主权概念本身就暗含着域外权力的这一冲突要素。虽然各国主张和行使域外管辖权的法律依据各有侧重,甚至在相同情形下同一国家在不同的时期也会有不同的依据和做法,但具体到金融监管法等经济法,由于其兼具公法和私法的特点,不断涌现的公法行政法冲突与传统的私法冲突相互交织相互渗透,使得国家管辖权与域外管辖权的冲突情形更为复杂多变。

(一)传统属地管辖权与现代属地管辖权之间的矛盾

属地管辖权原则是国际社会普遍接受和认可的传统管辖权原则,在国际法中起着基础性的支撑作用。如果单个行为或系列行为全部发生在一国领域,行为属地国无疑享有绝对的管辖权。但是,有些行为或事件具有连续性,表现为持续的行为状态,并涉及不同的国家。当这种持续的状态或系列行为被“分割”到不同国家领域内时,各有关国家据此就产生了相应的属地管辖权。因此,以行为开始地、多个后续行为地或行为结果地为管辖连结点,各相关行为属地国之间就会产生管辖权的矛盾与法律适用的冲突。

一般来说,现代属地管辖权原则具体包括客观属地管辖和主观属地管辖,也称为特殊属地管辖权原则。因此,传统属地管辖权原则与现代属地管辖权原则的冲突,具体牵涉传统属地管辖权与两项特殊属地管辖权如何行使。正如前文所述,随着国际经济交往的扩展,属地管辖权在客观和主观两方面都进行了扩大化的解释,对于在国际范围内适当规控跨国经济活动有一定的合理性。如果严格按照传统的属地管辖权原则,一项金融监管活动由行为发生地国行使管辖权,就很少会出现管辖权冲突。但是,一国涉外金融监管行为的持续进行如果影响到其他国家,或者该行为涉及若干相关国家的公司企业,那么此时其他相关国家也因此有权主张和行使相应的管辖权。美国根据效果主义原则或主观属地原则作出了许多判例。如果美国人在国外从事证券交易时受骗,只要涉外证券交易行为同美国存在最低限度的联系,如证券上市或发行文件是在美国制定或披露,美国的证券监管机构即可对欺诈者行使管辖权并施加强制处理措施。证券发行人所在国同样可以基于编制发行文件的行为在其境内这一事实而进行金融监管,此时,传统属地管辖权与现代属地管辖权之间的域外管辖权冲突就不可避免地产生了。

一些发达国家为了增强国际法上的合法性,将效果主义原则也牵强附会地解释为客观属地管辖权原则,在一定程度上是对该原则的曲解。这种属地管辖权原则的滥用无疑会进一步加大国家管辖权之间的矛盾和冲突。西方各国经济监管法的域外效力和司法管辖权通常适用“效果主义原则”,如果域外行为对内国产生了一定的效果或影响,那么该国就可以主张和行使相应的域外管辖权。美国甚至为自己的域外管辖权进行粉饰,说它所采用的效果原则就是客观属地原则。效果主义原则中的“效果”应仅指物理意义上的效果,而不是政策或经济意义上的效果。如果对效果主义原则作出此类严格的解释,则内国经济法的域外效力与管辖权就会立马失去其法律根基。[①] 事实上,效果原则是对客观属地原则的曲意解释,这种片面的扩大解释在现实适用中极易产生歧异和纷争,因而给监管当局在行使监管权时带来更大的不确定性。

(二)属地管辖权与属人管辖权之间的矛盾

1. 自然人管辖权矛盾

属人管辖权是在传统属地管辖权之后产生的另一类管辖权,对于维系与巩固国家与其国民的纽带、保护国家和国民的基本权益都起到了重要作用。当国民居留在其本国时,属人管辖权与属地管辖权重合在一起;当本国国民移居或居留国外时,二者发生分离,属地管辖权也随之移转至居留所在地国,并由此产生国籍国属人管辖权与居留地国属地管辖权之间的冲突。《奥本海国际法》等国际法名著都曾明确指出:"平等者之间无管辖权。"由于属地优越权和属人优越权是国家主权的不同层面,因而二者之间应当没有孰轻孰重之分。[②] 菲德罗斯也认为,"由于国家对其国民享有属人管辖权,因而主权国家原则上可以对其境外国民施加任何义务。但是,即使其国民违反居所地国以属地最高权为基础的法律义务,由于受居所地国属地优越权的支配,该国也不得对其境外国民行使管辖权……这两个最高管辖权即是相互制约的"[③]。但是,考虑到管辖权行使的现实便利性,属地管辖权原则在事实上具有优先性和一定的排他性。因此,外国人应当在遵守居留国法律的基础上,遵守和履行其作为国籍国公民承担的法律义务,而不应当借本国法律保护的名义,违反居留国的法律。当然,这种现实的考量和做法并不能得出属地管辖权原则优先于属人管辖权原则的推论。长久以来,尽管属地管辖权优先行使具有一定的国际实践基础,但国际社会并没有就二者如何行使达成国际共识或形成国际习惯。相反,两种管辖权的平行行使是一种默认的国际法现状。此外,由于国籍认定的国内法因素、各国国籍判定标准的多元化以及多重国籍的现实存在,都进一步加深了属人管辖权行使的复杂性,也在一定程度上加重了属人管辖权与属地管辖权之间的矛盾和法律冲突。

---

① See Mestrsl & Gruchalla Wesierski, *Extraterritorial Application of Export Control Legislation: Canada and the U. S. A.*, Martinus Nijhoff, 1990, p. 20. 转引自徐崇利:《美国及其他西方国家经济立法域外适用的理论与实践评判》,载《厦门大学法律评论》2001 年第 1 期。

② 参见[英]奥本海著,[英]詹宁斯、[英]瓦茨修订:《奥本海国际法》(第 1 卷第 1 分册),王铁崖等译,中国大百科全书出版社 1995 年版,第 216 页。

③ [奥]菲德罗斯等:《国际法》,李浩培译,商务印书馆 1981 年版,第 379 页。

2. 法人管辖权矛盾

跨国金融机构无论是以子公司、附属公司和合资公司等独立责任主体形式,还是以分公司和代表处等其他非法人实体方式进入东道国金融市场进行经营或提供服务,都必须接受东道国相关金融监管机构的金融监督和管辖,从而集中体现了东道国的属地管辖权和经济主权。1974 年联合国大会通过的《建立国际经济新秩序宣言》和《各国经济权利和义务宪章》均明确指出,根据国家主权原则,东道国可以通过制定本国法律和法规,采取各种有利于本国经济发展的措施,准许和接纳跨国公司入境从事生产经营活动,并管制和监督跨国公司的各种活动。①

但是,跨国金融集团的母公司或总部一般根据母国的法律设立或登记,并获得了成立地/设立地所在国的法人国籍。通常情况下,跨国金融集团的主营业场所、总部或主要办事机构一般位于金融集团所在的母国。因此,无论是以成立地标准、住所地标准还是以总部所在地标准进行判定,跨国金融集团的母公司与总部一般具有母国国籍。根据国际法上的属人管辖权原则,国籍国有权对具有其国籍的法人公司主张并行使全面的管辖权,除非受到属地国的现实限制。因此,属人管辖权原则是母国对境内外跨国金融机构及其经营活动主张和行使管辖权的基础性法理依据。

国家享有对其领域范围内的人、物和事件进行管辖的权利和自由,这是国家主权的基本内涵,也是国际法明确赋予国际法基本主体的一项最基本的法律权利。跨国公司是经济全球化的最重要载体,是各国进行涉外监管的重点关注对象,因而围绕着跨国公司监督与管理权的表面上的争议,实质上反映了各国属人与属地管辖权之间深刻的矛盾和冲突。这种矛盾和冲突具体体现在以下两个方面:

首先,在跨国金融集团的经营管理体系中,总公司或母公司居于核心统领地位,其海外分支机构或子公司处于被监管和管理的从属和支配地位。海外分支机构在产、供、销、人、财、物等各个具体运营环节上均受到总公司的严格监管和管理,除了授权范围内的事项,基本上没有独立自主的经营权限。因此,从法律主体属性上看,跨国金融集团的分支机构在境内外一般都不具备独立的法律主体资格,其法律责任完全隶属于总公司。尽管跨国金融集团的海外分支机构在东道国领域内设立有独立的经营或服务机构,甚至能全面开办金融业务,但在法律上却是由其母国的总公司承

① 联合国大会:《建立国际经济新秩序宣言》第 4 部分第 7 点,《各国经济权利和义务宪章》第 2 条第 2 款第 1.2 项。

担其最终的全部法律责任，并由其母国的金融监管机构行使相应的监管权。因此，在跨国金融集团的全球业务活动中极易产生东道国的属地管辖权与母国的属人管辖权在监管方面的冲突与矛盾。

其次，跨国金融集团的海外子公司在东道国具有独立的法人地位。海外子公司虽与跨国金融集团母公司之间存在法律上的控股关系或事实上的控制关系，但子公司一般都是依据东道国金融法成立的独立法人。无论是根据国际法上的属人管辖权原则，还是属地管辖权原则，东道国对跨国金融集团在其境内的子公司都拥有无可争辩的管辖权。但各国在法人国籍标准认定上的不同，在很大程度上导致了东道国对该子公司的属地监管与母国的属人监管之间存在管辖权矛盾和冲突。以美国为代表的极少数国家甚至采用“资本控制说”或“股东控制说”标准，来认定公司国籍。尽管跨国金融集团在一般国际法意义上属外国法人，但只要其资本为这些国家的自然人或法人股东所控制，就属于该国特别法意义上的本国法人。显然，“资本控制说”的特立独行，至少从理论上加深了东道国法人属地管辖权与母国属人管辖权之间的矛盾。在国际金融监管实践中，即便双方就管辖权划分达成一致，但在具体监管标准上的差异仍然会产生管辖权的积极冲突，或是因监管权责不清，而产生监管失位的管辖权消极冲突。此外，在监管过程中，两国监管机构常常以国家经济安全或审慎监管例外原则为由，拒绝对方国家监管机构的并表监管，或拒绝对方国家监管机构的调查取证等全球监管事项。

（三）属人管辖权之间的矛盾

国籍原则是一项传统的管辖权原则，是指主权国家享有对其本国自然人或法人在国内外的活动进行监管的管辖权。在国际金融法中，国籍原则主要适用于在其领域外的本国自然人和本国海外金融机构。按照传统国籍原则，属人管辖权原则应该是最没有争议和最稳定的管辖权标准和管辖权原则。但是，国际法对“属人”的理解与认定的不同，导致各国在主张和行使属人管辖权时产生了分歧和矛盾。从传统国际法来看，英美法系国家一般以住所地或居所地作为属人管辖的标准。这种习惯做法在国际私法和经济法等法律部门中得到了一贯的延续，如国际税法中除了极少数国家以“国籍”作为认定居民纳税人的标准之外，绝大多数国家普遍以住所地/居所地作为本国税法上认定居民纳税人的标准。在英美法系国家的诉讼法中也普遍以住所地/居所地作为对人管辖权的基本法律依据。随着各国居民跨国流动的逐渐频繁，各国出于经济利益和管辖便利的考虑，承认双重国籍，并开始兼采国籍标准和居住地标准，使属人管辖权原则的适用变得更为复杂。相对于自然人，法人国籍标准的多元化及其主观裁量权，使法人属人管辖权的主张与行使比自然人更不确定。由于法人完全是法律拟制或创设的产物，不像自然人一样，具有血缘或地域的物质性连结因素，因而法人的国籍并不一定反映法人与所属国存在持续的、真实的联系。加之各国可以随时变更设立标准，法人也改变所属国，尤其是近代以来，跨国公司和国际金融集团奔走全球，从事跨国经营，进一步增加了公司法人国籍认定标准的多元化，使法人国籍更加不确定。法人国籍的认定标准主要有“管理中心地说”“注册成立地说”“经营活动中心地说”“成立准据法说”等，只要涉外金融公司的“管理中心地或总机构”“注册成立地”“经营活动中心地”在本国领域内，该金融公司就属于本国法人，该国从而享有全面的管辖权。还有少数国家采用“资本控制说”或“股东控制说”标准，只要该公司的资本为这些国家的自然人或法人股东所控制，就属于该国家法人。显然，“资本控制说”的采用无疑会进一步加深跨国法人国籍认定的复杂程度，导致法人属人管辖权之间的矛盾和冲突加剧。

虽然属人管辖权认定存在多元化的标准，但遗憾的是目前国际社会尚未就此问题达成普遍的共识。在国际法院的司法实践中，1964 年巴塞罗那电力公司案裁决认为，确认该法人国籍的标准只能是该法人的住所地或登记地。国际法院对于消除跨国公司法人国籍的多重性，作出了有益的重要尝试，但是许多西方国家并未接受和认同上述裁判结论。它们认为，巴塞罗那电力公司案判定法人国籍的标准和结论只适用于存在外交保护的政治领域，而国际法上的法人国籍认定标准是国内法事项，据此主张本国法的域外效力及其管辖权等都是国家神圣不可剥夺的权利，因而不受“成立地标准”的约束和限制。美国立法一贯坚持认为，联合国国际法院在 1958 年诺特鲍姆案中认可了有效国籍的原则，而公司股东资本控制和主营业地等标准能够有效识别公司国籍，因而也与有效国籍原则是完全吻合的。① 在国际司法实践中，美国经常以“资本控制说”来解释和认定法人国籍。具体到涉外金融监管领域，尽管跨国银行以通行的“成立地或登记地”或“主营业机构地”为其国籍国，但只要该法人被美国自然人或法人股东在法律或事实上控制，就会被视为美国法意义上的美国法人，从而受到美国金融法的监督和管理。根据美国法律的规定，美国公司的外国子公司，即使是在该外国当地设立的，事实上也仍然属于“美国公司”——从而

① 参见中国政法大学国际法教研室编：《国际公法案例评析》，中国政法大学出版社 1995 年版，第 115 ~ 116 页。

必须接受美国所制定的适用于海外国民的法律的约束。作为法人国籍判断标准的异类，与其他几种传统的法人判断标准相比，“资本控制说”标准具有极强的扩张性和侵蚀性，在扩大本国经济监管法域外效力与适用范围的同时，也加剧了法人国籍认定标准之间的冲突。此外，东道国由于这些子公司在该国设立，也将其视为本国国民，要求其服从本国法律的管辖。由于公司国籍认定标准的不一，从而导致了属人管辖权在公司监管上的矛盾和冲突。

各国在经济监管领域主张和行使属人管辖权的主要目的，是防范本国法人或自然人利用其海外分支机构进行内部交易、转移、定价或资金，逃避经济监管法的适用或偷逃税。瑞士、挪威和瑞典等国为了保障本国税法、证券法和银行法等监管立法，通常依据国籍的属人管辖权原则主张和行使立法管辖权的域外效力，要求其本国金融机构或其海外分支机构提供境内外的报表、调查资料，针对特定国家的外汇管制，也适用于境内外的本国公司。

1979 年伊朗伊斯兰革命后，美国立即通知美国银行伦敦分行，冻结了伊朗政府在该行的所有国家财产。这种基于“资本控制说”行使的属人管辖权的行为开创了对非本国海外公司监管或制裁的先例，对世界金融中心——伦敦的金融法律制度和国际金融业务都造成了严重的挑战和冲击。在第一次海湾战争期间，美国为了制裁伊拉克入侵科威特，制定并通过了《国际紧急经济权力法》，从立法上进一步明确“资本控制说”标准扩大适用于美国领域外的所谓美国人。根据该法，美国冻结了伊朗和伊拉克这两个国家在美国所有海外银行的资产，并禁止美国领域外的公司与这两个被制裁的国家进行贸易和商务往来。在进行一系列禁令性立法的同时，美国国会还加强了相关禁令的处罚性立法。为处罚与古巴、利比亚和伊朗等被制裁国家保持贸易关系的外国公司，美国相继通过了《赫尔姆斯 - 伯顿法》和《达马托法》，这种没有任何国际法依据的立法，引起了国际社会的普遍反对与抵制。

二、国际金融监管法律冲突的界定

国家的域外管辖权与传统的属地管辖权之间的内在冲突由来已久，在小国寡民时代，这种矛盾和冲突主要以隐性的方式存在，即使零星出现的外化冲突与矛盾，也不至于引起国际社会的普遍关注并产生治理变革的需求。但是，在经济全球化的时代背景下，金融活动的国际化与一体化不断推动着全球金融市场的发展，并形成了一个“一损俱损，一荣俱荣”的命运共同体。只要金融监管依然保持国家属地监管的传统治理方式，金融监管的属地化与国别化和域外管辖与域外效力之间就会产生频繁的法律冲突与矛盾。

（一）法律冲突的概念

法律冲突作为一种社会现象受到关注最早开始于中世纪的欧洲，在国际私法领域最早产生的法则区别说对法律冲突现象专门进行了研究，并逐渐扩展到其他社会领域。学者们相继提出了比较成熟的冲突理论和冲突协调理论，并在20世纪形成了一门以社会冲突为研究对象的冲突学。法律冲突作为法治社会的对抗形式，也是社会冲突的重要表现形式。近年来，随着法律社会化和法社会学的发展，法律领域中的冲突现象逐渐引起了社会学家和法学家的广泛关注，成为其共同的研究热点。

冲突的本义是相互歧异、相互抵触乃至相互对抗，是内在矛盾的必然产物和外在矛盾的集中表现。社会学意义上的冲突是指社会关系主体之间对立与矛盾的行为模式，是个人、群体之间相互矛盾的直接反对与对抗形式，表现为经济冲突、政治冲突、思想冲突、文化冲突、宗教冲突、种族冲突、民族冲突、阶级冲突、国际冲突等。① 法律冲突是社会冲突的重要内容与表现形式，是指一切与法律或法律现象相关的社会冲突，具体包括以下含义：阶级冲突、利益冲突的产物；法律上层建筑与社会基础之间的纵向冲突；法律规范之间的横向冲突；由专门的诉讼与仲裁司法制度进行冲突处理。② 前两种冲突是广义上的法律冲突，实质上是社会学冲突在法律领域的投影，也是法律社会化的具体融合与交叉。如果从纯粹的法律角度研究社会冲突现象，多数学者倾向于后两种狭义上的法律冲突，即仅限于法律规范之间的横向冲突及其解决。为准确理解法律语境下的法律冲突，本书也采狭义法律冲突的观点。法律冲突是指多个法律规范同时调整同一社会关系而产生的法律效力与适用冲突的现象。③

法律冲突是社会冲突的一种，二者有一定的从属关系，但法律冲突有其自身的特性，与社会冲突又不完全一致，法律规范视野下的法律冲突更是如此。首先，社会冲突是社会关系主体之间的直接对抗，而法律冲突虽然也源于人与人、群体与群体的矛盾和对抗，但经过法律规范的筛选和过

---

① 参见中国大百科全书总编辑委员会《社会学》编辑委员会编：《中国大百科全书·社会学》，中国大百科全书出版社1991年版，第18～19页。

② 参见范忠信、侯猛：《法律冲突问题的法理认识》，载《江苏社会科学》2000年第4期。

③ 参见韩德培主编：《国际私法》（第3版），高等教育出版社、北京大学出版社2000年版，第125页。

滤后，自然人或群体之间的对抗与冲突已隐身于法律关系的“面纱”之后，外化为法律规范本身或法律规范之间的冲突与矛盾。其次，社会冲突更强调主体之间动态的对抗与反对过程，法律冲突则主要表现为规则冲突。法律规范本身有一个自然的发展演进过程，法律冲突以诉讼或仲裁的动态程序方式予以解决，说明法律冲突既包含静态的规范内容冲突，也包括动态的规范解决冲突。[①] 因此，在法律冲突的含义中，规范的歧异与冲突是引发法律冲突的前提与重要根源，并在法律冲突体系中居于主导地位。与此相对应，法律冲突的解决也分为法律规则矛盾的解决（静态）与专门化的程序解决（动态）两种冲突协调方法。

由于不同法律学派对法律规范的理解不同，因而法律冲突的具体内涵也存在一定的差异。

第一，实在法的冲突。分析法学派认为，国家法的表现形式就是法律，成文法规则是国家法最核心的内容。因此，分析法学派视野中的法律冲突即各种实在法的冲突，包括成文性立法和有法律拘束力的判例之间的冲突。在大陆法系国家表现得尤为明显，主要表现为制定法之间的法律冲突。

第二，自然法与实在法的冲突。自然法学派认为法律不仅包括实在法规范，还包括自然法规范。自然法是人类社会自发形成的行为规则，自然法居于实在法之上，只有合乎自然法教义和规则的实在法才称得上真正意义上的法律规范。[②] 因此，自然法学派认为法律冲突不仅是实在法之间的冲突，还包括实在法与自然法之间的冲突。由于自然法包含法的一般原理和基本准则，而且在位阶效力上高于实在法，因而自然法学派认为法律冲突本身蕴含着一定的评价标准和价值取向，能够在一定程度上制约自然法与实在法内部的法律冲突，并指引其协调与解决。这种法律冲突观念能够敏锐抓取法律规范之间的内在冲突，并把自然法的精神与原则置于法律冲突的自我调整过程中，对于法律纠纷的解决具有重要的理论指导意义。

第三，广义法律规范的冲突。社会法学派普遍认为法律冲突不仅意味着正式法律规范之间的抵牾，还包括习惯法、示范法、行业协会规范和民间法等软法规范之间的冲突。在社会法学派的观点中法律是多元性的统一体，凡是能指引和规制人们行为的规范都可以称作法律。法律规范不仅指“书本上的法律”（law in books），而且还包括“行动中的法律”（law in

① 参见刘红：《法律冲突的概念辨析》，载《湖北社会科学》2009年第1期。

② 参见［美］E. 博登海默：《法理学：法律哲学与法律方法》，邓正来译，中国政法大学出版社2004年版，第5页。

action)。法律不仅是国家立法机关制定并颁行的法律规范,还包括由社会生活产生并得以遵守的一切行为规范。虽然这些社会行为规范没有被冠以法律的名义或披上法律的外衣,但对于规范、指引、预测和教化社会成员的行为,维护并形成良好的社会秩序同样发挥了重要的规范功能。因此,社会法学派的法律冲突观从实然的角度探究法律冲突,对于法律规范的效力理解与法律冲突的有效解决都具有重要的参考价值。

上述三种观点从不同的角度揭示了法律冲突的不同内涵,都在一定程度上揭示了法律冲突解决的一般原则,对于全面理解和解决法律冲突具有重要的参考价值。由于制定法与成文法是当代社会最主要的法律创制方式,因而制定法和成文法的冲突也是法律冲突最重要的表现形式和研究对象。

(二)跨国法律冲突的类型

1. 国际公法规范之间的冲突

国际公法规范冲突是指国际法主体在国际法上的权利和/或义务之间的冲突。[①] 根据严格意义上法律渊源的划分标准,国际公法规范冲突仅仅包括条约之间或条约与国际习惯之间的冲突。随着经济全球化和跨国交往的不断扩大,近年来,国际公法一方面在量上呈现扩张的趋势,但另一方面由于在国际社会中缺乏统一性的立法权威,导致国际公法的法律体系日益处于"碎片化"和"冲突化"的尴尬境地。美国杜克大学鲍威林(Joost Pauwelyn)教授的著作《国际公法规则之冲突》是研究国际公法冲突的一部力作。他主要以 WTO 规则与其他国际法规则的相互关系作为切入点,全面深入地探讨了国际公法规范的冲突以及解决之道,其中也提到了国际金融服务贸易协议与其他国际金融条约之间的冲突。由于本书是从国家管辖权的角度探讨一国金融监管法的域外效力冲突问题,因而暂不对国际金融条约之间的法律冲突进行探讨。

2. 国际法与国内法规范的冲突

在国际法与国内法的关系上,凯尔森是国际法优先说的主要代表。以此理论学说为基础,凯尔森较早研究了国际法与国内法的冲突问题,他认为"一个既定的国际法规范同一个国内法规范之间的冲突,是高级规范同低级规范之间的冲突"[②]。凯尔森认为国际法规范的效力应高于国内法规范的效力,位阶的从属性同时也意味着国际法与国内法法律冲突的自动解

① See Joost Pauwelyn, *Conflict of Norms in Public International Law: How WTO Law Relates to Other Rules of International Law*, Cambridge University Press, 2003, p. 10.

② [奥]凯尔森:《法与国家的一般理论》,沈宗灵译,中国大百科全书出版社 1996 年版,第 405 ~ 406 页。

决。他认为国内法违反国际法的可能性并不影响两种法律在国内法律秩序的统一性。但是,凯尔森的国际法优先说并不能妥善解决国际法与国内法绵延不绝的冲突问题。事实上,国际法与国内法规范的关系问题无论在国际法理论上,还是在国际法和国内法的实践中都呈现出较为复杂的情形。一方面,根据内政不能干涉的国际法原则,国际法不能干预国家按照独立主权原则所制定和认可的国内法;另一方面,按照有约必守的国际法原则,各国必须通过国内法实施国际法,不能逃避或违背国际法的国内法义务。[①] 因此,国际法在国内的法律地位和效力是国内法问题,主要由各国按本国相关法律规范独立进行处理,并没有统一的国际法规范指导国际法在国内的实施。除非有关国家发生国内法与国际法的冲突,以致产生相应国际法责任。因此,国际法律规范与国内法律规范的冲突实质上是国际法的国内执行问题。从严格意义上来说,国际法与国内法的冲突问题是一个主权国家如何在其管辖范围践行国际条约的国内法问题,因而也不属于本书关注的法律冲突。

3. 内国法与外国法的冲突

内国法与外国法的冲突也称为跨国法律冲突,是指一国法律规范与另一国法律规范在调整涉外法律关系过程中出现的冲突。从严格意义上讲,即是国内法在领域外的法律效力与法律适用上的冲突。跨国法律冲突发轫于涉外民商事法律领域,并在此基础上产生了专门用来解决私法法律规范效力及其法律适用的法律科学——国际私法。自中世纪后期开始,在地中海沿岸产生了较为成熟的“法则区别说”,标志着冲突法学在欧洲大陆的萌芽,因而“冲突法”又名国际私法。国际上对法律冲突的研究最早起源于国际私法的冲突法研究,且已发展成理论成熟、体系健全的私法冲突系统。在这个意义上讲,国际私法是涉外法律冲突的母法。但是长期以来,国际私法仅限于不同国家之间的民商事法律的适用冲突,至于各国之间的公法法律冲突及其解决,则没有引起足够的重视。

近年来随着国际交往范围的扩大,公法方面的法律冲突逐渐引起国际社会的普遍关注,法律冲突研究不断向国内公法和国际公法领域扩展。寻求公法规范冲突的解决,提高涉外公法规范适用的效力,已成为国际法理论和实践研究的重要问题。在此主要围绕内国法律规范与外国法律规范的冲突展开论述,尤其重点关注各国涉外公法间法律冲突产生、发展及其解决的一般规律。

---

① 参见邵沙平主编:《国际法》,中国人民大学出版社 2020 年版,第 38 页。

（三）国际金融监管法律冲突的界定与特点

国际金融监管法律冲突是指各国金融监管法律规范对本国领域外的人、物和行为主张和行使管辖权所产生的法律效力冲突。具体而言，这种法律冲突除了包括国家之间的立法管辖权冲突之外，还包括具体适用和执行该立法管辖权规范所产生的司法管辖权冲突和执法管辖权冲突。因此，此处所指的金融监管法律冲突是指金融监管法域外效力的法律冲突，既不同于调整平等主体之间金融私法适用的国际私法冲突，也不同于调整国际法主体之间金融条约适用的法律冲突，更不是国际金融条约与国内法的实施冲突。作为产生于经济全球化时代背景下的一种新型法律冲突，涉外金融监管法律冲突具有以下特征。

1. 主要以公法冲突为主

跨国经济法或国际经济法包括平等主体之间的横向商事交易法和不平等主体之间的纵向监管法，跨国经济法律冲突由此分为私法冲突和公法冲突。跨国经济法律冲突中的私法冲突大多与国际商贸合同纠纷有关，一般可以通过当事人选择准据法的形式加以确定，或者通过传统的国际私法确定准据法，如国际借贷合同、国际证券交易合同以及跨国保险合同等私法冲突都可以通过传统的冲突规则选择方法得到解决。

公法冲突一般与公法性法律的域外管辖权及其法律效力有关。涉外经济监管法之类的法律冲突，即金融监管法冲突便属于此类冲突，具体法律部门如银行证券监管法、外汇管制法、反不正当竞争法、税法等经济法，以及刑法、行政法和财政法等。一般而言，经济监管法律冲突并不直接涉及适用法律规则的选择，而首要涉及管辖权问题。主权国家基于不同的域外管辖权依据，主张对具有涉外因素的跨国经济活动或事项行使立法管辖权。如果管辖标准与监管内容不一致，拥有并行立法管辖权的多个国家试图对同一经济活动实施司法和行政管辖权，涉外经济监管的真实法律冲突就产生了。因此，公法冲突一般涉及立法管辖权和实施管辖权的双重冲突。

在国际私法中，依据外国立法而取得的私人“既得权利”得到了国际社会的普遍认可。外国私法在法院地国取得了域外的法律效力，并在具体案件中进行了法律的适用，甚至是执行。但是，外国公法的域外效力目前还没有得到国际社会的普遍认同，法院地国经常会以公共秩序为由拒绝承认外国公法的域内效力，除非基于国际礼让或国际司法协助条约而有条件地承认与执行一定范围内的外国公法。显然，这种拒绝承认外国公法的域内效力或拒绝执行外国公法的普遍做法，根源在于主权国家的属地优越管辖权原则，即不经属地国同意，任何国家无权在他国的领域内作任何主权行为。[①] 如果随意允许外国公法在其领域内产生法律效力或得到执行，那么在实质上就意味着外国在本国领域内实行主权行为，从而严重损害本国的属地权威和国家主权。由此看来，公法的域外管辖权（立法管辖权）和实施管辖权具有高度的同一性，即承认外国公法的域外立法管辖权，就是在相当程度上承认外国公法的域内效力，甚至是执法管辖权。而在私法领域，立法管辖权和司法管辖权可以在一定程度上实行分离，即立法管辖权（适用的法律）并不总是与司法管辖权保持一致。这也可以解释为什么私法与冲突法特别亲和：传统冲突法首先完成管辖权的再分配——确定法院的管辖权成立与否，其次探讨立法管辖权问题——确定审理案件的准据法，即哪个国家的法律应该适用于已经受理的案件，法院地法并不一定得到适用。

不过，值得注意的是，公法和私法的划分从来都是一个充满争议的理论和实践难题，在不同的时代和不同领域仅仅具有相对确定的含义和范围。进入20世纪以来，公法和私法更是出现了相互融合与相互转化的发展趋向，这种相向而行的发展态势也给法律冲突的解决带来了冲击和挑战，并在法律冲突的选择方法和适用模式创新上有所体现。公法私法化的倾向、冲突规则选择的方式经常被用来分析域外监管法律的可适用性，出现了当事人可以在合同中选择经济监管法，或通过仲裁与调解等私人争议解决方式解决金融监管法律冲突的做法；私法公法化对冲突解决的影响则反映在国际合同案件中的法律选择，如直接适用的法、公共秩序保留等直接干预的方式限制当事人意思自治，体现了国家的主权意志和公法对私法的干预。[②]

2. 兼具静态和动态的冲突特性

从法律冲突的形态出发，可将其分为静态和动态两种形式。静态法律冲突是指规制相同事项的各种法律规范条文内容上的歧异与矛盾。法律规范内容和条文不尽相同，或者对相同条文的法律解释不一致，也有可能导致法律权利与义务的矛盾和冲突。但这种潜在的冲突整体上属于法律规范或技术层面的内容冲突，一般可以通过提高立法管辖权予以调整和解

① 参见［英］奥本海著，［英］詹宁斯、［英］瓦茨修订：《奥本海国际法》（第1卷第1分册），王铁崖等译，中国大百科全书出版社1995年版，第343页。

② See Sterion & Milena, *The Globalization Era and the Conflict of Laws: What Europe could Learn from the United States and Vice Versa*, 1 Cardozo Journal of International Comparative Law 27 (2005). Also see Sterion & Milena, *Clash of the Titans: Collisions of Economic Regulations and the Need to Harmonize Prescriptive Jurisdiction Rules*, 1 U. C Davis Journal of International Law and Policy 98 (2007).

决。动态法律冲突,是指在实施过程中规制相同事项的各种法律规范之间的矛盾与冲突。这种法律适用产生的冲突直接关涉法律运行的效力问题,是对抗性很强的显性冲突。

一般而言,法律主要作用于其立法管辖权所辖的领域范围,较少作用于领域范围之外的空间范围。即使主权国家出于特定政策考量,在立法管辖权中主张了该法律的域外效力,但因受制于国家主权平等原则和他国的属地优越权,并不会产生实质意义上的域外效力冲突,更谈不上法律的适用和执行。因此,在传统的严格属地管辖权原则的支配下,各国公法一般不会发生现实的显性法律冲突。但人类跨区域和跨国界的交往打破了各国法律之间隐秘和静态的冲突状态,而外化为显性和动态的现实法律冲突。

值得注意的是,引起跨国监管法律关系产生、变更或消灭的特定涉外事件和行为成为法律冲突类型转化的关键因素,而这些因素完全取决于不以人的意志为转移的经济全球化的时代需求。面对经济全球化的国际化与一体化,以及各国人民跨国交往的日益频繁,各国为了维护本国在全球市场竞争中的优势,开始改变公法效力和适用的严格地域性。基于平等互惠原则,各国纷纷相互承认对方国家或地区公法性法律在本国附条件的法律效力,甚至主动承认与执行一定范围内的外国公法,以促进国家个体利益和国际社会整体利益的协调发展。

公法域外效力和适用的相互认可虽然适应了各国法律效力扩张的客观要求,在一定程度上丰富了管制性法律这种国际公共物品的供给,但毕竟缺乏统一性的立法协调,必然会引发和加剧各国管制性法律的相互冲突。在金融活动不甚发达的时代,各国金融监管机构尚可以比较充分地实现本国的监管目标。在这一时期,国际金融监管的法律冲突主要体现为法律内容方面的歧异,是一种潜在的法律冲突。但随着经济全球化进程的加快,金融活动已逐渐溢出了一国管辖的范围,具有日新月异的国际性。与此相对应,此时金融监管方面的法律冲突已经不仅仅停留在立法内容歧异的潜在冲突层面,而表现为法律内容和法律效力的双重冲突。

3. 包含积极与消极的冲突内涵

从法律冲突的对抗形式来看,法律冲突可分为积极法律冲突与消极法律冲突两类。积极法律冲突是指两个或两个以上国家对相关事项同时主张行使管辖权的并行管辖情形,如跨国并购、反垄断、证券监管等方面域外管辖权的行使都是典型的积极冲突。各国在具有管制利好的领域,不断扩张域外管辖权,造成了日益严重的积极冲突。但在没有竞争利益或情形复杂的领域,则怠于主张和行使域外管辖权,导致了监管权的消极冲突。消极法律冲突是指各国对相关跨国事项都不主张行使管辖权的情形。管辖权的消极行使或怠于行使的原因有很多,归纳起来主要有两类:一是主权国家没有利益驱动;二是情形复杂超出了现有的管辖理论与监管能力。在经济领域,随着金融全球化的深化发展,金融监管的消极冲突已成为诱发金融风险和金融危机的一个重要因素。例如,跨国洗钱的蔓延、跨国投机资金的频繁流动、离岸金融中心的无序扩张都是缺乏国际监管的具体体现,这种缺乏监管的"无法"状态累积到一定程度就会爆发国际性的金融危机。风险和危机通常首先在最薄弱的国家或地区撕开缺口,然后通过金融危机的传导效应传播到其他国家和地区,从而引发国际金融的整体危机。国际商业信贷银行系列破产倒闭事件的发生就是缺乏国际监管的例证,而当危机发生后,后续监管手段以及国际融资救助措施的缺位与不足则造成了危机的进一步扩大。1997 年和 2008 年发生的全球性金融危机,在很大程度上也是国际社会对国际流动性投机资金和金融衍生工具缺乏监管导致的。

在国际金融监管领域,积极法律冲突主要表现为管辖权的冲突或并行,如跨国监管重叠、重复监管、国际双重征税等重叠监管现象,不仅会造成监管乱象和被监管主体的无所适从,扩大和增加被监管主体的奉行成本,而且还会造成国际公共产品的消耗和公共利益的减损,从而导致国际金融市场因跨国重叠监管障碍而陷入低效,导致国际金融市场冲突不断,甚至动荡不安。如果各国在监管范围和监管力度上相持不下,管辖冲突可能会表现为消极冲突,而监管不力、放弃管辖将给不法分子带来可乘之机,国际金融市场将因法律机制的局部缺失而变成违法行为的温床。

(四)国际金融监管法律冲突的实践考察

1. 证券监管法域外效力的法律冲突

在传统的涉外证券监管中,属地管辖权原则占据绝对的支配地位,属人管辖权原则等其他原则处于辅助地位。随着证券投资规模的不断扩大和证券交易国际化程度的不断加深,立足于传统属地管辖权基础上的证券交易法和证券监管法已不能适应证券市场国际化的监管要求。在全球证券市场日益一体化的市场环境下,为了保护本国证券市场的公平竞争和消费者的投资权益,一些国家纷纷抛弃属地管辖权优先的传统原则,而不断扩大本国证券监管法的域外效力,将证券监管的国家立法管辖权渗透并延伸到其他国家的领域范围,并强力推行和实施这种域外管辖权,由此导致跨国证券监管领域的法律冲突日益加深。

美国是全球最大和最开放的国际化证券市场,成功吸引了许多其他国家的证券发行人与证券投资者,因而由美国金融监管引发的跨国证券监管冲突也最为突出。长期以来,为强化证券金融市场的监管,严格保护美国的证券投资者,美国大力推行单边性的立法及执法措施,与其他国家发生了持续不断的监管冲突。这些监管冲突主要分为两大类型:一类是美国金融市场的巨大规模和对境外融资人、投资人的巨大吸引力引发的有关证券发行与登记方面的监管冲突;另一类是美国证券法的反欺诈条款普遍适用于美国域外的欺诈行为造成的监管冲突,这些欺诈行为主要包括内幕交易、虚假陈述和操纵市场。美国往往根据效果原则对域外欺诈行为进行执法管辖,即不论欺诈行为是否由其国民进行,不管重要的欺诈行为是否发生在美国,只要行为结果实质性地导致了美国国民损失,美国证券监管机构都有权行使相应的管辖权。因此,当美国证券监管法适用于美国境外的所谓欺诈和不当行为时,常常会招致外国上市公司和外国政府的抗议,使得本身充满争议的效果主义原则在实施过程中进一步放大了证券域外监管效力的冲突和矛盾。

近年来,在美国证券市场强大的吸附功能和证券法在域外的强力推行的双重影响下,许多国家逐渐接受和认同了美国的反欺诈监管标准,从而在一定程度上减轻了美国证券法在反欺诈监管方面的法律冲突。但是,在证券发行与交易的登记和信息披露监管方面,有关市场监管的法律冲突和纠纷要比反欺诈监管领域更为普遍和频繁。证券市场是各国资本市场的重要组成部分,几乎所有国家都建立了完整的证券法体系,尤其是在信息披露,证券发行、登记和交易等监管事项方面,呈现出高度的一致性。随着跨国金融市场的不断融合与渗透,各国证券监管方面的法律冲突越来越频繁,使跨国上市公司在不同证券市场多头登记和信息披露等方面的奉行成本变得越来越高。例如,SEC 要求,美国境外的证券发行人在美国证券交易所挂牌交易,证券发行人应满足美国证券法的登记和披露要求。此外,美国境外的证券发行人即使不谋求上市或交易的目标,有时仍需遵守美国的证券发行登记规定。因此,美国证券管理机构为获取位于境外的信息所采取的行动导致了监管法域外效力的争议。自 20 世纪 90 年代安然财务造假事件以来,美国强化了证券法及《萨班斯－奥克斯利法案》的境外适用。美国根据行为主义和效果主义原则,强行将法律适用于境外的证券市场参与者和证券市场行为,从而与属地国的相关监管法律规则产生了绵延不绝的法律冲突。其他国家采取了立法反制,专门制定信息封锁法、抵制法和诉讼程序规则来对抗美国证券法强势域外适用对本国的影响。

2. 涉外银行监管法域外效力的法律冲突

为维护本国银行业的安全和稳定，并促进内外资银行的公平竞争，各国对跨国银行均实施了不同程度的监管，即东道国监管和母国监管。由于外资银行在东道国的经营活动会对当地的金融秩序造成一定的冲击和影响，东道国依据属地管辖权或属人管辖权，对外资银行或其分支机构进行监管。另外，外资银行在当地开展金融业务活动和提供资金融通服务，由东道国的监管机构对它们的日常经营情况进行现场监管更为方便，因而东道国监管外资银行或其分支机构具有较为充分的法律依据和现实需求。但同时，外资银行的母国也同样有类似的合理要求。首先，出于跨国银行集团的母国股权原则，母国的银行监管机构有权对东道国境内的子公司或分支机构及其资产进行监管，并承担相应的监管责任。其次，出于国际法上的属人管辖权原则，母国监管机构有权代表母国对其国民境内外的经营行为和活动主张并行使相应的管辖权。因此，对于在东道国境内的外资银行和附属银行，东道国和母国都有权对其进行监管，双方难免在管辖权划分、经营业务、风险管理和会计报表等事项上产生监管矛盾和冲突。

跨国银行监管的法律冲突实质上是各国监管权力之间的碰撞和冲突，而这种监管权力则直接来源于国家管辖权原则。目前，国际社会对并行管辖权并没有达成一致的看法，也没有相应的国际法规范去调整管辖权的冲突。在各国自主决定管辖标准的国际背景下，金融监管的国别地域性与金融市场的全球开放性存在不可调和的内在矛盾，不可避免地会产生管辖权的积极或消极冲突，从而影响对跨国银行的监管效果。管辖权积极冲突是指两个或两个以上国家对跨国银行同时主张行使管辖权的情形。管辖权消极冲突是指两个或两个以上国家对跨国银行都不主张行使管辖权的情形。例如，跨国银行洗钱的蔓延、跨国银行投机资金的频繁流动、跨国地下钱庄的无序扩张都是缺乏国际监管的具体体现，这种缺乏监管的状态累积到一定程度就会爆发国际性的金融危机。

3. 外汇管理法域外效力的法律冲突

外汇管理又称为外汇管制，是一国政府依法对其境内有关外汇的收支、交易、融资、汇兑与转移、国际结算、汇率交换以及外汇市场等方面实行的管制措施。一般来说，一国实行外汇管理主要是为了改善本国的国际收支，维护本国货币的汇价，限制资本输出输入的规模，促进本国经济的增长。根据国际法原则，一国可以自主实施外汇管制。为确保外汇供给和管理的有效性，一般由中央银行或外汇管理局等政府机构负责对外汇的监督和实施外汇管理。除了对外汇的汇兑进行管理和限制外，各国还通过要求相关主体提交报告的方式,对国内外汇流动和可获得性的发展情况进行监测,这种用于统计目的的报告要求也称为被动控制,属于广义外汇管理的范畴。为了规范这种对经济的控制,监管当局可以限制将货币转移到国外;或者只允许外国人在得到其许可的情况下在当地银行开设银行账户;或者规定本国公民只能保留一定数量的外汇(保留限额);或者规定居民可以接受支付的货币(货币规定要求)等。一般来说,发展中国家经济较为贫弱,保持和获取外汇的途径有限,整体上对外汇采取较为严格的管控措施,因而对进出口贸易所需外汇和外汇资本流动实行审批制度。发达国家经济实力强大,创汇能力强,有些国家如美国本身就是通行外汇货币的发行国,对外汇采取较为宽松的管理政策。因此,在涉及这两类国家的进出口贸易和国际投资中,就会产生明显的外汇管理冲突。

4. 反洗钱法域外效力的法律冲突

洗钱是指隐瞒或掩饰非法收益并使之表面来源合法的金融活动。反洗钱则是对来历不明资金进行甄别排查并予以处置的金融监管措施。虽然国际社会已经充分认识到了反洗钱控制的重要性,并进行了一系列卓有成效的国际合作,但在监管实践中,各国就如何进行反洗钱具体合作方面仍然存在巨大差异。[①] 许多国家的金融监管当局经常以促进金融开放与保护客户金融隐私权为由拒绝国际反洗钱合作,因而各国金融监管机构在反洗钱查处过程中经常会遇到跨国监管执法的阻力和障碍。金融隐私权既是出于保护金融消费者的个人利益,也是各国银行监管机构必须遵循的基本原则,集中体现了公权与私权的对立和冲突。绝大多数国家的银行法均有保守客户个人资料的强制性规定,严格保护客户金融隐私权。为了保障本国客户的金融隐私权和加强经营竞争,本国银行在面对他国监管机构的协作调查时往往采取消极的不合作态度,给跨国反洗钱的核查、取证和惩处造成了极大的困难,从而降低了跨国反洗钱控制的合作成效。

从法律上看,跨国反洗钱的监管合作与冲突,实际上是国家金融安全监管与金融消费者隐私权之间的公私法律冲突。一方面,国家主权是国家在其管辖领域内拥有的属地最高权,因而可在其管辖领域范围内独立自主地行使属地优越权,从而可以有效排除他国在本国属地内的域外管辖权。有些国家甚至将金融隐私权上升为国家经济安全的主权高度,拒绝任何有损该权利的域外强制措施,从而构成了跨国反洗钱控制的现实冲突。另一方面,金融隐私权是为了保护银行客户的私人利益而设定的私权,它要求

① 参见岳留昌编著:《美国反洗钱合规监管风暴》,中国金融出版社 2019 年版,第 17 页。

银行出于其与客户的“信托合同”义务而对银行客户的各种金融信息进行保护和维护。跨国反洗钱监管是从国际社会的整体利益角度出发，对金融机构的自由经营活动进行必要的监管和管理，并施加一定的强制性措施。因此，跨国银行的反洗钱监管与金融机构的金融隐私权之间的矛盾表现为管辖权冲突，实际上体现了国家公法与个人私权、国家权利本位与国际社会本位在价值取向上的矛盾。

各国的监管防控措施和标准的不一制约了反洗钱打击的法律成效，也为洗钱分子逃避法律监管提供了可乘之机。为逃避非法收益来源国的金融监管和惩处，洗钱分子往往利用当前跨国反洗钱监管合作的不足，借助多国银行分支机构进行流通和转化，使非法收益转移到非法收益来源国以外的国家，从而加大了反洗钱监管和惩处的难度。金融全球化的深化以及网络通信技术的发展，使得跨国洗钱的手段更加复杂，流转更为频繁，并日益与毒品犯罪、有组织犯罪、恐怖主义犯罪以及腐败犯罪等国际化犯罪相互渗透和融合，使反洗钱控制更加困难。[①] 跨国洗钱犯罪的蔓延，对国际社会的危害也日益严重，反洗钱已经成为需要国际合作予以解决的全球性问题。

5. 反恐怖主义融资法域外效力的法律冲突

2001 年“9 · 11”事件之后，反恐怖主义斗争成为各国维护国土安全的重要工作任务。以金融法律的手段加大反恐斗争的打击强度，成为各国首选的方案，美国在这方面做了许多开创性的工作。为监控恐怖主义嫌疑对象的资金流向，切断国际恐怖主义组织和团伙的资金流，美国率先颁行了《爱国者法案》。美国认为有些国家的金融管控宽松、反洗钱执行不到位，在涉及跨国洗钱违法犯罪的国际协调与赃款追缴时拒绝提供国际合作。为加大反恐的金融监管，该法案“反洗钱和反恐”一章特别赋予美国金融监管机构的立法管辖权，大力推进该法的域外效力。美国《爱国者法案》确立了“初步洗钱牵连”的监管原则，无论是在美国境内还是境外开立金融账户的任何金融交易，只要与美国有关部门所特别关注的违法犯罪活动有关，美国监管机构就可以采取制裁措施和“特别措施”。[②] 根据该法案第 317 条的规定，构成初步洗钱牵连的当事人，美国联邦法院即可行使长臂管辖权，对涉嫌的任何外国自然人或外国法人金融机构采取强制措施。

显然，美国确立的“初步洗钱牵连”原则有助于及时切断恐怖主义的

---

① 参见刘乃晗、谢利锦：《反洗钱合规实务指南》，法律出版社 2020 年版，第 79 页。

② 参见黄风：《从〈爱国者法案〉看美国反洗钱策略的新动向》，载《中国司法》2002 年第 10 期。

资金链,在打击国际恐怖主义犯罪方面有较大的威慑和阻遏作用。但是,美国《爱国者法案》及其配套法律的实施,本质上是其长臂管辖原则在反恐融资法中的具体体现。该法案中长臂管辖权的频繁过度行使,使美国国内法律的效力远远超出了美国的领域范围,使得外国人在美国境外的金融活动也不同程度地受到了美国法律的制约。在该法案实施过程中,美国动辄进行金融制裁,不仅造成了美国国内法律与外国人或外国金融机构所在国法律剧烈的管辖权冲突和法律适用冲突,而且借反恐之名进行的金融打压和制裁,也加剧了美国与其他国家的外交冲突和政治紧张。

6. 金融制裁法域外效力的法律冲突

随着金融日益占据国家经济的主导地位,国际金融关系也成为制约和影响其他国际经济关系的重要因素,尤其是基于国家安全而开展的国际金融活动已经成为影响国家关系的重要因素。国际法上的金融制裁是指国际法主体根据国际法和国内法的相关制裁决议,对特定的个人和实体组织,有时甚至包括国家或政府采取的惩罚性的金融强制措施。由于执行成本相对较低且成效显著,金融制裁已日益成为国际政治经济中常用的制裁手段,在各国政策中产生了远远超出金融制裁本身的溢出效应。从金融制裁的国际实践来看,由于美国超一流的政治经济强国地位,金融一直是美国对外政策的重要支柱之一,尤其是金融制裁一直伴随美国对外政策的发展演变,发挥了超乎寻常的威慑作用。为了更好地实现通过金融制裁打压竞争对手的政治目标,除了名正言顺地利用联合国安理会的国际制裁外,美国还制定了专门的国内法,形成了完整的国内金融制裁法体系。在美国的带动和影响下,欧盟、英国、日本和澳大利亚等政治实体也相继出台了有关金融制裁的法律,促进了国际范围内金融制裁法的普及和推广,但也由此导致了各国金融制裁法的对立和冲突。①

近年来,为了实现其外交政策目标,美国对其他国家的金融机构和企业,甚至其他主权国家采取了一系列金融惩罚措施,力度之大、范围之广、持续时间之长,远远超出了一般商业惩罚的必要程度,从而引发了广泛的争议和矛盾。而且随着强制性制裁措施的持续进行,制裁方与受制裁方双方之间的矛盾和斗争也在不断升级,严重影响了双方正常的商业往来和外交交往。金融监管强制措施与金融制裁手段的交叉使用,集中反映了金融监管领域国内与国际、制裁与反制裁的深刻对立和明显冲突。由于美国等强势国家的优势地位与霸凌做法,双方制裁力度和对抗明显存在不对等,

① 参见徐以升、马鑫:《金融制裁》,中国经济出版社 2015 年版,第 5 页。

往往以受制裁方的妥协或落败而结束。但是,从纠纷解决的法律解决方式来看,美国这种单边性的金融制裁方式也不是解决跨国法律冲突和矛盾的理性做法。

三、国际金融监管法律冲突的影响

跨国金融机构是跨国公司中最为活跃的经济主体,遍布全球的经营网络和与时俱进的金融创新能力使其具备了独一无二的全球扩张能力,从而为本国实体经济参与全球竞争提供了金融服务与支撑。但是,鉴于金融活动自身的敏感性和重要性,各国仍然主要采取传统的划界而治的地域监管模式,从而与金融市场的开放性和扩张性产生了内在的矛盾和冲突,集中表现为各国金融管辖权的并行与金融监管法的适用冲突。这种矛盾和冲突一方面折损了各国涉外金融监管的权威性,另一方面也极大地影响和制约了涉外金融监管的法律效力。

(一)国际金融监管法律冲突的消极影响

1. 涉外金融监管的对抗与抵制

各国经济监管法的域外适用冲突经常带来外交上的对立,一国依据本国经济法所主张和行使的域外管辖权,通常会遭到其他主权国家的抵制和反对,从而影响国家之间的正常经济交往。在国际实践中,针对外国法在本国的域外管辖和司法适用,许多国家制定了专门的“反制法”或“阻断法”。一方面,以违反国家主权或本国公共秩序为由,拒绝承认和执行具有外国法强制内容的外国裁决;另一方面,限制或禁止本国国民向外国金融监管机构或行政执法机构提供相关调查资料和信息,如在跨国证券欺诈案件的调查中,往往需要证券发行人向外国证券监管机构提供国际协助。为了反制美国证券监管法的域外管辖权及其法律效力,很多国家直接限制或禁止本国金融机构向美国的证券执法机构提供相关商务和财务信息。

2. 当事人守法成本高昂

跨国金融监管往往涉及多国的多方当事人,作为被监管主体,国际金融法律关系中的当事人往往需要同时遵守支配其金融交易行为的所有相关国家的监管法律。在缺乏国际监管协调的背景下,跨国当事人需要履行多国的监管法律,遵守多重法律所施加的监管责任和义务,这些重复监管负担无疑会加重当事人在人力、物力和财力等方面的奉行成本。比如在东道国经营的跨国银行既要遵守东道国的监管标准和税务准则,又要服从母国的监管要求和税收管辖,双重的监管标准和税务负担,导致跨国当事人难以承受多重奉行成本。此外,监管程序的歧异也会加大当事人的成本,跨国金融机构不得不耗费大量的时间和成本来提供、制作和翻译不同监管要求下的文件和资料，所有这些叠加的监管事项都会加重跨国金融机构的运营和奉行成本。目前美国是全球最大的证券市场，许多公司为了在纽约证券交易市场挂牌和交易，必须要满足美国严苛的监管标准和会计制度。与此同时，这些公司还必须同时满足其国籍国的各种监管标准和要求。即使有些监管标准趋同甚至完全相同，但基于不同的语言和监管要求，跨国当事人也必须同时制作不同的文本。

3. 金融活动缺乏可预期性

涉外金融监管法律冲突除了带来较大的监管和奉行成本之外，也常常造成跨国金融活动缺乏稳定的预期。多重监管要求常常使当事人陷入不知所从的困扰，也常常会陷入顾此失彼的两难境地，从而大大降低或减损遵从监管法律的稳定性。如果当事人无法预见金融活动的确定性法律后果，那么就会影响到他们交易行为的选择，他们会逃避甚至取消相应的金融交易。一旦发生违规和涉诉事项，各国金融实体法规范与程序法规范存在的巨大分歧，很容易造成违规认定标准和处罚处理手段上的纷争和矛盾，从而在涉外金融监管法司法和执法过程中放大监管的对立和冲突，进一步损害法律的可预性。这种法律和程序的不确定性都给跨国金融活动带来了无法预期的法律风险和监管风险，从而影响跨国金融交易的正常进行。

（二）国际金融监管法律冲突的积极影响

法律冲突作为法律运行中的非正常状态，增加了商事交易成本和诉讼成本，降低和破坏了法律的权威性，导致行为与后果缺乏可预期性，无疑具有显著的负面效应。因此，为了维护法治秩序的统一与和谐稳定，国内和国外的学者们一直在寻求法律冲突的协调与解决。但是，法律的和谐只能作为静态结果的形式相对存在，而法律冲突作为孜孜以求的和谐结果的动态过程则是永恒存在的。① 辩证唯物主义也认为，事物的静止是相对的，而运动却是绝对的，这种矛盾运动恰恰是推动事物发展与变化的内在根本动力。法律冲突的内在矛盾与动态发展，不断推动实体法和程序法的更新与发展，从而体现了法律冲突在法律演进中的地位与价值，具体表现在以下三个方面。

1. 作为法律演进的内在动力

法律演进是指法律的自我发展变化，主要包括法律概念、法律行为、法律规则、法律制度和法律价值的变化，总体发展趋势是法律的现代化和国

---

① 参见陈运生：《法律冲突解决的进路与方法》，中国政法大学出版社 2017 年版，第 92 ~ 93 页。

际化。法律冲突是法律演变过程中的必然产物,法律演进总是伴随着法律冲突的产生、协调和消解,然后又产生新的矛盾和冲突。在这个相伴相生的历史进程中,法律冲突是引起法律演变的内生动力,而法律演进常常作为法律冲突的结果而出现。

冲突分析方法认为法律结构内部的法律冲突乃是常态,是法律结构的基本内容。而法律冲突对法律结构也具有能动的反作用,既包括积极的正面功能,也包括消极的负面功能。从积极的角度来说,法律冲突能够有效增进法律结构的灵活性,有利于增强法律系统自身的调适应变功能。在法律体系中,如果没有这种内在的结构冲突或内生动力,法律规则就会陷于僵化或停滞,从而造成法律规范与社会现实脱节,甚至有可能导致法律结构的最终解体或崩溃。法律冲突的持续存在则会激发法律规范和价值观念的创新,有助于调整或矫正法律结构中过时的腐蚀性或破坏性因素,从而推动法律规则"质或量"上的变革。正是因为法律结构中存在这种内生的触发器,才能有效推进法律规范的不断改进完善并臻于和谐统一,从而促使各国立法者能够不断适应社会生活的变迁和发展,使促进社会关系的法律调整成为可能。20 世纪 70 年代实行浮动汇率制后,银行业出现了跨国经营的国际化潮流。各国限制银行过度扩张的资本充足率要求不一,导致各国在跨国银行监管中的法律冲突日益尖锐。在发生了系列跨国银行倒闭的危机之后,各国才放弃了各行其是的银行监管标准,普遍接受了 BCBS 制定的银行监管的最低资本充足率标准。

2. 推动法律冲突协调机制的建立与完善

平稳有序的法律系统是实体法、程序法和冲突法有机融合、相互配套的法律统一体。除了实体性权利与义务的分配之外,各国还应当为法律关系主体提供定分止争的纠纷解决系统,从而保证法律体系的有效运转。而法律冲突就是衔接这些环节的重要联结因素,成为促进法律体系内部协调融合的制度化出口和通道。在国际金融领域,金融行业的市场准入与自由化开放是各国金融监管的重要方面,集中反映了各国监管政策和监管法律的对抗式矛盾和冲突。譬如,金融市场准入的跨国监管冲突,如果通过不同国家监管机构之间的协调与合作,建立统一的资格准入标准和程序,就有可能在不同的监管法律体系之间建立相互认可与协调的制度化机制,也才有可能有效解决市场开放与金融安全之间的深刻矛盾。事实上,经过多年的艰苦谈判,各国终于在 WTO 的全球多边体系框架下,对全球金融准入的监管冲突初步达成一致。在 WTO 协议中,与金融业开放和监管密切相关的条约主要有 GATS 和 1997 年达成的《金融服务协议》,这些协议的内容和条款共同构成了 WTO 关于国际金融开放和市场监管的统一性国际法体系。

3. 推动利益评价机制的多元化与国际化

法律冲突存在于各国法律规范运行的整个过程,包括立法机构行使立法管辖权制定法律、司法机关行使司法管辖权适用法律,以及当事人主动遵守和运用法律。法律冲突实质上是各种利益博弈的过程,是利益冲突的集中表现。在法律的运行过程中,立法机构、司法机构、行政机构和当事人都涉及冲突利益的筛选和评估,并力求用利益评价标准或机制去调和并解决法律权利或义务之间的对立和冲突。因此,各种法律主体都需要对原来假定没有法律冲突的利益保护机制重新进行评估,并进行适时调整和更新。从法益保护的角度而言,法律冲突不仅可以有效推动利益评价机制的形成和发展,在经济全球化时代跨国法律相互影响和作用的国际背景下,法律制度和法律文化的趋同与统一,还能在一定程度上推动利益评价机制更趋于多元化和国际化。后文中具体展开的传统国际私法在公法法律冲突协调中的突破与发展、国际礼让与合理管辖原则等协调模式,无不包含着法律利益关系的审慎考量和再平衡。

通过以上的讨论,我们发现国际金融监管法律冲突具有双重影响,即消极的影响和积极的影响。因此,面对金融监管的法律冲突,我们不能消极无为,也不能简单地赞成或推崇,更不能人为制造法律冲突,而是需要采取积极客观的态度对待金融监管领域发生的法律冲突。一方面,我们要正视法律冲突的客观事实和现状,冷静了解和研判法律冲突,以尽可能避免法律冲突的思维去降低和减少跨国金融监管的法律冲突;另一方面,为提高国际金融监管法律的实施效力,我们也要在尊重现实法律冲突的基础上,以公法冲突协调的思维寻求金融监管法律冲突的解决之道,推动国际金融监管法律体系的建设,从而促进国际金融的可持续性健康发展。

第二章　国际金融监管法律冲突协调的理论基础

第一节　国际金融监管法律冲突协调的基本原则

一、国家经济主权平等原则

主权是国家最重要最本质的属性。国家之所以区别于其他政治实体，就在于国家的主权特性，即具有独立自主、不受任何干预地处理国内和国际事务的最高权力。国家主权与平等代表着国家之间所有法律关系最基本的原则，这一原则调整着主要由具有完整国际法律人格的国家形成的国际关系。① 因此，国家主权原则和平等原则是最重要和最基本的国际法原则。国家平等原则和国家主权原则二者密切相关，由于国家是主权性的政治实体，因而国家交往具有平等性，虽然国家间的经济水平可能存在巨大差距，但在国际交往中双方的地位却是平等的。② 国际法对各国权利的创设和法律的保护都应以平等的方式适用于每一个主权国家。国家主权平等是各国经济交流与合作的基础，也是国家主张其金融监管法域外效力的根本前提。如果以损害国家主权平等、牺牲他国主权利益为代价行使任何形式的域外管辖权，都必然会招致其他主权国家的抵制和反对。

国家经济主权原则，是国际公法中国家主权原则在经济领域和经济事务方面的具体体现。国家经济主权原则是广大发展中国家在争取建立国际经济新秩序斗争过程中积极倡导和努力维护的基本原则，集中体现和反映在联合国大会旨在建立国际经济新秩序的几个纲领性法律文件中。③ 根据国际法基本原则进行逻辑推演，主权国家自然享有国际法上的各项基本权利。国家管辖权集中反映了国家主权最普遍、最基本的存在方式与权利行使状态。国家对其境内的一切经济活动享有充分的绝对主权，各个国家有权按照本国相关的法律法规，对在其境内进行商业活动的外国公司或者

① 参见[英]伊恩·布朗利：《国际公法原理》，曾令良、余敏友等译，法律出版社 2003 年版，第 319 页。

② 参见马呈元主编：《国际法》，中国人民大学出版社 2019 年版，第 37 页。

③ 参见陈安主编：《国际经济法学》，北京大学出版社 2020 年版，第 65 页。

组织等经营实体主张和行使管辖权。同时，有权对这些跨国公司在其境内的商业活动进行监督和管理，也有权采取各种行政或者市场调节措施以确保外国公司在其境内的生产、经营活动切实遵守了本国的法律和规章制度。跨国公司不得干涉所在国的内政，任何国家也不得在违背其意愿的情况下给予外国投资者优惠待遇。[1] 因此，如何维护国家主权、独立和安全，就成为在金融监管法的域外适用过程中相关国家之间需进行协商和协调的法律问题。无论是立法权，还是司法权与行政权，都是国家主权的重要组成部分，也是国家主权平等性的重要体现。在经济全球化的国际背景下，取得其他主权国家司法与行政机关的认可、配合和合作，成为一些国际或涉外金融监管事项能够有效处理的前提，如财务报表等信息的提供、域外调查取证、域外文书送达等。国家即使享有行使立法管辖权的自由，但这种自由也要受到经济主权平等原则的限制，即一般禁止国家在域外行使这种立法管辖权。因此，金融监管法域外效力并不是不受约束和限制的，它的主张和行使同样要受到国际法帝王法则——国家主权平等原则的限制和约束，不得侵犯和减损他国的属地管辖权威。

二、国际合作发展原则

1945 年《联合国宪章》中规定了各国依照宪章彼此合作的基本义务，正式确立了国际合作原则在国际交往中的基础法律地位。该原则不仅要求各会员国依照主权平等和不干涉内政原则善意处理政治、外交、经济和社会等国际关系，而且更应以和平方式解决各种国际争端。《联合国宪章》第 1 条规定了国际合作的宗旨："促成国际合作，以解决国际间属于经济、社会、文化及人类福利性质之国际问题，且不分种族、性别、语言或宗教，增进并激励对于全体人类之人权及基本自由之尊重。"1970 年联合国大会通过的《关于各国依〈联合国宪章〉建立友好关系及合作之国际法原则的宣言》，将"各国依照《联合国宪章》彼此友好合作之义务"列为国际法的基本原则之一，每个国家都不能因为其自身的政治、经济、文化等因素的不同而回避国际法基本义务，都应该积极促进国家或国际组织之间的相互合作，这不仅有利于维护国际经济秩序和国际社会的和平发展，同时能促进国际经济的稳定发展。习近平主席 2015 年 9 月在联合国发展峰会上发表重要讲话，全面阐述了"合作共赢、共同发展"的新型合作发展观。"要完善全球经济治理，提高发展中国家代表性和发言权，给予各国平等参与

---

① See UN Charter of Economic Rights and Duties Article 2.

规则制定的权利"①,对于准确理解百年未有之大变局下的国际合作发展原则、推进人类命运共同体建设具有重要的指导意义。

一国依照立法程序制定的法律一般仅在国内具有法律效力,超过本国管辖领域范围原则上不能发生效力。也就是说,原则上一国的国内法仅在其本国境内生效,对于其领域外发生的事项不具有管辖权。同时,一国的行政执法机关和司法机关一般只能在本国领域内行使执法管辖权和司法管辖权,不能在其他国家行使该项权力,这是国家主权平等原则的具体体现。然而,各国的域外管辖权由于日益频繁的国际交往而不断扩大,导致域外管辖权冲突和法律适用冲突不断出现,因而需要各国在经济规制、法律监管乃至执法合作等方面加强国际合作,以维护正常的国际经济交往。在经济全球化时代,国际合作对于维系监管法律的有效性和执行效率尤为重要。每个国家的经济、社会、文化背景都各不相同,各自也根据其不同的国情建立了不尽相同的国体、政体和司法制度。在共存共荣的国际环境下,各国只有通过相互合作,求同存异,才能在当前复杂且多变的国际形势下谋求共同发展之道。

目前,各国监管规则都以保护领域内金融安全及投资者利益最大化为首要立法宗旨,导致了跨境金融交易主体合规成本的急剧上升。此外,各国涉外金融监管的领域大小和尺度宽严有别,不断刺激金融机构频繁地进行跨境监管套利,滋生了金融监管的竞相放松行为和法律冲突。目前各国各自为政的金融监管法律制度和政策,显然不足以应对金融全球化背景下市场竞争秩序的维护和系统性金融风险的有效防范与化解。金融监管法律冲突是和平年代各国经济纠纷和矛盾的主要表现,构建以合作共赢为核心的新型国际经贸关系思想,不仅符合《联合国宪章》关于主权平等、和平解决国际争端、促成国际合作等宗旨和原则,而且为国际社会扩大交流合作、避免管制冲突的对抗和升级注入了强劲动力。

第二节　国际金融监管法律冲突的域外管辖权协调理论

一、国家管辖权的分类

(一)国家管辖权的一般分类

国家管辖权是指国家在主权范围内控制、影响人员、财产及事件的权力。管辖权总是与国家主权息息相关,每个国家在本国领域范围内具有专

① 习近平:《谋共同永续发展　做合作共赢伙伴》,2015 年 9 月 26 日在联合国发展峰会上的讲话。

属管辖权。管辖权源于国家主权并构成国家主权的核心要素，行使管辖权是国家治理的最基本形式。在国际法上，根据不同的划分标准，国家管辖权可分成不同的类型。

1. 根据国家管辖权行使的国际法依据的不同，可分为属地管辖权、属人管辖权、保护性管辖权和普遍性管辖权四种基本管辖权。管辖依据存在于主权国家与特定的人、物和事件等客体之间的联结关系或客观因素之中，反映了主权国家与管辖客体之间的某种内在联系。这些特定的联结因素构成了国家主张和行使管辖权的内在逻辑基础和客观依据。

2. 根据国家管辖权作用客体的不同，可分为对人管辖权、对物管辖权和对事管辖权。管辖权作用的人、物和事也是构成法律关系的基本要素，因而国家管辖权的设置和行使与法律关系的构造与运作存在千丝万缕的联系。质言之，法律关系的形成与流转也是抽象的国家管辖权在社会生活中的具象存在。

3. 根据国家管辖权行使的社会范畴，或者说管辖权作用的社会领域的不同，可分为政治管辖权、经济管辖权、军事管辖权、文化管辖权和宗教管辖权等。正是由于管辖权作用范畴的社会化与国际化，从而使国家管辖权变得丰满而生动起来。

4. 根据国家管辖权行使的空间范围的不同，可以分为域外管辖权和域内管辖权。作为一种权力的运行方式，管辖权有其运作和影响的物理空间和范围。主权国家最大的特点就是"划界而治"，因而其疆域范围和管辖地域仍然是当代国际社会最基础和最重要的空间地理概念。空间概念上的疆界之分，自然形成了国家管辖权的域内和域外之分。从法律上来讲，这种划分就是国内法和国际法的效力边界。因此，从特定国家的角度上讲，国家法律的效力就有了国内或域内效力与国外或域外效力的具体划分。

（二）国家管辖权的特殊类型

20 世纪以来，国际法学界陆续系统地提出了立法管辖权、司法管辖权和执法管辖权三分法的管辖权划分模式。① 著名的《奥本海国际法》也持有类似的理论和观点："一个国家可以用立法来调整行为；或者通过主权国家的法院来调整向其提交的纠纷；或者采取比执行法律或法院判决更直接影响事件进程的行政措施。"②从政治学说的源头来看，国家管辖权的三分

① See Alison Jones & Brenda Sufrin, *Competition Law: Texts, Cases and Materials*, Oxford University Press, 2001, p. 1039.

② ［英］奥本海著，［英］詹宁斯、［英］瓦茨修订：《奥本海国际法》（第 1 卷第 1 分册），王铁崖等译，中国大百科全书出版社 1995 年版，第 327 页。

法理论划分与西方传统的三权分立学说存在密切的联系。根据国家权力机关属性的不同,这种划分方法将抽象的国家管辖权细化为具体的立法、司法和执法管辖权(或称为行政管辖权、执行管辖权)三种。立法管辖权是指主权国家为管辖事项制定法律和规则的资格和权力,在成文法国家主要表现为国家的立法权,在判例法国家还包括特定司法机关形成具有普遍拘束力的司法判例的权力。司法管辖权是指国家司法机关受理和裁判案件的权能。执法管辖权则是指国家行政机关执行法律的权能。在法治时代,由于司法管辖权和执法管辖权基本上都是按照立法管辖权确立的法律规范,进行法律的适用和法律的执行,均属广义的法律实施过程,因而也有学者把二者归并起来,合称为实施管辖权,与立法管辖权形成二分法的理论模式。① 一般而言,立法管辖权是实施管辖权的前提,规定实施管辖权的范围和方式。实施管辖权是立法管辖权的结果和体现,在实然层面呈现了立法管辖权的实践效果。

首先,立法管辖权是一种无限管辖权,实施管辖权则是一种有限管辖权。基于国家主权的至高无上性和独立性原则,立法管辖权一般是没有限制的,可以称为第一性的权利或权力。主权国家可以对其管辖范围内的任何事项通过法律的方式进行管理和监督,使其归于本国法律的管辖范围,而不论其发生地是境内还是境外,当事人是否具有本国国籍。而同样基于主权独立性原则和国家主权平等原则,实施管辖权囿于地域的特性而只能在有限的范围内行使管辖权,尤其是在域外行使管辖权时通常会受到他国属地权威的制约,因而相对于立法管辖权而言,实施管辖权通常属于第二性的权利或权力。在实践中,如果一国意欲在具体个案中对实际上处于他国领域内的人或物行使管辖权,除非征得他国同意,否则将受到多重因素的制约和限制,包括但不限于国际法的约束和政治外交政策的综合权衡等。域外管辖权可以通过立法得以宣告或确立,但其具体实施却需要从司法和执法两个维度展开,而且每一方面都要受到不同的限制。就行政管辖权而言,通过行政机关在域外行使本国管辖权的情况是极其少见的,但是行政机关通过国内执法行为使该行为效力及于境外,的确在现实中常常出现。由于其自身受严格的属地限制,执法管辖权往往需要通过司法管辖权的扩张,转化实施其管辖权限。例如,凭借司法管辖权在取证程序上的域外扩张实现域外行政执法的目的。因此,在这个意义上来讲,司法管辖权

① 立法管辖权和实施管辖权在我国台湾地区的相关文献中也分别翻译为“制定规范管辖权”与“执行规范管辖权”。参见罗发昌:《贸易与竞争之法律互动》,台北,月旦出版社股份有限公司1994年版,第79页。

和执法管辖权都是立法管辖权的实现途径,是立法管辖权的派生。

其次,在国际法上,立法管辖权与实施管辖权并不总是保持一致。法院可以发挥司法能动性,将取得的管辖权"礼让"给其他法域的法院行使,或者直接以不方便为理由拒绝行使,从而实现管辖权在国际范围内的重新分配和相互移转。显然,如果立法管辖权和司法管辖权是同一的,管辖权的第二次分配或转让就不可能进行,也没必要进行。一般情况下,从国际法对管辖权的限制来看,在公法领域立法管辖权和司法管辖权是同一的,跨国银行并购的反托拉斯法和证券法等直接适用于域外的美国金融监管法即属于这种情形;而在私法领域则不然。这也可以解释为什么私法与冲突法特别亲和:传统冲突法首先完成管辖权的分配——确定法院的管辖权成立与否,接下来探讨立法管辖权问题——确定审理案件的准据法,即哪个国家的法律应该适用于已经受理的争议案件。所以在私法冲突问题上,立法管辖权和司法管辖权是相互分离的。①

一般而言,法律的实施从属于法律的管辖范围和适用效力。立法管辖权是国际法对国家管辖权的第一次分配,实施管辖权是为保证立法管辖权的有效实施而对管辖权进行的第二次分配。因此,立法管辖权是第一性的,实施管辖权是第二性的。通过立法管辖权与实施管辖权的区分,我们可以发现如果立法管辖权未受到任何的限制,将为一国行使实施管辖权留下较为充分的自由裁量空间,但能否行使实施管辖权往往要考虑实践中的具体情形。

立法、司法和执法管辖权的三分法理论进一步深化了国家管辖权的功能区分,不仅有助于对域外管辖法律问题的理解和认识,而且为金融监管法等公法的法律冲突的国际协调与解决提供了重要思路。美国在《美国对外关系法重述》(第三版)[以下简称《对外关系法重述》(第三版)]中,即以管辖权的三分法为理论基础展开涉外法律的系统构建与具体阐释。三种管辖权功能齐全,职责分明,且相互呼应,关系密切,能较好体现三者相互制约与相互平衡的依存关系。主权国家对各种域内外行为主张管辖权,并规定相应的监管、查处或罚款的措施,行使的是立法管辖权。在实践中往往借助司法机关进行立案与审判,或者是通过行政机关进行调查、取证或罚款等强制措施执行法律,共同实施立法管辖权确立的法律规范。在当代国家政治制度日趋多元化的国际背景下,西方"三权分立"的政治学说不一定具有合理性,但是从法律维度将国家的管辖权作出立法、司法和执

① 参见李国清:《美国证券法域外管辖权问题研究》,厦门大学出版社2008年版,第26页。

法的区分，明确三者之间的功能分工和协调合作关系，还是比较贴合涉外法律的现实运行过程的。因此，在国际金融监管领域，立法管辖权、司法管辖权和执法管辖权的区分与联系对于域外管辖权的国际法理论研究与实践都具有重要的意义。

二、域外管辖权三分法理论与法律冲突的协调路径

（一）立法管辖权的冲突与协调

随着经济全球化和跨国交往的发展，立法管辖权的功能得到了空前的膨胀，与经济监管有关的域外管辖权冲突问题也日益增多和突出。正如前文所述，立法管辖权是不受限制的第一性管辖权，因而国际公法并没有对主权国家立法管辖权的主张与行使进行明确的限制和约束。尤其在经济领域，国家通常以维护国家安全、维护国内公平的市场竞争秩序和产业发展、保护环境与自然资源以及保护消费者合法权益等各种事由行使立法管辖权。[①] 虽然国际法在理论上并不禁止内国经济监管法的域外效力主张与实施，但在实践中，各国也并非完全无限制地行使立法管辖权。事实上，国际法也一贯反对各国将与自己没有任何实际关联的事项纳入本国立法管辖权范围，予以相应的立法规制。杰拉德·菲茨莫里斯法官在巴塞罗那电力公司案中发表过类似的阐述："根据目前的情况，国际法没有对国家设定严格的规则来限制国家管辖权的范围——而是给国家在这个问题上留下很宽泛的自由裁量权。然而，国际法确实假定这种限制的存在——尽管在任何具体案件中是由裁判庭从审理该案件的目的出发来揭示此限制具体究竟是什么；对每一个国家而言，都涉及这样的义务：应对管辖权的程度予以节制和克制，这是法院在审理具有外国因素的案件时应尽的义务；应该避免对更恰当地属于另一个国家的或者由另一个国家行使更为适当的管辖权构成不正当的侵害。"[②]国际法不允许适用任何被武断地选择出来的法律。相反，它要求在两个法律体系之间进行选择，其中任何一方均可主张自己与争议事项的关系更为紧密。因此，在国际实践中通过冲突规则选择适用法律的权衡与比较，国际社会初步确立了以最密切联系原则限制立法管辖权的惯常做法。此外，在立法管辖权上有对等性质的互惠限制，主张域外管辖权的国家在立法时通常也会将他国对于其国内法的态度纳入

---

① See Qureshi & H. Asif, *International Economic Law*, Sweet & Maxwell, 1999, p. 52 – 54.

② F. A. Mann, *Legislative Jurisdiction: The Doctrine of International Jurisdiction*, 1984, in Reisman & W. Michael eds., Jurisdiction in International Law, Ashgate Publishing Company, 1999, p. 139 – 236.

考虑的范围,从而对其自身立法作出一定的限制。

但是,就目前的普遍实践来看,最密切联系原则还只是一种惯例做法,尚未成为国际习惯,而且各国在对“最密切”与“联系”的理解与具体适用上还拥有很灵活的解释权和自由裁量权。因此,目前立法管辖权在国际法上并没有受到严格意义上的约束和限制,除非各国在国内法上作出自我限制,但显然这种源自“内心知情同意”的自我克减并不构成国际法义务。由于现有国际法对国家的立法管辖权限制较少,加之跨国交往的扩大和涉外管辖事项的膨胀,因而立法管辖权冲突是普遍存在的法律冲突。

总体来说,在国际法的平等视野下,各国享有的立法管辖权是平行的。由于各国的立法管辖权并未受到实质性的约束和限制,因而各国国内法对于涉外事项的法律规定经常存在管辖权的重合和交叉。但这种竞合通常情况下并不会产生明显的法律冲突,只有当各国主张和行使立法管辖权所确立的域外效力时,即在实施管辖权的行使过程中各国域外管辖权的竞合与冲突才会显现出来。虽然立法管辖权主要表现为潜在的法律冲突,但由于规则的制定是法律运行的起点,如果各国在相同事项上的规则内容存在较大差异,还是会给现实的法律运行(实施管辖权)带来潜在的法律冲突,从而诱发实在的法律冲突。

(二)执法管辖权的冲突与协调

在国际法中立法管辖权的行使方式及最终的生效、实施是基本相同的,而执法管辖权相较于前者则复杂许多。执法管辖权的行使可以分为国内与国外两个层面。在国内层面,国家可以通过执法或行政机构对领域内的人、财物和行为实施管辖权;在国际层面,国家的管辖权也可能加诸外国人、外国的财物和行为,产生域外效力,或者当相关外国人或财产进入本国领域的可控范围时,采取相应的执法措施。国家对领域内人、财物和行为行使的地域管辖权或属地管辖权,被认为是国家所享有的主权性权利的重要内容,是一国最高的权威,除国际法上公认的少数例外情形之外,几乎是不受限制的;而根据国家主权平等原则,一国管辖权的域外效力及其扩张则极易导致与他国属地管辖权的冲突。在国际实践中,国家出于一定的管辖目的和宗旨,主张将国内法予以域外适用,或者针对外国人或者发生在外国领域内的事项主张法律的域外适用或实施域外管辖措施,造成了日益严重的管辖权冲突。劳特派特(Lauterpacht)修订的《奥本海国际法》中指出:“由于属地最高权原则的结果,一个国家不得在他国领土上作出主权行为。基于同样的理由,虽然对于依据外国立法而取得的私人权利照例是承认其效力的——这是属于国际私法范围内的问题——但是许多国家的法院，包括英美两国的法院在内，都拒绝承认外国公法（以别于私法）的效力。尤其是它们拒绝执行其他国家的税收法律以及刑事性和没收性的立法。执行这样的法律，实际上就意味着协助国家在外国作主权行为，以致损害外国的属地最高权。”①

如果所有国家都严格奉守传统的地域管辖原则，那么域外管辖权和属地管辖权之间的冲突才有可能大幅减少，甚至是避免其发生。但在国际实践中，由于各国对属地原则的内涵存在不同理解，因而就会产生双重或多重管辖权之间的冲突。此外，由于管辖权的行使与法律的适用密切相关，因而管辖权含义的不确定性及其冲突还可能会影响涉外案件的法律适用，导致实体法的选取与适用的复杂多变与不可预料，从而严重损害国际正常经济交往的稳定预期。因此，基于减少跨国执行管辖权冲突的思维，国际执法的协调合作势在必行。目前，主要通过国家间的双边性、多边性和区域性的合作条约达到执法管辖权的协调合作。

（三）司法管辖权的冲突与协调

司法管辖权是指主权国家依照法律规定受理涉外案件，并行使相应审判权的权限范围和资格。司法管辖权缺乏统一的国际和国内法规范，导致了管辖权规范的多元化与差异性，从而加剧了司法管辖权的冲突。缺少一套具有普遍约束力的国际条约是当前各国法院对涉外经济和行政案件行使管辖权过程中的一大困境。虽然目前存在少数双边或者多边性条约，以协调各国的司法管辖权冲突，但该类条约的适用范围具有局限性，且无法适用于其他国家并取得大多数国家的普遍认可。国家、外国国家元首及外交代表的司法豁免是目前在国际范围内获得普遍承认的国际习惯法，除此之外各国都是根据本国社会、政治等方面的考量，从有利于自身国家和国民的角度出发，依照本国的法治原则和法治概念来规范涉外案件的管辖，从而形成了各具本国特色的涉外经济法律制度。因此，一旦发生跨国经济案件，各有关国家的法院就会依照其国内立法管辖权确立案件管辖权，从而造成了各国司法管辖权的冲突。

司法管辖权冲突是指各国法院依照其内国法的管辖根据或管辖标准，对具有牵连关系的跨国经济案件竞相行使管辖权或均不行使管辖权的司法冲突现象，即积极的司法管辖权冲突和消极的司法管辖权冲突。积极的司法管辖权冲突，也称为并行管辖权或平行管辖权，是指与同一案件相牵

---

① ［英］劳特派特修订：《奥本海国际法》（上卷第1分册），王铁崖、陈体强译，商务印书馆1989年版，第245~246页。

连的两个或两个以上国家的法院，各自依照本国法规定的管辖标准对同一案件行使管辖权的冲突情形。积极的司法管辖权冲突通常表现为两种形式：一是重复型平行诉讼，即原告在一国法院起诉后，又针对同一被告就同一诉求向有管辖权的另一国法院再行提起诉讼；二是对抗型平行诉讼，即同一案件的双方当事人分别以原告的身份在不同国家提起诉讼，在不同国家的诉讼程序中原告、被告的身份发生了互换。[①] 消极的司法管辖权冲突是指与案件相牵连的各国法院依照各自国家的规定，对同一案件都不行使司法管辖权或者放弃司法管辖权的情况。司法管辖权冲突给正常的国际司法活动带来严重的后果，加大了跨国当事人交易的成本和负担，增加了国际司法环境的不确定性和各个国家及其公民对于国际司法环境的不信任。首先，司法管辖权冲突会给国际相互承认与执行法院判决造成困难。一国所作出的存在争议的法院判决，一般在其他国家的司法机构也难以得到认可。[②] 其次，法律适用的冲突也有可能在诉讼当事人之间造成不可预料的风险或不公平的法律结果，从而加大了跨国当事人多国异地诉讼的司法负担。

目前，国际社会解决司法管辖权冲突的法律方法主要包括多边性和单边性的协调机制。多边性的方法体现为协调国际司法管辖权的重要条约，主要集中于涉外民商事和经济类的司法管辖权协调。欧共体和欧盟通过的比较有代表性的公约有：1968 年《民商事管辖权及判决执行公约》、1988 年《民商事管辖权及判决执行公约》和 2000 年《欧盟理事会民商事管辖权及判决的承认与执行规则》等。在《欧盟理事会民商事管辖权及判决的承认与执行规则》中，第 22 条反映了修正后的不方便法院原则，即在先受理案件的法院以存在另一更合适法院为由拒绝管辖时，允许在后受理案件的法院继续行使其管辖权。

司法管辖权的国际协调原则可以用来指导世界各国制定有关平行管辖权的法律。一国在行使司法管辖权时，应适当考虑其他国家和国际社会在实践中通行的做法，从而尽量减少和避免管辖权冲突的发生。因此，多边性的司法管辖权协调促进了单边性的司法管辖权协调。单边性的司法管辖权协调也是解决平行管辖冲突的有效途径。例如，英国、美国、加拿大

---

① 重复型平行诉讼（repetitive suits），即原告在一国法院起诉后，又针对同一被告就同一诉求向有管辖权的另一国法院再行诉讼；对抗型平行诉讼（reactive suits），即原告在一国法院起诉后，该案中的被告在另一国法院以原告身份提起诉讼，在两国的诉讼程序中，原告、被告的身份发生了转换。参见徐卉：《国际民商事平行诉讼研究》，载《诉讼法论丛》1998 年第 1 期。

② 参见[德]沃尔夫：《国际私法》，李浩培、汤宗舜译，法律出版社 1988 年版，第 270～271 页。

等国家对平行管辖问题,通常会根据情况的不同或停止在本国的诉讼,或制止在外国的诉讼。当原告在不同国家法院基于同一诉由对同一被告提起诉讼时,英国法院一般情况下会直接中止在其国内的诉讼,或者以发出禁止令的形式中止国外的诉讼,抑或要求原告必须在二者之间做出选择,到底在哪一个国家的法院进行审理。[①] 但是当事人的选择权会在以下情况中受到限制,即英国法院认为自己拥有绝对的管辖权或者是根据最密切联系原则判断英国与该案件具有密切的联系时,当事人的选择将受到限制。[②] 由于通过合法、合理的手段来制止外国已经开始的诉讼往往难以实现,所以"一般情况的做法是中止英国法院的诉讼"[③]。

至于司法管辖权中的法律适用冲突问题,程序法一般遵循管辖法院地的原则进行法律适用,而实体法方面,则根据私法和公法的法律属性分别进行相应的法律适用。目前,私法的域外效力和域外适用,已得到了国际社会的普遍认可,并形成了较为完善的国际私法冲突规则。由于公法具有较为强烈的属地优越性和敏感的主权属性,各国对外国公法的域外效力和域外法律适用还是持相对保守和慎重的司法态度。不过,随着经济全球化的深入发展和公私法的相互渗透与融合,也有越来越多的国际条约和国内法努力推进国际强行规则等公法规范的域外效力与域外适用,本书将在下一节详加论证。

第三节　国际金融监管法律冲突的冲突法协调理论

一、冲突法的概念与基本功能

(一)冲突法的概念与范围

法律的国际化是与跨国交流活动相伴生的一种普遍法律现象,法律国际化的重要表现就是一国法律在管辖领域之外的法律效力与法律适用,而由此可能产生多元法律规范之间的效力冲突问题。在长期国际交往的实践基础上,国际社会逐渐产生了一些解决法律域外效力冲突的方法。冲突规则选择是最早开始采用并一直沿袭至今的法律冲突解决方法。[④] 经过几

---

① 参见[英]莫里斯:《法律冲突法》,李东来等译,中国对外翻译出版公司1990年版,第95页。

② See Peter North & J. J. Fawcett, *Cheshire and North's Private International Law*, Butterworths, 1999, p. 125.

③ [英]莫里斯:《法律冲突法》,李东来等译,中国对外翻译出版公司1990年版,第95页。

④ 参见吴永辉:《WTO的相互认可制度评析》,载《华侨大学学报(哲学社会科学版)》2009年第4期。

百年的发展,这种专门的法律技能和方法已经发展形成了一套体系化的法律选择与适用规则,成为了一个专事法律冲突解决的独特法律部门——国际私法。国际私法是指在各国民商法互相歧异的情况下,对含有涉外因素的民商事法律关系,解决适用哪国法律的法律部门。如果把“涉外”因素超脱于具体的国别立场,置换成“国际”因素,加之民商事法律关系即传统意义上的私法,那么涉外私法冲突即是国际私法冲突。

从国际私法的演进来看,国际私法是一个从名称到概念,从内涵到外延均存在巨大争议的法律部门,从中世纪的“法则区别说”,到现当代的“国际私法”“私国际法”“冲突法”等各种称谓。1834 年美国法学家约瑟夫·斯托里(Joseph Story)首创“国际私法”一词作为法律抵触法的同义语,随后在德国、法国、意大利和西班牙等国的法律文本中也出现了相应的词汇。中国和日本把处理涉外民商事法律冲突的法律也称为国际私法。由于国际私法主要涉及相关国家民商事法律如何在具体案件中适用,因而在中国和日本的立法和司法实践中,国际私法又被称为法律适用法。大致而言,大多大陆法系国家一般把调整涉外民商事法律适用的法律部门称为“国际私法”。也有少部分大陆法系国家和地区习惯以“涉外民事法律适用法”“民法施行法”“法例”“法律适用条例”等专有名词对其进行别称,或并行指称。而英美法系国家和地区则更多地习惯于称为“冲突法”。

各国对国际私法概念和功能的认识不同,也影响到国际私法规范内容和体系的界定。广义国际私法学派认为,国际私法的规范内容由外国人私法地位规范、冲突规范、国际统一实体私法规范和国际民事诉讼与国际商事仲裁程序性规范构成。中观意义上的国际私法学派认为其体系包括管辖权、冲突规范和裁决的承认与执行。狭义上的国际私法学派认为其仅仅包括冲突法规范。从对国际私法性质和范围的分析可以看出,对国际私法的认识是一个不断发展的过程,但其以涉外民商事法律纠纷解决为核心的主线没有发生根本变化。无论哪种学派,都把冲突法规范作为其主要内容。因此,长期以来国际私法也被称为法律抵触法或法律冲突法,甚至直接简称为冲突法。国际私法是为解决跨国民商事法律冲突而产生的,从解决法律冲突的角度而言,本书比较认同英美法系对国际私法范围和内涵的界定,包括管辖权确立、冲突规范和判决承认与执行三部分。其中判决承认与执行既是一个涉及各国司法协助与合作的问题,也是一个主权国家对他国判决在国内的效力认可与执行的国内法问题,并且判决由该国的司法行政部门具体负责执行。因此,从各国司法协助与合作的国际法角度来看,该部分内容在性质和功能上与执法管辖权具有很大的相似性。本书在后文部分具体论述司法管辖权的协调时，出于简约和凝练的考虑，将判决承认与执行的司法管辖权冲突问题归并到执法管辖权的协调部分，一并进行阐释，不再就此部分单独进行论证说明。

（二）传统冲突法协调私法域外效力的功能与作用

在绝对属地法时代，各国只适用本国法，根本不考虑外国法的效力与外国法的适用问题。随着法治文明的进步和发展，各国在国际交往中逐渐认识到认可外国法域内效力的必要性，开始承认外国法的域外效力，具体表现在外国私法的域外法律效力得到了普遍的认同。从法律效力的本质来看，各国民商事法律的域外效力实际上就是该民商事法律规范适用上的矛盾和冲突。冲突法方法就是通过国内或国际的冲突规范所确立的选法方法，进行法律适用的指引，在各相关国家法律之间，寻找和确定跨国民商事法律关系应适用的准据法，从而解决私法域外适用过程中的效力问题。冲突规范是国际私法最重要的内容之一，对于涉外民商事法律关系发挥着重要作用。因此，通过一定的法律选择方法，在互为抵触的各国民商法之间选择适用涉外民商事立法管辖权的实体规则，从而解决跨国民商事交往中的矛盾和纠纷就是冲突规范的基本作用。

虽然传统冲突规范在调整私法域外效力冲突方面发挥着巨大作用，但冲突规范的作用也具有时代和适用范围的局限性。此外，国际私法是一个比较复杂的法律部门，特别是在选法过程中，外国法的查找和适用存在较大的客观困难，因而传统冲突规范也存在一定的不足。

1. 与实体法相比较，冲突规范并不能像实体法一样直接提供依据解决当事人之间的纠纷，不能直接作为指导当事人行为的准则。这也就使当事人很难根据冲突规范来预见涉外法律关系的后果，因而该方法并不具备实体法规范所具备的可预见性特征。此外，受国家主权观念与法院地国本位主义的影响，在长期的冲突法实践中，逐渐形成了与冲突规范适用密切联系的一整套法律制度，而这些配套的冲突法制度同样缺乏相应的确定性，从不同的层面进一步限制或削弱了传统冲突规范的调整效力和可预见性。

2. 由于冲突规范只是做出立法管辖权的选择，即通过连接点只能确定相关国家的法律对案件具有管辖权，但对于该连接点所指引的该国法律能否有效解决案件争议问题，是否公平合理，都具有不确定性。因此，传统冲突法具有一定的机械性和僵化性，因而有时会缺乏合理性或针对性。

3. 传统冲突法规则主要用来调整跨国平等主体之间的民商事私法关系，因而冲突法实则是私法冲突的法律选择适用而已，对于各国公法或强制性法律的域外适用及其冲突则难以触及。在经济全球化的时代背景下，随着公法的私法化与私法的公法化趋势导致的公私法之间的日益融合与混同，国际社会对传统冲突法规则的选法理论和方法不断提出了新的挑战和新的要求。因此，为适应实体法这种混同型的发展趋势，传统冲突法的理论与司法实践也面临创新性发展的时代变革。

（三）冲突法调整公法效力冲突的逻辑证成

1. 公法与私法划分的相对性与融合性

公法和私法的划分最早见于古罗马法，根据法所保护的利益是国家利益还是私人利益这一标准，古罗马法学家乌尔比安（Ulpianus）最早提出了此观点。凡保护国家利益的法为公法，保护私人利益的法为私法。公法一般包括宪法、刑法、行政法和诉讼程序法。私法在大陆法系国家主要包括民法和商法，一般也包括婚姻家庭方面的法律。虽然早在古罗马时代乌尔比安就已经提出了公法和私法的概念，但直到18世纪，区分公法和私法的法律意义才被强调和重视，特别是公法相对于私法在域外法律效力的认可与法律适用方面表现出明显的差异性。私法被界定为市民社会的法，是市民社会运行秩序的体现，它以追求个人利益的最大化为目的；公法则被界定为国家秩序的政治法，即政治国家管理社会和治理公共秩序的法律规范，它以追求国家统治和社会治理稳定为最大利益。由此公法和私法的法律特征在此就凸显了其区分性：公法意味着统治权力必须服从法治原则，无法律即无行政，它体现的是强制和服从；而私法意味着对自由的尊重，法不禁止便自由，它体现的是指导和尊重。①

公法多为强制性规则，具有较为严格的强制性；私法虽多为任意性规则，但也包含少量的强制性规则，只不过违反私法强制性规则的制裁不如违反公法强制性规则的制裁严厉。随着私法公法化和公法私法化趋势的发展，两者的界限越来越具有相对性和模糊性。公法和私法的划分固然为认识和分析政治国家和市民社会的运行规则提供了一个思维路径，然而国家在全面行使统治职能与公共管理职能时，在实践中却难以被人为地切割和界分。在政治国家介入市民社会的“私域”与市民社会参与政治国家运作的“公域”经常发生互相渗透的情形下，人们难以用公法与私法两分法的简化工具论去解构和解释各种新型社会关系，如网络法、信息安全法、劳动法、消费者保护法和社会保障法等。② 私法公法化是指国家用适用于公法关系的法律方法和手段去调整传统私法关系。国家以社会利益或公共

---

① 参见金自宁：《公法/私法二元区分的反思》，北京大学出版社2007年版，第55~56页。

② 参见金自宁：《公法/私法二元区分的反思》，北京大学出版社2007年版，第64页。

利益的名义，加强了对社会经济的干预与渗透，并导致了私法公法化趋势的不断发展，而具有强制性的公法规则在私法中的配置就是私法公法化的具体表现和结果。

20 世纪以来传统公法与私法的界限渐趋模糊，公法更多介入私法，私法也日益公法化了。范畴至今仍然模糊的经济法中，存在大量兼具公法性质和私法性质的法律规则。① 维希尔(Wehill)认为这些法规或规则包括：规制市场和国民经济的法律、保护土地财产中的国家利益的法律、保护货币资源的法律(反洗钱、反恐怖融资的法律)、规制证券市场的法律、保护劳工或环境的法律等，这些法律具有强烈的公法因素，违反它们很可能要承担刑事责任或行政责任(公法上的法律效力)，同时在绝大多数情况下将会导致合同无效的法律后果(私法上的法律效力)。②

2. 冲突法的公法性质

按照法律规定所确立的权利义务的内容和价值取向的不同，各国习惯上将法律分为实体法和程序法。实体法是规定法律关系主体权利义务，以追求实体正义为主要内容的法律。程序法则是保障法律关系主体的权利义务的实现以及规定诉讼过程中带有程序性的法律关系主体的权利义务的法律，无论是出于维护国家法律秩序的目的而言，还是对行使公权力的国家审判机关而言，程序法都具有较为明显的公法特性和强制性特征。如诉讼条件、诉讼时效、审限级别、专属管辖等程序事项均属于公法性的强制规定，当事人很少有选择的机会和余地。从这个意义上来说，国际私法中的管辖权和判决承认与执行规范属于典型的程序性公法规范。因此，也有学者认为，国际私法不完全是私法，也不完全是公法。③ 我国台湾地区学者也有类似的看法。"国际"私法，非国际公法意义之国际；国际"私法"，亦非内国实体民商事私法意义之私法。其称"国际"，乃重在本法之精神与目的，而非其内容和性质。而其称"私法"，乃重在本法之方法及方法适用之范围，而非私法权利义务关系之演变，及其与公法之实质交错。④

在国际私法中，虽然冲突规范在内容上不同于实体规范和程序规范，它不直接规定当事人的实体权利和义务等具体内容，是自成体系的第三类规范，但冲突规范的法律适用同样具有强制性。冲突规范的适用不依跨国当事人的自主意思而设定，一般由法院强行适用。即使是依照当事人意思

① 参见宋晓：《当代国际私法的实体取向》，武汉大学出版社 2004 年版，第 256 ~ 257 页。

② Vischer, *General Course on Private International Law*, 232 Recueil des Cours 9, 157(1992).

③ 参见张仲伯：《国际私法学》，中国政法大学出版社 2012 年版，第 13 页。

④ 参见柯泽东：《国际私法》，中国政法大学出版社 2003 年版，第 35 页。

自治而确立的准据法，表面上是冲突法中的自由选法规则，具有典型的私法性，但无论是当事人选择的范围、内容、条件、意思自治形式，还是当事人不能违反或排除的专属管辖等强制性规定，在实质上都体现了冲突规则的公法特性。至于单边冲突规范、直接适用的法以及公共秩序保留制度等，则更是直接体现了公法对冲突规则的支配与干预。

3. 冲突法功能与作用的演化

任何法律规范都有特定的效力范围，包括时间、空间等范围上的效力，民商事法律则往往因其涉及国际民商事交往活动的需要而具有被普遍认可的域外效力，而公法常被认为仅具有域内效力。随着世界经济的联系越来越紧密，没有一个国家可以完全闭关锁国，并且随着国际法治意识的进步，各国都普遍承认了外国民商事法律规范在域内的适用效力或至少承认内外国法律的平等地位。[①] 传统的冲突法规则或典型意义上的冲突法规则即是运用一定的法律选择与适用方式，解决纯粹私法意义上的法律域外效力冲突问题。由于将公法与私法二者进行区分在理论上还存在一定的争议，以及公法私法化和私法公法化趋势的增强，乃至社会本位法等新型法律学科与部门的不断涌现，使得传统冲突法的调整功能与适用范围都悄然发生了重要的革新和变化。

公法不仅包括直接规定国家与国民之间管理关系的公法性规范，而且也包括个人不得以契约或私法行为背离或排除适用的强制性法律规范，如以合法的私法形式掩盖逃税、规避等公法目的，违背公序良俗等公共利益的行为等。显然，这些间接作用的抽象原则不能仅从形式上理解广义上的公法规范，还必须结合法律的功能和目的进行综合考量和界分，才能准确把握公法和私法之间的界限。如果在私人交往或私人利益的处分规则中，法律制定了强制性规则，当事人不得背离或排除其适用，那么该规则一般应被认定为公法性的法律规则。

就经济法所包含的公法性质而言，经济法规则的法律效力范围在传统国际法上具有严格的属地性。这也意味着经济法在法律适用过程中一般不会与外国同类性质的规则产生明显的冲突，或者至少从理论上推定不会产生法律冲突。但是，经济法毕竟兼具公私法的特性，难免会对当事人的经济活动产生直接的法律后果，如涉及跨国当事方的合同因违反强制性的经济管理法规而部分或全部归于无效。问题的关键在于究竟根据哪个国家的经济监管法来判定私法合同的法律效力？传统国际私法可以忽略公

---

① 参见李双元、欧福永主编：《国际私法》（第5版），北京大学出版社2018年版，第15页。

法冲突问题，但对于经济监管法在私法合同上的法律强制力和法律效果等问题，却无法回避。诚如维希尔（Wehill）所言：国际私法关注的是何种法律规则处理私法关系所产生的法律结果，即当事人违反何种法律规则并承担相应的民事责任，或者当事人缔结的合同因违反何种法律规则而归于无效。虽然冲突法规则通常并不直接应对经济管理规则中刑事或行政制裁的内容或结果，但无论是以外国经济管理法作准，还是以法院地国的相关经济管理法作准来判定合同的效力，强制法的私法效力都是不容回避的基本法律问题。①

总之，作为公法典型代表的经济法逐渐渗透到了传统的冲突法规则中，但与一般民商事法律不同的是，内国和外国的经济法规则并不是建立在相互平等、相互置换基础上的。具体到经济法，传统的冲突法规则主要用来解决跨国金融交易合同和金融服务合同等方面的私法冲突，而对金融行政管理法、金融监管法、金融欺诈或侵权法等公法之间的跨国法律冲突就显得无能为力，因而需要主动对司法实践和传统冲突法的相关理论进行创新，以适应金融交易日益公法化的趋势。如同对待一般意义上的民商事法律规则，国际私法也必须为经济法规则确定国际上的空间适用范围，即确定它们适用于相关多边案件的具体条件。② 如直接适用的法就是适应这种公私法混合规则的国际适用理论和制度创新。因此，一个范畴模糊而又包容甚广的经济法部门就成为大量产生直接适用法规则的领域。直接适用法规则最本质的特征就是兼具公法和私法的性质，通过法律适用规则的创新，集中表达了蕴含于冲突法规则中的公共利益和国家利益。

二、传统冲突法的公法冲突协调功能

承认公法的严格属地适用性质，绝对禁止外国公法和强行法在本国的域外法律效力，已成为传统冲突法的法律适用禁忌。当事人根据意思自治选择的外国准据法，或者根据法院地国的冲突法规则指向的外国法，不言而喻一般均指实体性私法规范。如果外国准据法中包含公法性或强制性实体规范，法院地国则会以违背了本国国家主权或公共利益为由，舍弃该准据法而回归到本国的实体法规则。正因如此，冲突法虽然以处理私法适用冲突为主轴，但在长期的法律选择与适用的演进过程中，对于外国强行

---

① Vischer, *General Course on Private International Law*, 232 Recueil des Cours 9, 157 (1992).

② 参见宋晓：《当代国际私法的实体取向》，武汉大学出版社 2004 年版，第 257 页。

法规则的法律适用以及外国公法的域外效力问题,传统冲突法也逐渐积累和形成了一些协调制度和处理原则。

(一)反法律规避

1. 反法律规避的构成要件

当事人选择外国法的基本动机不外乎两种:一是在法律许可的范围内,选择他们心目中理想的法律争议处理规则,通过所选的实体法规则,确定各自的权利义务,使交易能够可预期地稳定进行;二是规避本应适用的对其不利的实体性规则,主要包括公法和强制性规则,这种情形在冲突法上也称作法律规避。冲突法中的法律规避,也称为法律欺诈,是指涉外民商事法律关系的当事人通过故意制造冲突规则的连接因素避开本应适用的对其不利的法律规则,从而使对己方有利的准据法得以适用的一种脱法行为。

各国立法及司法实践对法律规避行为态度不一,有的国家持较为宽容的态度,一般不加禁止或限制。有的国家认为法律规避有损于法律规范和法治的整体权威,而主张加以审查和限制,进行反规避,如法国、意大利、瑞士和荷兰等欧洲大陆国家采取了禁止或限制法律规避的政策立场和立法规定。但出于维护国际法治的整体权威,在国际司法实践中绝大多数国家认为法律规避违背诚实信用的帝王原则,根据"欺诈使得一切无效"的古罗马法谚,不承认法律规避的效力。但是,在国际私法的语境下,各国对法律规避的效力问题在理论与实践中均存在较大的差异,大致分为三种情形:(1)肯定规避外国法的法律效力;(2)仅仅否定规避内国法的法律效力;(3)内外国法的法律规避均属无效行为。

《俄罗斯联邦民法典》草案第三部分第1231条对法律规避作出了明确规定:如果民事主体在进行民事活动时,为了规避本法的调整而通过修改连接点等其他方式,则依然需要适用本法。但在草案公布后,很多学者对此提出了批评,称其忽视了现代国际私法的发展趋势,最终通过的《俄罗斯联邦民法典》删除了该条款。[①] 但《俄罗斯联邦民法典》第1210条以强制性规则优先适用的形式确立了反规避条款,该条规定:"合同当事人选择的法律,如果在选择准据法时,案件的综合情况表明,合同实际上仅与某一国有关,则当事人选择另一国法律不能妨碍合同与之联系的国家的强制性规范的效力。"从冲突法角度来看,由于依内国冲突规范指向的外国法可能就是本应适用的法律,因而在规避外国法的同时,实际上也规避了内国的冲突规范。由于规避毕竟是一种有意而为之的脱法行为,不利于国际法治秩

① 参见邹龙妹:《俄罗斯国际私法研究》,知识产权出版社2008年版,第105页。

序的整体维护，也是一种不诚信的法律滥用行为，因而越来越多的国家倾向于认为规避外国法也是法律规避。

2. 反法律规避在金融监管中的运用

随着跨境金融活动日益增多，一些跨境脱法违法行为也不断涌现出来。此外，由于各国监管标准宽严不一，跨国监管执法也存在很多漏洞，为跨国监管套利提供了可乘之机和便利条件。一些证券投机者为了逃避本国的金融监管，将证券交易行为向监管相对宽松的国家或地区转移，从而获取监管套利。在美国，高利贷合同一般适用《美国对外关系法重述》（第二版）第203条的规定，如果当事人不是善意行使借贷合同权利，或贷款人意图规避本地金融法对高利贷的利息监管限制，则不能推定当事人的法律选择条款具有法律效力。尤其是当合同与法院地具有显而易见的实际联系时，则法院地的法律可能强制性优先适用于当事人选择的法律。①

2017年3月，中国证监会对唐某博操纵域外小商品城证券案正式作出行政处罚决定，该案也是“沪港通”开通后跨境操纵证券市场的第一案。唐某博等人为规避内地的证券监管，借助“沪港通”联通机制在香港证券公司开设多个账户，借道“沪港通”机制操纵市场股价，甚至指使行为人远赴泰国操纵国内股市，在56个交易日内通过频繁交易操纵沪市上市公司“小商品城”的股价，获利共计4000余万元。监管套利发生后，中国证监会会同中国香港证监会，进行联合调查，查清了唐某博等人利用两地制度差异，逃避监管并获利的事实，并进行了处罚。

（二）公共秩序保留

1. 公共秩序保留的概念与特点

公共秩序保留是指法院地国法院在处理国际民商事案件时，根据国内冲突规范的援引，本应适用被援引的外国法，但以被援引的外国法违背了法院地国家（内国）的公共秩序为由，排除或拒绝适用被援引外国法的法律适用保留手段。公共秩序保留制度的产生可以追溯到法则区别说时代，后经胡伯（Ulrich Huber）和孟西尼（Mancini）等国际私法学者的理论阐释而渐趋完善。法国首先在1804年《法国民法典》中正式确立了公共秩序保留制度的法律地位，现在绝大多数的国家在立法或判例中普遍确立了该制度。著名国际法学者劳特派特（Lauterpacht）认为，“在国际私法中公共秩序保留或公共政策保留，作为一种在特殊情况下排除外国法适用的根据，是得到普遍承认的。尽管承认的方式不同，强调的程度不同，其适用有时

① 参见韩德培、韩健：《美国国际私法（冲突法）导论》，法律出版社1994年版，第189页。

也会有些实质性的差别，但是整体来看，其结果在绝大多数国家都是一样的，以致可以说它是国际私法公认的普遍原则。因此，把它理解为《国际法院规约》第38条所指的一般法律原则，就不是不恰当的”①。公共秩序保留制度得到了国际社会的普遍公认，因而其适用毋庸置疑，但由于其适用范围和适用标准一直缺乏明确的界定，因而仍然会引起较大的争议。

公共秩序涉及主权国家的重大、根本利益问题，一般与该国的社会政策、基本原则、公共道德和社会公共利益等基本制度和重大法律问题密切相关。萨维尼（Savini）认为国家强行法由两部分组成：一类是纯粹为了保护个人利益的法律规范，因而可以以冲突法规则的方式适用外国法，如根据年龄赋予当事人行为能力的法律规定；另一类是主要基于社会道德或政治、社会秩序维护以及经济上的公共福祉而制定或认可的法律规范，虽然也在一定程度上保护了个人利益，但这类强行法规则原则上只能在制定该法的国家内无条件适用，因而该国领域外的法院地国应排除其适用。孟西尼（Mancini）则以列举的方式，明确界定了涉及公共秩序保留的法律，主要包括宪法、行政法和刑法等基本法。因此，公共秩序保留制度既具有排除外国法适用的功能，也是单方面适用法院地法的重要法律依据。一般认为，所有的强行规范，尤其是公法应属于公共秩序保留制度重点考虑的法律规范。但是，各国对于公共秩序的范围和内涵的理解却差异很大，甚至连称谓都大不相同。我国习惯上称之为“公共秩序保留”，法国习惯上称之为“公共秩序”，德国一般称之为“保留条款”，而英美法系国家和地区则一般以“公共政策”对其进行指称。

不过，就强制性规则与公共秩序区别的角度而言，强制性规则至少在内容上比较明确具体，在立法目的上则是以国家的社会公共利益为导向。从法律秩序而言，一般认为外国公法和“恶法”背离本国法的原则和宗旨。由于外国公法在域内的适用涉及国家主权利益，违反了国家属地主权的权威，很多国家把外国公法或强制性规则在本国的适用也作为违反本国公共法律秩序的表现。因此，法院在考察援引外国法是否违反国内公共秩序时，通常会把外国法中的公法或强制性规则作为违反法院地国公共秩序的类型，从而排除其适用。

2. 公共秩序保留在金融监管中的运用

在保险合同方面，美国许多州制定了关于弱者利益保护的法规。由于保险合同一般是格式合同，因而这些州专门为保险合同制定了公益性的保

---

① Kahn Freund, *General Problems of Private International Law*, Sjthoff, 1976, p. 49 - 50.

护条款，规定在特定情形下强制适用于当事人之间的保险合同，而不论当事人根据意思自治或根据冲突规则确定的准据法内容。如北卡罗来纳州规定，任何对位于本州的财产、本州居民及其利益提供的保险合同必须遵守本州的相关法律。俄勒冈州和得克萨斯州的法律也规定，任何在本州签发或者送达的保险单规定根据其他州或其他国家的法律解释其条件或条款的，一律无效。[①] 此外，在外汇管理和证券欺诈赔付等金融领域中，法院地国经常以公共秩序保留为由，拒绝适用外国准据法。虽然法院地国有时候也借助于违反本国有关强制性规定来拒绝适用外国法，但最终均是以公共秩序保留作为强有力的理论支撑和习惯解释加以说明。

三、现代冲突法对外国公法适用的突破与协调

现当代法律体系深植于罗马法的历史渊源，历来有划分公法和私法的传统和习惯。作为国内法在国际范围的拓展和延伸，国际法在很多方面承继着国内法的基本原则和概念，因而国际法历来也有划分私国际法和公国际法的历史传统。前者被称为国际私法，主要根据冲突法规则的指引解决国际民商事交往过程中产生的法律适用问题。后者被称为国际公法，在德国又被称为公法冲突法，主要用来解决国家之间的公法冲突。从公私法划分的角度来看，两者调整范围和对象泾渭分明，法律宗旨与法律适用方法也各不相同。但是20世纪以来，国家的经济干预职能与私法的调节功能都发生了深刻的变化，法律在社会本位化的同时经历着私法公法化的历史巨变。因此，在公法和私法越来越相互渗透与融合的背景下，如果固守公私法划分的二元论和传统的冲突法规则，显然就不能应对新型“私法”（抑或就是公法）的域外效力冲突问题，也不能解决混有公法性质的所谓“私法”的法律适用问题。这些新问题的出现促进了两大法系冲突法理论，乃至法律冲突协调与解决的司法实践路径的重大变革。

（一）英美法系的政府利益分析说

1963年，美国的柯里（Currie）教授将其发表的系列论文汇编成《冲突法论文集》出版，系统地提出了政府利益分析说。柯里教授极力反对传统的冲突法制度，反对通过冲突规范来选择法律并将之适用于具体案件的僵化做法。他认为国家间的利益冲突才是导致国家间法律冲突的本质原因，因而主张用政府利益的比较与分析来确定相关国家法律的司法适用，并极力推崇为唯一的方法和标准。柯里认为，一国制定法律，一定具有立法政

① 《俄勒冈州制定法》（修订本）§ §742.001,742.018;《得克萨斯州保险法注释》§21.42。

策的动机和背景，需要通过法律的实施来实现国家的立法政策和宗旨。为了实现法律政策背后的立法利益，可能需要对社会的政治、经济和法律制度进行适时调整。[①] 因此，不同国家的法律冲突实际上可以看作不同国家的利益冲突。在柯里的理论中他非常强调从国家（或州）利益的角度寻找法律冲突的解决方法，而甚少关注当事人的利益。[②] 柯里进一步主张根据通常的法律解释方法，研究不同的实体法政策，使政策和法律真正地结合成为国家治理的手段，才能使法律在实践中得以真正的实施。具体法律冲突发生时，法院首先应当查明该案具体涉及几方的利益，如果只涉及一个国家的合法利益，那么法律适用时也就不存在争议了，依据上述理论则应当适用的就是该国的法律；而当涉及两个国家的合法利益时，如果其中一个国家正好是审理该案的法院所在的国家则应该直接适用该国的法律，即使该国的合法利益只在本案中占据着较少的部分；当涉及的合法利益包括两个国家，但审理的法院却不在二者之中时，法院则可以自由裁量适用法院地法或者适用其他法律。[③]

柯里的政府利益分析说虽然是对传统冲突规范法律选择方法的批判，但他透过私人冲突的表象，认为法律冲突的实质乃是各国之间利益的冲突，较为深刻地揭示了法律域外效力抵触这一公法冲突本质问题。如果从公法私法划分的目的性标准来看，凡是维护和代表国家和政府利益的法律就是公法，那么该理论的提出也为外国公法的平等适用提供了机会。一般而言，公法最能集中说明和代表国家和政府的利益，因而柯里的政府利益分析说无疑为解决不同国家公法域外效力的法律冲突提供了新的路径和思路，从而揭开了美国冲突法理论革命和司法实践创新的新篇章。

（二）大陆法系的公法冲突理论

1. 直接适用法理论

1958 年希腊国际法学家弗朗西斯卡基（Francescakis）发表了著名的论文《反致理论与国际私法制度的冲突》，首次提出了直接适用法理论。弗朗西斯卡基认为，随着世界经济格局的变迁和各国经济的不断发展，国家对市场经济的调节方式和手段也作出了相应的调整。为了在涉外经济和

---

① See Jonathan Harris, *Mandatory Rules and Public Policy under the Rome Ⅰ Regulation*, in Franco Ferrari and Stefan Leible eds., Rome Ⅰ Regulation: The Law Applicable to Contractual Obligation in Europe, European Law Publishers, 2009, p. 269.

② 参见张仲伯：《国际私法学》，中国政法大学出版社 2012 年版，第 44～45 页。

③ See Trevor C. Hartley, *Mandatory Rules in International Contracts: The Common Law Approach*, 226 Recueil des Cours 364 (1997).

民商事交往中更好地维护国家与社会的经济利益,国家通过制定国内法和加强行政执法能力的方式对新出现的商业模式进行管理,并且这些规范不同于以往的国内法或者传统的法律,可以直接适用于涉外法律关系,这种法律规范的类型就是直接适用法。① 所谓直接适用法,是指具有特殊性质和立法目的的强制性实体规则,不经传统冲突法规则的援引而直接得到适用的法律规则。简言之,就是在国际民商事案件中,排除冲突规则而径直予以适用的内国强制性实体规则。

直接适用法是冲突法中的一个专门术语,并非一般既有法学部门学理性的划分。即直接适用法具有优先于一般冲突法规则适用的特性,因而它是从选法方法上进行的规则分类和命名,是对那些具有优先于一般冲突法的强制性规则的统一称呼。这些规则分散在法律实体法体系的各个组成部分,包含了公法规范,也包含了其他具有强制性的实体法规范。因此,从法律属性上而言,这类实体性规范整体上属于公法,或至少是强制性规范。弗朗西斯卡基在论及直接适用法的范畴时,也比较明确地提及了公法性强制规范的适用。他所指的直接适用法,包括两种规范,即公共秩序和警察与治安的法律。② 值得注意的是,所谓警察法并不是指通常意义上的与警察有关的法律——这样的法律一般是特指警察行政管理法,而是指维持秩序的法律,即公法。③

弗朗西斯卡基的学说主要用来阐释法院地国强制性规则的直接适用,④对于外国强制性规则和公法能否在法院地国得到直接适用则不甚明确。此后,法国的安妮 · 图比阿娜(Anne Toubiana)教授在直接适用法的基础上,明确提出了强制性规则的双边化适用理论。⑤ 该理论强调了内外国强制法适用的平等性,如同任意性私法规则的法律适用一样,所有外国强制法和公法应该平等适用,从而将直接适用法提升到国际主义的新高度。首先,她强调直接适用法既包括法院地国的强制性规则,也包括外国

---

① 参见徐冬根:《国际私法》,北京大学出版社 2016 年版,第 399 页。

② See McClean, *Perspectives on Private International Law at the Turn of the Century*, 282 Recueil des Cours 212(2002).

③ See Stanislas De Peuter, *The Application of Foreign Public Law in Conflict of Laws: An Outline*, 1 International Business Law Journal 79(1990).

④ See Thomas G. Guedj, *The Theory of the Yois de Police, a Functional Trend in Continental Private International Private Law—A Comparative Analysis with Modern American Theories*, 39 Am. J. Comp. L. 61(1991).

⑤ A. Toubiana, «Le domaine de la loi du contrat en Droit International Prive», trans. by Joost Blom, Choice of Law Methods in the Private International Law of Contract, 16 Can. Y. B. Int'l L. 230 (1978).

法的强制性规则，以平等全面地反映国际合同所涉各国法律的利益诉求。其次，她进一步明确了强制性规则的分类。一类是根据冲突法规则援引的合同准据法的强制性规则，如保护农民、工人和推销员等合同交易弱势群体的法律；另一类是与合同准据法并行适用的强制性规则，主要涉及合同的监管事项，如法律要求合同应当披露的事项或应当包括某些条件的规定、反垄断法等。

直接适用法理论的提出虽然早于政府利益分析说，但从对冲突法的影响而言，仍然有学者把它与后者相提并论，称为欧洲大陆的政府利益分析说，在发展和完善单边主义方法和理论的同时，进一步强化了当代国际私法的实体取向。[①] 更重要的是，直接适用法在很大程度上软化了公法域外适用的国际法禁忌，促使公法冲突以内化的冲突法方法得到解决，促进了公法域外效力的认可与法律适用。

2. 特别联系理论

温格尔（Wilhelm Ungerer）是20世纪德国著名的国际私法学者，他在“二战”期间解决外汇管制冲突的司法实践的基础上，于1941年提出了特别联系理论。这一学说认为，传统的冲突法主要是借助空间连接点寻找最适合的法律体系来解决当事人之间的利益冲突，它建立的基础是各国主权平等原则以及各国法律的可互换性。但是，当传统冲突法规则被用来实现国家的政治、经济和社会目的时，则既不具有正当性，也不具有相关性。[②] 如果把维护国家的政治、经济和社会目标的法律在通常意义上理解为公法时，那么这些非私法规范不应当从一般的冲突法规则中寻求适用的方法。因此，为了考虑国家的这种特殊利益，就需要为那些与私法关系有关的公法规范建立特别的连接点，并形成涉及国家强制性规则适用的新型冲突法规则体系。这种创新性的理论或规则主要由各国法律的单边强制性规则组成，温格尔将之称为经济冲突法。[③] 相对于传统的冲突法规则，温格尔认为，经济冲突法是补充性的冲突法二级规则，在内容上包括了法律各个领域的强制性规则（不限于经济法）。在适用范围方面，包括了与所涉法律关系构成“真正的密切联系”且制定相关强制性规则的所有国家，甚至在一定条件下，第三国的强制性规则或公法也可以适用。直接适用强制性规

① 参见宋晓：《当代国际私法的实体取向》，武汉大学出版社2004年版，第252页。

② See Kerstin Ann - Susann Schafer, *Application of Mandatory Rules in the Private International Law of Contracts*, Peter Lang, 2010, p. 143.

③ See Kerstin Ann - Susann Schafer, *Application of Mandatory Rules in the Private International Law of Contracts*, Peter Lang, 2010, p. 145.

则的条件,他提出了三项主张:一是强制性规则适用的空间范围;二是所涉法律关系与制定相关强制性规则的国家构成“真正的密切联系”,如合同履行地;三是强制性规则的适用不违反法院地国的公共秩序。特别联系理论顺应了自由国家向福利国家转型的历史趋势,为各国公法的平等适用提供了理论依据,从而为公法域外效力法律冲突的司法解决奠定了思想基础。

3. 适当法学说理论

首先提出适当法学说理论的是德裔英国国际私法学者曼恩(Mann)。曼恩认为,国际私法是一个完整的冲突法体系,根据冲突规范指引的准据法应当包括该国法律的所有内容,只要它与案件有关系,无论是公法还是私法,都应该予以适用。因此,“外国公法不能适用”的传统原则是错误的。但是,受国家主权地域属性的强大影响的制约,在涉外法律适用中,公法不能像法院适用外国私法那样直接予以适用。公法可以间接适用,这种适用类似一种“反射性效应”(或者称为公法对私法或私主体关系的“影响”)。① 具体而言,如果强制性规则是准据法的组成部分,或者经过法院地国冲突规则援引后的准据法是强制性规则,那么此种情形下强制性规则的适用是没有疑问的;只要法院地国的冲突规范明确指向了准据法,第三国的强制性规则就不能适用,除非冲突规范明确要求适用第三国强制性规则。②

此外,曼恩还指出,国际私法的强制性规则,无论是属于公法,还是属于私法,它的适用范围都是自我限定的。申言之,如果该强制性规则或公法本身没有要求其适用于涉外案件,法院地国就不能依据适当法学说理论适用该规则。他的理论首次明晰了立法管辖权和司法管辖权的内在制约关系,即立法管辖权决定了司法管辖权适用的空间和条件,为后来系统完整的域外管辖权三分说奠定了重要的理论基础。

4. 公法冲突法理论

克格尔(Gerhard Kegel)是德国当代著名的国际私法学家,他在2000年出版的《国际私法》中对冲突法理论进行了全面的总结和反思,系统提出了公法冲突法理论。克格尔认为,随着社会本位主义的全面发展和渗透,公法不断扩大了自身的适用范围,逐步深入到私法与公法的协同领域,

---

① See Frederick Alexander Mann, *Conflict of Laws and Public Law*, 132 Recueil des Cours 157 (1971).

② See Frederick Alexander Mann, *Conflict of Laws and Public Law*, 132 Recueil des Cours 107 (1971).

并引发了理论和实践对传统公法尚未关注的公法冲突法问题的极大关注。外国公法不予适用的传统观念也受到了挑战和冲击，从国家利益角度而言，国家对私人法律关系的干预也得到越来越多国家的认同和接受。随着各国国家利益的发展需要，国家利益不仅会在公法冲突法中体现，私法中也将不断出现其身影。① 公法是国家利益的集中体现，强制性规则或者公法就具有了域外适用的正当性和合理性。如果从主体的角度分析，在国际私法关系中，至少存在三个方面的利益：国际社会的整体利益、国家的利益和私人的利益。随着商品经济的发达，对外投资和开展国际贸易成为国家经济发展的重要组成部分，国家加强了对私人涉外交往的干预，国家利益也成为涉外交往的主要诉求，同时，国家之间关系的密切也促进了国家之间彼此利益的增长，即国际利益。因此，在现代国际私法关系中，必须正确协调三者的利益关系，而强制性规则或者公法的域外适用就成为沟通国际私法与国际公法的桥梁。②

克格尔的公法冲突法理论顺应了经济全球化发展的必然趋势，认识到了由于公私法融合与混同而导致的公私法区分的司法实践难题。借助于国际社会、国家和私人三者利益相互制约、相互促进的整体分析，克格尔在国际私法中提出和肯定了外国公法的适用，尝试着构建公法域外适用的冲突法机制，为冲突法适应当代国际社会的变迁和变革作出了巨大的思想贡献。

第四节 国际金融监管法律冲突的统一实体法协调理论

域外管辖权的三分法理论为各国法律域外效力的冲突协调提供了较好的理论基础和分析路径，但值得注意的是，无论是立法管辖权的协调，还是司法和执法管辖权的协调与合作，都主要立足于单一或少数国家管辖权调整的基础上，缺少国际社会的整体思维，因而也就无法从根本上消除各国法律域外效力导致的法律适用冲突。统一实体法路径立足于国际社会的整体，力图从终极意义上消除和减少法律的域外效力冲突问题，从而达致法律“大同”的理想国际法治状态。在全球管制化的时代背景下，统一实体法协调方法对于各国公法的域外效力冲突问题的解决，更是具有重要的理论和现实意义。

---

① 参见杜涛：《德国国际私法：理论、方法和立法的变迁》，法律出版社 2006 年版，第 408 页。

② 参见王立武：《国际私法的强制性规则适用制度研究》，中国人民大学出版社 2015 年版，第 55 ~ 56 页。

一、统一实体法协调的理论基础

国家立法管辖权的协调着眼于单一国家对本国立法权的自我约束和收缩,合理行使国家的域外立法管辖权。统一实体法协调的理论基础同样源于立法管辖权,因而统一实体法协调与国家立法管辖权自我协调的基础和路径是相同的。在缺乏全球统一性立法机关进行协调的现实背景下,主权国家在平等协商的基础上,通过共同制定统一的实体法,解决跨国法律的立法管辖权内容,从而从根本上解决法律冲突。统一实体法协调方法是指拥有并行管辖权的相关国家在国际协作与合作的基础上,通过制定统一性的实体规则减少或消除法律冲突的调整方法,即相关国家通过协商制定共同认可的国际条约、国际惯例和国际标准直接确定当事方的权利义务,从而避免或消除法律冲突的方法。

为解决世界贸易与经济发展过程中产生的法律冲突,国际政治经济学家罗伯特·吉尔平(Robert Gilpin)等学者提出了新古典主义的趋同理论。趋同派学者认为,世界经济竞争态势的加剧,进出口贸易、国际直接投资的扩大,以及由此造就的国际社会的相互渗透与融合,都直接或间接地促使国家采用相似的经济制度和管理措施,并推动国家采用相同或相似的法律规则,最终导致各国经贸规则的趋同和统一。① 除理论的推演之外,趋同派还进一步从国家制度与法律制度的历史演变中寻求实证。在市场手段与政府干预制度的百年竞争历程中,以美国为代表的西方国家杰出的经济成就以及苏联和东欧社会主义国家自身的体制弊端及其最终瓦解,使这些学者由此断言,西方国家推崇的自由市场体制拥有无可争辩的制度优势,并已成为当代世界各国普遍推行的经济运行机制。21 世纪以来,各国对市场在推动经济发展中的作用都有了深刻的认知,只有自由、有序、开放的市场才能对各国的经济发展起到推动作用,同时不可忽视的是政府的不可干预原则在市场中也扮演着重要角色。基于上述共识,各国纷纷对自身的经济体制和社会结构作出了相应变革,而这些自我调整和革新将内化地产生相同或者相似的法律和规则。这一变化既是市场的自发选择,同时也是国家在当前世界经济形势下的趋同选择。

从理论上来讲,各国基于自身的社会、政治、经济等因素制定不同的法律并导致相互的法律冲突是历史的必然,而最终解决这一问题的根本方法

---

① 参见[美]罗伯特·吉尔平:《全球政治经济学——解读国际经济秩序》,杨宇光、杨炯译,上海人民出版社 2006 年版,第 63 页。

就在于各国立法内容的趋同或同质化。实现了法律制度或内容的协同也就能从根本上避免在国际交往中可能发生的法律冲突,也就是从根本上消除了法律冲突产生的根源,因而有学者把这种理论方法称为“避免法律冲突的规范”,而把冲突规范称为“解决法律冲突的规范”。显然,相较于用传统冲突法规范调整国际交往,用统一实体法规范调整跨国交往确实在理论上前进了一大步。但是,从各国法律制度存在巨大差异的现实考量,统一实体法的显著优势并不意味着该方法要完全取代传统的冲突法方法。随着世界经济的不断发展,全球法律也出现了趋同和统一化的发展趋势。但是,法律作为上层建筑,根植于各国的经济、政治、文化、宗教等社会基础,且具有相对的独立性,相较于经济的趋同化,法律的趋同更需要时间的沉淀和积累,不可能一蹴而就。因此,通过市场功能促成国际规则的“大同世界”仍然需要漫长的法律演进,全球法律的统一与其说是最终解决法律冲突的根本方法,还不如说是作为一种历史进程而与法律冲突长期共存。

二、统一实体法协调的比较优势

在经济法律冲突中,为确保本国或国民的经济利益,法院地国总是倾向于适用本国的经济法,而各国法律内容的千差万别往往导致法律的适用缺乏可预见性,进一步加剧了法律冲突的危害后果。市场经济的全球化改变着国家的监管法律政策,因而对根植于国家属地权威的传统冲突法模式造成了冲击和挑战。在把监管权力视为地域特权的国际法背景下,如何监管跨国经济活动?如何重新塑造国际经济监管秩序以及发挥国家法律的作用?国际实践的发展直接影响着国际私法本身的发展,也促进了冲突法理论从传统的国家法律选择模式向实体法模式的转变。

在国际商业中,可预见性和确定性一直被视为法治最重要的目标,相对国家而言,此种目标对国际经济活动的私人参与者尤为重要。从统一实体法主义的观点来看,国家的经济政策和利益也可以通过可适用法的主旨得到有效保护,而无论适用的法律是外国法、市民商人法还是超国家法律。这种法律选择有一个明显的优势,即不会在主权国家的监管机构间造成经济法的监管竞争,并由此减少了外交关系中的潜在矛盾和纠纷。

统一实体法模式主要采取国际协调与合作机制,减少各国经济管制法律的冲突。如银行领域中资本充足率的统一,证券领域中国际会计标准和国际信息披露标准的制定,这些实体标准的趋同大大促进了国际金融服务业的发展。由于这些方法本身主要依赖于实体性规则的分析和考量,从而在很大程度上导致了统一实体规则对传统冲突规则的替代,因而协调与合作机制的新发展已使许多法律冲突超出了传统冲突法规则的调整范围。

合作/协作主要是通过建立有效的国际机制推动内国法的有效适用,从而便利内国法在跨国经济活动中的有效适用。协调与合作机制经常被视为是程序性的方式。虽然它们可使执行程序减少属地驱动的属性,但并不改变通过适用内国法而执行本国政策的事实。然而,在一定程度上,这些合作机制恰恰是朝向实体规则的一个步骤。早期的谅解备忘录都具有规则导向的特点,在执行境外的合作请求时,都以相关法律与本国法律具有相似性为合作执法的必备条件。被申请监管机构一般不会接受申请监管机构的请求,发动调查或执行行动,除非该行为在被申请监管机构管辖权范围内也是违反监管法律的行为。因此,合作与协作机制下的监管要求有共同的监管目标。执行合作被认为是为后续的统一性实体标准创设基础,双边性协议是统一不同国家监管政策的一种方式。在此意义上来说,它们都注意到了各自监管范围内的监管法律的本质或实体性问题。

经济全球化促进各国法律的趋同,以实体法模式为出发点选择法律,即便是在不适用本国法的情形下,也可以起到保护本国利益的作用。此外,实体正义的实现也可以促进程序正义的实现,实施管辖权选择的淡化,可以在一定程度上缓解和消除各国在管辖权冲突上的争执不下。

冲突规则本质上是经济法协调不可或缺的方面,无论是各国法律的趋同,还是超法域法律的发展,抑或创设适用于跨国经济纠纷案件的统一法。如果解决跨国法律冲突的目标是发展统一实体法规则,那么协调工作必然始于当前各国经济监管法的比较。协调工作的重点不仅仅在于规则本身,应更多集中于经济监管规则的趋同性与相似性。只有各国经济监管法在其基本原则和基本规则差别不太大的基础上,统一实体法的协调方法在国际层面上才具有可行性。譬如,国际证券法协调措施的成功,在很大程度上归功于国际社会先前达成的较为一致的协调规则,包括但不限于会计准则和信息披露等证券监管事项。

值得注意的是,统一实体法方法虽然可从根本上消除或减少法律的域外效力冲突,但是建立这种国际统一适用的实体规范殊为不易。由于各国监管利益的重大分野,目前在世界范围内制定出全面系统的统一实体法规范难度很大。在统一实体法的制定与实施过程中,至少存在本国法落空的可能性,也可能存在程序不公正等问题。①

---

① See Buxbaum & Hannah, *Conflict of Economic Law*: *From Sovereignty to Substance*, 42 Virginal of Journal of International Law 937 (2002).

首先，在全球性监管机制的发展过程中，一些国家比另外一些国家具有更多机会和特权。一个潜在趋势是国际经济法正在更多地体现西方国家的标准，特别是美国力图输出的美国监管模式和监管标准。其次，通过私人自治或超国家的方式解决经济法律冲突越多，体现少数大国利益的法律与政策就会越多。当然，世界各国政治制度、经济结构和法律文化传统等因素都各不相同，意图制定一部统一的监管法律是不符合实际的，但基于当今全球趋同化的现状而言，这一天的到来也不是遥不可及。但并不妨碍国际社会就国际共识程度较高的核心实体法问题在局部范围内先进行合作与协调。因此，各个领域实体规则的具体要求和内容是各有区分的，由此决定了实体法的协调路径也是有层次的。

三、统一实体法协调的具体形式

统一实体规范在根本意义上消除了法律冲突，它为各国的立法管辖权建立统一化的法律价值标准，在跨国案件的当事人之间建立了可预期的权利与义务体系，从而有效促进了跨国经济交往的正常进行。国际社会谋求统一性实体规范和标准的努力从来没有停息过，随着 IMF、FSB、BCBS 等全球性或专门性金融组织"造法性"职能的兴起，有关金融监管的统一性实体规范正呈现多领域和多层次的良好发展态势。

（一）国际金融条约

在金融监管法律冲突的应对中，国际社会的多边性条约发挥着重要作用。多边性条约代表着国际社会的基本共识，这种普遍的国际标准为加强和完善各国监管立法和实践指明了方向。国际金融条约是各国正式签署的用来确定各国金融监管权利与义务的书面协议。国际金融条约，尤其是由国际社会绝大多数国家共同参与并制定的金融条约，对于协调各国的监管政策和标准起到了重要的作用，也是从根本上消除各国金融监管法律冲突的最有效方式。如《国际货币基金协定》《国际复兴开发银行协定》《国际金融公司协定》《多边投资担保机构协定》，GATS 及其金融服务附件、相关谅解备忘录与《金融服务协议》等条约，在协调各国金融政策以及指导各国金融立法方面发挥了重要作用。

（二）国际金融惯例

1. 国际金融惯例的概念

国际惯例最初源于国际法，但国际惯例的法律效力问题却一直备受关注和争议。国际惯例法律效力的争议，究其根源在于"国际惯例"词义的理解分歧。国际法学界对国际惯例的含义一直存在争议，实务界对国际惯例的解释也莫衷一是。学者之间的分歧主要源于对 international custom 和 international usage 理解的不同。有的学者将 international custom 翻译为国际习惯，将 international usage 翻译为国际惯例，如我国著名的国际法学家王铁崖先生和梁西先生。[①] 而另外一些学者的译法则恰恰相反，如我国著名的国际经济法学者陈安先生和国际法学者周鲠生先生。[②]

《国际法院规约》第 38 条被认为是关于国际法渊源的权威解释，根据该条规定，international custom 是具有法律约束力的国际法渊源之一。国际习惯的形成不同于国际条约和国内法的制定，包括两个必不可少的构成要件：首先，需要行为模式或国际交往通例的存在；其次，客观存在的国际通例已经被各国普遍认同和接受其具有法的拘束力。通例行为客观存在的物质因素和法律信念主观确信的心理因素二者缺一不可，共同形成了国际习惯法。因此，尽管存在某种通例行为的惯常做法，但这种惯常做法不是依照国际法所确立的正当和必需的法律信念形成的，该惯常做法可能也仅仅停留在客观的“物质层次”，因而不能上升为国际法的习惯法渊源。显然，国际公法上的 international custom 与国际经济法中的 international usage 还是有所区别的。

综上所述，有必要对作为国际法渊源的 international custom 和国际经济法领域的 international usage 的译法进行规范统一。一般认为，international custom 通译为国际习惯比较妥帖，是指对国际法主体具有法律拘束力的国际习惯法渊源。international usage 通译为国际惯例比较合适，是指尚不具有法律拘束力的国际通例，这类通例在国际经济和贸易领域比较常见。值得注意的是，国际惯例，尤其是包括国际金融惯例在内的商事惯例，虽然不具有当然的法律拘束力，但在国际经济贸易实务领域，为促进其解释和适用的统一，许多专业性的国际组织或民间团体对其进行编纂和整理，促进了国际惯例的成文化和系统化。

总体而言，在国际金融领域，严格法律意义上的国际金融习惯很少，主要由当事人认可并采纳的国际金融通例则比较常见和普遍。本书采取广义的观点，国际金融惯例包含了狭义的国际金融习惯和国际金融通例。因此，国际金融惯例是指人们在长期的国际金融实践中经重复的类似行为而形成的，并被从事有关实践之当事人普遍认为具有法的拘束力的金融习惯

---

① 参见王铁崖主编：《国际法》，法律出版社 1995 年版，第 10 页。另参见程晓霞、余民才主编：《国际法》（第 6 版），中国人民大学出版社 2021 年版，第 8 页。

② 参见陈安：《论适用国际惯例与有法必依的统一》，载《中国社会科学》1994 年第 4 期。另参见周鲠生：《国际法》，商务印书馆 1976 年版，第 32 ~ 38 页。

做法或通例。

2. 国际金融惯例的分类

国际金融惯例包括国际金融商务惯例和国际金融监管惯例。国际金融商务惯例属于国际商事惯例的一种，是在长期的国际金融交往实践中形成的，被国际金融交往的当事人普遍认可和接受的交易行为规则或者通例。这些惯例原本是不成文的惯例，在适用中难免会发生理解和解释上的分歧，从而在一定程度上影响了国际金融惯例对跨国金融交易的调整和规范功能的发挥。以国际商会为代表的国际组织和民间团体对金融商务行为模式和惯例规则加以系统整理和编纂，逐渐形成了一系列成文的国际金融惯例，如国际商会编纂的《跟单信用证统一惯例》系列出版物等。[①] 值得注意的是，如果没有经过权威的国际机构或者大多数国家的认可，不论是成文的或者不成文的国际金融惯例都不具有法律拘束力，无法对国际金融交易的当事人产生直接的法律效力。只有从事国际金融交易的主体明示或默示接受该国际金融惯例时，才会对金融交易关系具有相对的法律效力。正如系列国际金融惯例编制机构国际商会所指出的那样：这种惯例仅是跨国性的私人机构所制定，不可轻率地肯定其具有法律渊源的地位或法律约束力，除非国际法主体愿意或授权该类惯例具有那样的法律地位。因此，只有在当事人明示或默示引用或同意适用国际金融惯例时，这些惯例才对当事人具有相对的法律约束力。还需要注意的是，国际金融惯例产生于跨国金融交往的国际社会实践之中，因而这种惯例一般也只适用于国际金融交往，至于单一的国内金融交易则无从适用此类国际金融惯例。

（三）国际金融软法

国际金融软法是指缺乏国际法的拘束力，但在国际金融实践中仍能产生国际金融法规范效果的规范性文件。国际金融软法作为一种行为规范，主要涉及跨国金融行为主体的资格条件、角色分配和权利义务配置等国际交往行为模式的划分以及管理跨国行为主体相互交往的行为规范，主要表现为规则、标准和行为指南等任意性规范文件。[②]

---

① 《托收统一规则》（1995 年修订）、《合同担保统一规则》（1978 年）、《见索即付保函统一规则》（1992 年）、《国际备用证惯例》（1998 年），国际保理商联合会编纂的《国际保理业务惯例规则》（1990 年）和《国际保付代理通则》（1997 年修订）等。

② 从广义上来讲，调整人际关系的标准作为一种行为模式，当属规则之列，尤其是具有法律约束力的强制性标准往往就是法律和规则的同义语。但为强调和发掘任意性的国际软法在全球治理中的独特作用，全书所论及的国际标准主要是指非正式制度中的任意性国际软法，包括原则、程序、推荐、行为准则、良好实践和示范法等任意性规则，大体上可以称为国际软规则或跨国软法。

1. 国际金融软法的特征

国际金融软法虽然不具有法律拘束力，但作为一种规范性法律文件，软法与实在法仍有诸多相似之处。其一，二者都是行为规范，都不以超越法的主权者为前提，都可以约束制定者自身，并且都设定了禁止或许可的一般行为模式。其二，从内容和形式上来说，“软法”和“法”共享着很多相同的概念、技术和价值等，如法权、权利义务、应当、无效等。[①] 其三，从功能上来看，软法和法都构成对行为的指引、评价和评判标准，构成要求服从的规则诉求。其四，从责任形式上来看，违反规则的后果，无论是违反软法还是法，都将遭受程度不等的社会压力。其五，规则的内向性，软法和法都有内向性，强调规则受众要自觉依赖内心信念与责任约束外在的行为，而且软法的内向性更为明显。[②] 原因在于，软法并没有如保障一国法律实施的国家强制力的支持，其实施主要依靠的是各主体的自觉遵守；软法的制定和实施较多地依赖民主评议和参与的共享协调机制。这也就意味着其必须依靠主体自身的信赖和善意，制定者也要确保其正当性，这是保障其发挥作用的前提也是其根本。只有在确保其正当的前提下，相关主体才能把它当作自身行为的标准，以该准则来指导自身的行为。

虽然国际软法在很多方面具备了法律规范的特性，但二者之间的差异也是非常明显的。软法属于非法律的行为规则，无论在国际法还是国内法上都不具有法律拘束力，因而缺乏保障其得以有效实施的普遍强制效力。国际软法本身不具有法教义学意义上的法律拘束力，但并不表示其不具有社会规范学意义上的实在拘束力。事实上国际软法本身都具有一定程度的规范价值和规范影响力，只不过不是严格意义上的法律拘束力。[③] 因此，国际软法是介于法律规范与非法律规范之间的一种“软法”。关于国际软法和国际法之间的关系，就像是在法律的“白色地带”和非法律的“黑色地带”之间存在一个“软法”的“灰色地带”，并且“灰色地带”可能强有力地影响“白色地带”。[④]

---

① 参见翟小波：《“软法”及其概念之证成——以公共治理为背景》，载《法律科学（西北政法学院学报）》2007 年第 2 期。

② See Kenneth W. Abbott & Duncan Snidal, *Hard and Soft Law in International Governance*, 54 International Organization 421(2000).

③ Alain Pellet, The Normative Dilemma: Will and Consent in Internatiional Law - making, Australian Year Book of International Law, Vol. 12, 1991, p. 22. 转引自［比］约斯特 · 鲍威林：《国际公法规则之冲突：WTO 法与其他国际法规则如何联系》，周忠海等译，法律出版社 2005 年版，第 10 页。

④ 参见曾华群：《国际经济法导论》（第 3 版），法律出版社 2020 年版，第 137 ~ 138 页。

值得注意的是，由于国际法规则之间的相互矛盾与冲突，以及责任制度的薄弱与缺失等先天不足，即便是作为正式制度安排的国际法规则，也是不成体系的制度安排。而当代的国内外法律体系均经历了诸多的变革，并产生了不同于历史传统的新的法律发展趋势。首先表现在越来越多的法律条款并不附加相应的责任或制裁；其次强制性条款内容在国际社会的实践中逐渐被束之高阁，置于不被采用的状态，从而进一步缩小了国际软法与正式国际法制度之间存在的差距。因此，即使国际软法并不具备法律的强制性这一特征，其作用和效力的范围并未受到较大的影响，相反其灵活性和规范内容的独特性更能彰显出其自身的优势。

2. 国际金融软法的协调功能

在当前十分复杂的全球治理形势下，国际软法以其专业性、普遍性和灵活性的特点，在事实上发挥了“良法之治”的法律功能，减少了各行其是的国别性规范，从而在一定程度上消除了各国之间的规则冲突。其中国际金融软法的规则协调作用表现得尤为明显，这可以从制定和形成国际金融软法的主体制度方面集中体现出来。

（1）国家

国家不仅是正式国际规则和制度的制定者，而且也是非正式国际规则和制度的重要实践者。在国际软法制定的过程中，发达国家在磋商的过程中拥有更大的话语权，这也就导致了其所主张的“规则”更有可能成为具有普遍适用效力的国际软法。此外，在市场经济一体化的国际背景下，国际市场无所不在的驱动力量也促使强国的经济管理法规优势地位的形成与强化。例如，美国是世界上吸收外国直接和间接投资最多的国家，其他国家的投资者要进入美国的资本市场，必须按照美国的会计准则办事，由此造就了美国会计准则强大的国际影响力。[①] 因此，在制订全球统一性的国际会计准则过程中，国际会计准则委员会不得不考虑美国会计标准对国际标准的渗透影响力。又如，2008 年金融危机后新一轮金融监管大变革中，以美国和欧盟为代表的金融监管改革再次成为国际社会关注的重点，而各国也把学习和模仿它们的监管模式作为本国金融改革的指南。美国不但自身市场规模大，而且与各国的经济联系广，其管理标准一旦成为国际经济软法，很容易产生“网络化效应”，从而对其他国家产生吸引力。[②] 即使不考虑权力因素和市场力量，仅就规则本身而言，强国经济管理实践

① See B. A. Simmins, *The International Politics of Harmonization*: *The Case of Capital Market Regulation*, 55 International Organization 609 (2001).

② See Ferroni & Mody, *International Public Goods*, 61 Kluwer Academic Publishers 50 (2002).

发达,经济管理规则一般要比其他国家更为健全和完善,规则自身的优势也容易吸引他国纷纷仿效,进而发展成为普适的国际经济软法。由于美国资本市场的发达,其证券监督管理规范也相当完善和发达,其证券管理法被一些国家视为证券管理的"圣经",因而通过跨政府组织网络向其他国家扩散。可见,在跨政府组织网络中制定国际经济软法,往往就是强国向其他国家"输出"或"漫射"其经济管理规则的过程。而一旦强国的经济管理规则被"标准化"为国际经济软法,便有了"网络化效应",将会被越来越多的国家接受。①

"美国商业法已变成一种全球化的普通法,明示地或默示地被吸收到各国的契约中,并正开始融入其他许多国家的判例法甚至是制定法中。"有学者甚至将这种国际软法"供给"的"美国化"现象归结为法律全球化的表征之一。② 不仅私法,而且公法也在"美国化"。美国的宪政经验,包括权利法案和司法审查已成为世界范式。③ 跨国经济法的确存在所谓"美国化"的表征,而作为动态进程的"美国化"在跨国经济法的某些领域有蔓延和持续扩大的趋势。④ 因此,国际规则的"美国化"和法律的全球化在一定程度上产生了部分的竞合。同时,跨国经济法"美国化"是全球化进程中美国以经济实力为依托推行其文化霸权的一个侧面,这种推行一方面是美国有意识地主动而为之,另一方面也有他国及其私法主体主动接纳的成分。⑤

(2)政府间国际组织

根据开放性以及专业分工的不同,政府间国际组织可以分为全球性的政府间国际组织、地区性的政府间国际组织以及政府间专业性国际组织。全球性的政府间国际组织主要是指联合国及其下属机构和专门机构,它们在国际货物交易、国际货物运输及保险、跨境破产和国际支付等领域制定了一系列国际软法。地区性的政府间国际组织包括欧盟等区域性组织。欧盟一方面通过制定一体遵循的区域性条约快速推进了区域经济和货币

① 参见徐崇利:《跨政府组织网络与国际经济软法》,载《环球法律评论》2006 年第 4 期。

② See Hector & Sergio, *The Impact of Globalization on the Reform of the State and the Law in Latin America*, 19 Houston Journal of International Law 789 (1997).

③ M. Shapiro, On American legal imperialism, 2 Indiana Journal of Global Legal Studies 383 (2003).

④ Mattei, A Study on U. S. Hegemony and the Latin Resistance, 10 Indiana Journal of Global Legal Studies 215 (2003).

⑤ 参见陈东:《跨国经济法的"美国化"及其本质》,载《暨南学报(哲学社会科学版)》2012 年第 9 期。

的一体化,并不断走向外交和防务的一体化;另一方面则通过制定法律指令和指南标准在欧盟范围内直接适用或参照适用,促进欧盟成员国法律规则的趋同和一致,以促进欧盟标准和行为规则统一化和一体化目标的实现。政府间专业性国际组织是专门为协调国际社会特定领域问题而设立的政府间国际组织,其中工作成效最为突出的是经济合作与发展组织(OECD)和BCBS。经济合作与发展组织于1961年成立,主要由北美、欧洲等地区的30多个成员国组成,主要职能是促进公共服务和合作活动的良好治理,近年来主要致力于跨国公司治理以及全球反腐败的合作。为了增强经济合作与发展组织的多元化和民主性,经过几十年的努力,经济合作与发展组织已开始面向实行市场经济的非成员国家和新兴市场经济国家开放,并以政府间的工作组形式,从事重大治理领域国际软法的研究与制定工作,从而为这些成员国和国际社会提供良好规则之治的范本。

(3)跨国市民社会

跨国市民社会是指联结跨国市民个体而独立于国家,并形成一定忠诚意识和社会规范的集体互动组织。[①] 跨国市民社会根据其组织化的程度,可具体分为国际非政府组织、全球公民网络和公民运动等组织形式。随着经济全球化进程的加剧,国际非政府组织无论是数量,还是对全球治理产生的作用和影响都在与日俱增。据2021年12月最新出版的《国际组织年鉴》统计,现有74,000个政府间组织(IGO)和国际非政府组织(INGO),每年新增约1200个国际组织。其中,非政府的国际市民社会组织占96%以上,至少有71,000多个。[②] 现代社会随着经济的不断发展、人类科技的不断进步,世界的距离也在不断地缩小,在商业社会中国家的边界也越来越模糊,人们跨国的联动也越来越频繁和紧密。这种联系是在不断的商业活动和经济运动中形成的,在这个过程中也形成了国际合作和商事活动的运行模式和规则。通过这些从实践中摸索出来的规则,人们之间的交流也越发紧密,从而促进了统一的金融商业标准的产生。在这个过程中,除国家和个人的推动外,跨国市民社会的国际非政府组织也是其中不容忽视的重要力量。国际性的非政府组织不仅致力于促进商业的全球化和世界经济的共同繁荣,同时在为各行各业之间形成统一的商业标准出谋划策,通过自身的人才力量在国际商事往来中提供了大量的指引。

---

① 参见俞可平:《全球化:全球治理》,社会科学文献出版社2003年版,第187页。

② See Union of International Associations, *Yearbook of International Organizations*, Brill, p. 3 – 4.

第三章 国际金融监管法律冲突的立法管辖权协调

第一节 立法管辖权的单边性自我约束

单边主义是指主要以本国利益和政策偏好为导向的对外交往活动方式。单边主义由于无须与其他国家协商意见或以国际合作的妥协方式从事国际事务的决策与行动，因而能够保持本国政治外交和立法政策的独立自主性。随着各国经济竞争的加强和贸易保护主义的死灰复燃，各国纷纷对社会经济加大了干预力度，经常通过单方面制定经济政策和法律的方式实现其国内外的监管目标，甚至借助域外管辖权的行使实现其立法目标。然而，过度行使域外管辖权，容易在国际实践中遭遇其他国家强烈的外交报复和立法阻挡，从而影响本国涉外金融监管法律的效果。为避免和减少本国立法域外效力的法律冲突，重新树立本国的立法权威，这些国家在反思本国监管立法的基础上，主动对本国域外管辖权采取了单边性的自我约束和限制。因此，国际金融监管法律冲突的单边性自我约束，主要是指在国家对具有跨国因素的金融活动享有管辖权的情况下，为避免本国监管政策和法律因域外效力所产生的冲突，通过单方面自行调整本国管辖权的方式，主动对国家管辖权进行的自我约束和限制。

一、合理管辖原则

（一）合理管辖原则的背景

“二战”后美国跃升为世界上最强大的经济体，经济势力范围扩张到全球。随着海外经济利益的急剧扩张，美国国内的监管法律政策也相应延伸到全球各个角落，成为世界上域外立法管辖权、司法管辖权和执法管辖权运用最频繁的国家。为配合战后美国经济的海外扩张，美国在立法和司法实践中确立了声名狼藉的效果主义原则，力图扩大美国的域外管辖权和法律的域外适用。美国依据极具侵略扩张性的效果主义原则，在其管辖领土以外的区域广泛推行其法律，追究境外公司和个人的法律责任。效果主义原则的域外适用直接造成了执法和司法管辖权的激烈冲突和对抗，严重损害了其他国家的管辖主权和经济利益，引起了外国政府和公司的强烈抵触和抗议。

“二战”后美国司法和执法机构对外频繁适用其反垄断法，引发了其他国家的严重不满，其他国家不断通过外交渠道提出抗议。这些国家认为美国的做法损害了它们的国家主权，影响了它们的国内公共秩序，并阻碍了它们国内外经济政策的正常推行。美国一直以来采取的强硬法律政策甚至遭到了与美国关系密切的日本、欧盟等国家和组织的反对，它们纷纷谴责美国的此种做法不仅违背了国际法准则，也背离了竞争法和经济监管法保护整个市场公平竞争的初衷。由于对美国的数次抗议都难以产生实际效果，一些国家针对美国的做法进行了报复性的立法，试图通过法律手段来限制美国执法机构的域外调查，禁止向其提供文件和材料，以及阻止美国判决在国内的执行，甚至有一些国家对美国采取了报复措施。针对美国反垄断法域外效力的主张和管辖适用，一些国家制定了相应的国内反制法，阻止美国法律的域外适用。英国先后制定了一系列“阻却法”进行立法和司法抵制，并且声明在当下的国际法中，不存在一国能够扩大其法律的域外效力、干涉其他国家经济的法律依据。① 其他国家广泛的反对和抵制，促使美国政府反思这种扩张性的强权做法，开始寻求对域外管辖权的合理界定和有效适用，从而在一定程度上由单边主义的强权做法转向了单边主义的谦抑做法，对域外管辖权进行了一定程度的自我调整和限制。

1984 年，美国前国务卿舒尔茨（Schultz）在一次演讲过程中总结与反思了美国采取单边主义政策所面临的发展与困境。他指出“根据国际法的相应规定，对于某些发生在美国领域外的行为，美国有权行使管辖权。我们将保留和坚持这一法定权力，但是我们会审慎而有节制地行使这一权力，以平衡美国的和外国的、近期的和长远的、经济的和政治的各种重要利益”。从理论上来看，美国关于管辖权的合理使用和自我限制，主要体现美国法学研究会编纂的《对外关系法重述》（第三版）。从司法实践上来看，单边性的管辖权协调在对外贸易法、反垄断法和金融监管法的域外适用过程中都有所体现。因此，单边性的管辖权协调主要以美国的司法理论和实践为研究对象，集中表现为合理管辖原则。

为了平衡美国与外国的国家利益，并降低美国法在外国适用时产生的管辖权冲突，美国有限度地限制了效果主义原则的适用范围。在 1976 年的“木材案”中，美国联邦法院在该案判决中指出，若不考虑其他国家的国

① See Huntley, *The Protection of Trading Interests Act* 1980: *Some Jurisdictional Aspects of Enforcement of Antitrust Laws*, 30 International and Comparative Law Quarterly 210(1981).

家利益,那么效果主义原则的适用就是不完善的。因此,依据效果主义原则确立起来的域外管辖范围就应当作出相应的调整。在这里,法院创造性地运用了合理管辖原则。根据该原则,美国之所以能够行使域外管辖权,是因为该案对美国产生了重大影响,构成了美国行使管辖权的最低要求。除此之外,法院还应当考虑其他影响因素,如当事人的国籍、对美国的影响与对其他国家的影响的大小、管辖权行使导致实在冲突产生的可能性等。因此,法官需要通过平衡的分析方法,来判断美国是否拥有域外管辖权,是否能恰当行使域外管辖权。

在“木材案”中,法官通过对国际礼让原则的诠释,并加入了其他的考察元素,比如效果主义原则以及利益平衡原则,以求通过对有关“合理”的原则和标准的探索,对涉外监管的管辖权加以确定。从此,美国的大多数巡回法院都接受了在“木材案”中确立的合理管辖原则,并将该原则扩展适用到其他经济监管法律冲突的协调之中。

美国司法界提出用“合理性”标准来限制实施管辖权的域外行使,基于两方面的理由。第一,美国在证券法、对外贸易法、反垄断法等法律的域外适用过程中,对相关立法管辖权和涉外司法管辖权适用范围的判断标准,并不是发展得更加明确,相反变得愈加模糊,甚至引起了许多来自贸易伙伴国家和国际社会的批判。第二,从理论上来说,若只根据较为抽象的国家管辖权原则,并不足以解决实施管辖权的冲突与分配的问题。具体而言,对于同一涉外法律关系的主体、客体或行为,可以依据多个国家管辖权主张行使管辖权,因而,多个有管辖权且愿意积极行使的国家,可能会为了争夺管辖权而相互争执;但在消极行使甚至不愿行使管辖权的国家,态度则截然不同,尽显“礼让”的国际风采。因此,为消弭实施管辖权域外适用过程中的积极冲突和消极冲突,需要在实施管辖权依据之上确立一个更高层次的原则和标准,更好地确定管辖权的分配,实现域外管辖权冲突的协调与解决。

1987 年美国法学研究会在《对外关系法重述》(第三版)中全面阐述了这种基于利益平衡的合理管辖原则,从理论和政策上进一步奠定了合理管辖原则的法律地位。《对外关系法重述》(第三版)在前言部分开宗明义地阐述了对外关系法诠释的宗旨,“阐释美国法学会对于国际法规则的观点,以供中立的裁判庭在处理与国际法有关的争议时参照适用”①。因此,《对

---

① American Law Institute, *Restatement of the Law (Third), The Foreign Relations Law of the United States*, American Law Institute Publishers, 1987, p. 123.

外关系法重述》(第三版)不仅代表了美国对国际管辖权的见解和主张,而且更主要的目标是为域外管辖权的合理行使提供理论和规则支撑。该书明确指出,国家若要行使国家管辖权必须受到相关国际法的约束,而"合理性"标准亦应受到国际法的约束和限制。虽然"合理性"标准,就当前情况而言,还很难能够称得上是一项具体可施行的标准,但是《对外关系法重述》(第三版)的最初目的,就是将其作为一项法律原则来适用。一国想要主张并且行使管辖权的行为,即使符合传统的国家管辖权原则,但在当时的背景下是不合理的,也是不合法的。形象地说,"国际法谴责不合理的国家管辖行为"①。

《对外关系法重述》(第三版)第 401 ~ 403 节涉及域外管辖权以及国际法对国家行使管辖权的合理限制,从而初步确立了协调管辖权冲突的一般原则。《对外关系法重述》(第三版)第 401 ~ 403 节具体规定了以下内容:(1)国家行使管辖权是一个国际法问题,应当受到国际法约束;(2)普遍为国际社会所接受的管辖权行使原则有四个:属人、属地、保护和普遍管辖原则;(3)即便根据第 2 项的四个管辖权行使原则来主张管辖权,也应当遵循"合理性"原则。

该书第 403 节第 3 条规定,当两个及以上的国家都拥有管辖权时,"所涉任一国家均有义务考量本国以及他国在行使管辖权方面的利益","如果他国的利益更为显著,则应该由他国行使管辖权"②。这就是说,若遇到多国享有并行管辖权的案件,适用本国相关法律或政策时利益较小的国家应当让位于利益较大的国家。

《对外关系法重述》(第三版)认为,以传统的各项管辖权原则为依据行使管辖权,如果根据利益分析的方法进行分析是不合理的,那么这些管辖权也是不合法的。尽管从一般意义上来讲,领土或者国籍这类联系是必要的,但国家社会已经形成了普遍共识,此类联系并不能成为在所有情况中都能主张管辖权的充分理由。《对外关系法重述》(第三版)进一步认为合理管辖原则在美国法上已经确立了,而且也已经开始上升为一项国际法原则。③ 因此,在事实上,除美国积极践行合理管辖原则之外,其他国家的

---

① Maier, *Jurisdictional Rules in Customary International Law*, in Meessen and M. Karl eds., Extraterritorial Jurisdiction in Theory and Practice, Kluwer Law International, 1996, p. 72.

② American Law Institute, *Restatement of the Law (Third), The Foreign Relations Law of the United States*, American Law Institute Publishers, 1987, p. 416.

③ See American Law Institute, *Restatement of the Law (Third), The Foreign Relations Law of the United States*, American Law Institute Publishers, 1987, p. 403.

立法机关和行政执法机关，在主张和行使域外管辖权时，也能够在一定程度上做到“自我限制”，以妥善处理管辖权的争议问题。如果制定法的域外效力或法律适用有可能存在不合理的情形，司法机关通常会寻求法律解释工具，尽量将立法管辖权中模棱两可的抽象法律语言解释为本国无意行使或者授权行使的管辖权。因此，《对外关系法重述》（第三版）认为，在某种程度上合理管辖能够作为一项一般性原则用以决定管辖权的分配。

（二）合理管辖原则的具体标准

合理管辖原则尽管在美欧等地的立法和司法实践中早已被多数法院采用，但自由裁量权的特性使该原则仍然备受争议。为明确合理管辖原则的可操作性，《对外关系法重述》（第三版）详细列举了一些具体的参考标准。在满足以下条件时，效果主义原则可以适用于域外管辖：（1）行为测试，即“全部或主要部分”发生在该国领域范围内的行为，即使行为的影响在本国领土以外，该国也有权进行管辖，并依据本国法进行裁决。（2）效果测试，即行为虽然发生在本国领域之外，但其效果及于国内，则该国有权进行管辖，并依据本国法进行裁决。①

在合理管辖原则确立之后，效果主义原则的这两项具体标准还要受“合理性标准”的整体审查和限制。《对外关系法重述》（第三版）第 403 节第 2 条进一步指出：一国对于该国领域内的外国居民，或者本国某项涉外活动能否合理有效地行使管辖权，应当将以下八个要素综合起来加以考量。

1. 该项涉外活动与监管国家领土之间的联系，比如活动发生在监管国领土的范围大小，或者该项活动对监管国或者在监管国领域内产生实质性的、可预见的效果的程度。

2. 监管国家与被监管事项主要负责人或者与该项监管拟保护主体之间的联系程度。

3. 被监管事项的行为特征，及其对整个监管事项的重要性；其他国家监管此项活动是否存在空间，以及是否有必要由监管国进行此项监管。

4. 存在受该项监管保护或损害的合理预期。

5. 监管行为对于国际社会的重要性。

6. 监管行为是否符合传统国际法体系。

7. 其他国家对该项监管是否存在利益以及存在多大的监管利益。

---

① See Lowenfld, *Public Law in the International Arena: Conflict of Laws, International Law, and Some Suggestions for Their Interaction*, 163 Recueil des Cours 315(1979 – Ⅲ).

8. 与其他相关国家产生监管冲突或法律冲突的可能性。

从《对外关系法重述》(第三版)的宗旨来讲,上述八个参考要素并没有穷尽所有的因素,也许存在其他未知的可能。而且这八个参考要素之间并没有位序的排列,可以由执法或司法工作人员自由选取和裁量。但是,值得注意的是,所有的考量因素在司法实践中并不能一概等量齐观。在某些情形下,可能需要重点考虑其中一个或一组要素。申言之,审查标准是个案问题,要具体问题具体分析。事实上,这八个要素仍然是比较抽象的原则性规定,法院仍然具有较为充分的自由裁量权,这在一定程度上影响了经济监管管辖权冲突的有效解决。

为进一步协调域外管辖权的法律冲突,该书第 403 节第 3 条规定了国际协调的义务:"如果多个国家对同一行为主体或事件主张管辖权,而且这种跨国的多重管辖权都具有一定的连接因素,很难判定具有不合理的管辖因素,并且在司法实践中产生了真实法律内容冲突的情形下,各国应根据第 403 节第 2 条的管辖要素,审慎考量本国以及其他相关国家在管辖权行使方面的比较利益;如果另一方当事国的管辖利益更为明显,那么法院地国应主动认可该国的管辖权,并及时进行管辖权的移转。"基于上述规定可以看出,第 403 节第 3 条为国家的执法部门以及司法部门设定了明确的适用条件:第一,对于同一主体或者同一活动,两个国家均合理地主张管辖权;第二,两个国家的监管规定存在冲突。若具备了前述两个条件,那么这两个国家就应该考量本国以及他国行使该管辖权时的利益,如果他国的利益大于本国,则本国应当拒绝行使该管辖权。拒绝的形式包括但不限于:中止相关管制行为、修改相应的法律或者重新对该法律法规进行解释以求消除法律冲突。因此,为协调域外管辖权的法律冲突,《对外关系法重述》(第三版)把对利益进行比较分析的方法作为合理管辖原则的必要补充。

《对外关系法重述》(第三版)以美国法为例来解释如何避免"不合理"冲突。《对外关系法重述》(第三版)认为:应当尽可能地依照第 402 节和第 403 节的要求来解释美国法,并适用于相关的主体或者行为。同样地,若对于制定法的解释会与拥有较大利益的国家产生法律冲突,或者使得当事方面临相互矛盾的法律义务,且存在另一种解释能够避免此种冲突,那么就应该倾向于后一种解释。《对外关系法重述》(第三版)进一步指出:首先,立法管辖权的解释规则和方法,应用来解释国会立法权或其授权立法,适用于行政首脑审查、批准法案的准立法程序。其次,该解释标准主要适用于司法机构以指导其准确适用法律。最后,此种解释标准也应当适用于行政机构或者监管机构的执法活动。《对外关系法重述》(第三版)旨在将这种“合理性”的法律解释规则上升成为国际法的一般原则。若美国对其制定法的解释违背了此原则，虽不必然会导致该制定法的无效，但也可能会让美国承担相应的国际责任。

（三）合理管辖原则的具体运用

随着金融全球化的深入发展，以及美国全球金融霸主地位的确立，美国加强了涉外金融监管领域的法律冲突的国际协调。《对外关系法重述》（第三版）认为，合理管辖原则作为约束国家立法管辖权和域外效力的一般管辖权原则，理应推及至跨国金融监管法域外效力冲突的自我协调。因此，在规定国家域外管辖权适用的一般原则时，《对外关系法重述》（第三版）还就金融法的域外适用进行了示范性的规定。

《对外关系法重述》（第三版）专设第416节处理证券法的域外适用问题，特别是阐述了证券法域外适用的标准以及范围。第416节位于“管制证券活动的管辖权”这一标题下，该节规定了在以下几种证券交易当中，美国有权主张立法管辖权。

1. 美国境内的证券交易，至少一方当事人为美国国民或居民；尚未形成交易合同的，美国国民或居民是拟交易契约的受要约人。

2. 在美国证券交易机构完成的交易，或者虽不是在有组织的证券交易市场内完成，但主要交易行为发生在美国境内，或者意图进行此类交易的行为。

3. 不论交易的发生地，证券交易会在美国产生或者有意产生实质性后果，特别是与第416节第2条相关的行为。

4. 虽然交易行为发生在美国境外，但与该行为相关的行为主要发生在美国。

5. 与美国证券市场相关的投资咨询服务、委托书投票或其他授权的征集行为。

除上述所列情形之外，其他情形下域外管辖权的适用或行使，还是要依据第403节的合理管辖标准进行分析和判定。也就是说，若行使域外管辖权不符合此标准，那就是不合法的；反之，就是合法的。针对金融证券领域的管辖权司法实践，第416节第2条提出了三个可供参考的因素：（1）同一证券发行人对美国证券市场或者对美国国民或居民持有的相关证券份额是否会产生实质性的影响，或者是否能够被合理预计。（2）证券发行或披露的信息是否发生在美国领域内。（3）接受美国司法管辖的当事人是否属于美国国民或者居民，抑或寻求救济的主体是否属于美国国民或者居民。

根据《对外关系法重述》(第三版)的解释,第416节概括列举的所有事项中,适用美国的证券法是理所应当的,因其符合该书第402~403节的管辖权标准:其中第416节第1条以属地管辖权原则为基础,并将国籍或者住所地等作为连接点。第2条、第4条和第5条虽然主要以属地管辖权原则为基础,但又进行了一定程度的扩展。因此,可以将美国的域外管辖权归为两类,一类是通过第1条、第2条、第4条和第5条体现的传统属地管辖权,而另一类则是第3条体现的新兴的效果主义原则。

当美国证券法能否依据第416节第1条的规定进行域外适用仍不能明确时,可能需要从该节第2条中寻求理解和解释。域外管辖权的行使必须具有相对的合理性,必须从对该原则的具体衡量中审慎行使管辖权。第416节第2条前三项的侧重点各有不同:第1项侧重于从所涉及的证券角度进行考虑;第2项则以相关活动是否发生在美国为侧重点;第3项考察当事方的国籍或者住所。那么,按照第2条的宗旨,此三项内容应该综合起来考虑,以此来确定证券法领域的域外管辖权的行使是否合理。

《对外关系法重述》(第三版)第416节第2条倡导不应再奉属地原则为圭臬,而应以相对灵活多变的合理原则为准绳。第416节第1条的内容看起来似乎给人们提供了有关美国证券法域外适用的较为明确的判断标准,但其第2条的补充规定却又让人们难以适用。第2条的规定似乎是想进一步明确第1条的主旨,但该规定中"other than"的表述以及有关评注却表明,该条款主要针对第1条规定之外的证券交易及相关行为。金融市场全球化后,证券种类不断更新和多元化,交易类型也越来越复杂。在此种情形下,美国证券法能否实现域外适用,仍然不够明确。正如书中评注所阐释的,随着网络的出现与发展,以及主权国家的制度合作,各个有组织的证券市场的相互联系更为密切。在这种背景下,第416节第1条中规定的领土因素可能要退居次位。因此,在判断美国对于特定的证券交易或相关行为是否存在管辖权时,《对外关系法重述》(第三版)拟定者的本意是确定域外管辖权合理行使的具体标准。但是,从证券法域外管辖权冲突的协调效果来看,由于合理管辖原则仍然没有一个明确的标准,因而其施行效果并不是很明显。总体来说,合理管辖原则还需要在实践中不断地探索和完善,正如该节的评注所说:"第416节第2条所列举的要素仍有待各国的实践以及各国之间的协定去进一步充实、完善。"

(四)合理管辖原则的评价

合理管辖原则是建立在利益分析基础上的平衡与互惠原则,在这一点上与近现代国际法上的国际礼让原则具有较大的相似性。国际礼让是指各国政府及其司法机构在针对外国人的案件或发生在本国领土之外的事件适用本国法时,主动做出的司法节制和管辖谦让。虽然二者均是主动调整域外管辖权冲突的谦抑做法,但是《对外关系法重述》(第三版)所倡导的合理管辖标准与传统的国际礼让原则还是存在显著的差别。国际礼让一般指各国出于对他国的外交礼遇,自主自愿做出的节制和谦让行为,因而并不是国家处理国际事务的约束性义务。但《对外关系法重述》(第三版)中的合理性标准却不仅仅出于外交礼遇,它是一项确定的法律义务。《对外关系法重述》(第三版)试图寻找解决域外管辖权冲突的法律方法,提出将合理性原则上升成为法律意义上的一般原则,借此来判定是否有权行使管辖权。

通过将合理管辖标准与国际礼让相比较,能够发现前者的法律特性更为明显,国际礼让则更多体现为国家的外交道德义务。当然,由于二者都依赖于国家斟酌裁量的自发行使,因而它们之间的区分并非总是泾渭分明,甚至在域外管辖权的实施过程中二者经常会"联合",以强化域外管辖权谦抑、审慎地行使。由于合理管辖原则通常要借助利益平衡方法确定监管管辖权,虽然确实有少部分国家的法院在运用此方法,但是仍然很难证明其已成为国家间的通常实践,更不必谈其已成为"法律确信"。因此,建立在利益平衡基础上的合理管辖原则目前还不能证明是一项习惯国际法规则。在《对外关系法重述》(第三版)的框架中,并行管辖权的解决办法仍然需要借助传统的国际礼让精神加强说理阐释。① 在《对外关系法重述》(第三版)的讨论版本中提到,如果相关国家在跨国案件中相对具有较小或不重要的利益,则直接丧失管辖权的合理性,试图将合理管辖原则和利益平衡方法捆绑在一起,并将其直接提升为国际管辖权的分配与协调原则。但是,最终文本还是对这种激进的规定作出了重大修改,并未将它们一并上升成为国际法的管辖权原则,而仅仅是作为国内法意义上的管辖权行使原则。

目前,无论是国际礼让原则,还是合理管辖原则都不足以上升为一般国际法原则,从而对既有的国家管辖权原则进行有效协调或限制。正如前文所言,国际法允许各主权国家对于发生在其领土范围外的事件自主行使管辖权。在一些主张实用主义的美国学者看来,这本就是天经地义的事情。因此,他们得出结论,若要解决域外的管辖权问题或者并行管辖权带

---

① See Maier, *Jurisdictional Rules in Customary International Law*, in Meessen and M. Karl eds., Extraterritorial Jurisdiction in Theory and Practice, Kluwer Law International, 1996, p. 73.

来的冲突,需要在法律之外寻找解决办法,也即国际礼让。因此,国际礼让与合理管辖在具体行使过程中又经常联结在一起,从本质上体现了它们作为单边主义自我调节方式的共同特性。

不过,相对于效果主义原则来讲,合理管辖原则无疑是进步和积极的。由于合理管辖原则在实践层面考虑了美国法与其他外国法存在的并行冲突,并具体分析了当事人的国籍因素,以及国际诉讼案件对相关国家的各种影响等现实因素,因而该原则具有较强的现实指导意义。合理管辖原则通过一系列的参考标准限缩了效果主义原则的适用范围,较为充分地考虑了影响美国行使域外管辖权的多重因素,适当注意和兼顾了他国的主权管辖和监管利益。因此,合理管辖原则一定程度上会缓解美国立法管辖权的域外冲突压力,避免滥用效果原则或者因其导致的主权无限扩张。

尽管从理论上分析,合理管辖原则以国内法的方式解决管辖权的冲突,具有一定的价值。但在涉外管辖实践中,合理管辖原则的法律效果还有待验证。从表面上来看,《对外关系法重述》(第三版)在试图修正美国证券法在实践中不停扩大域外管辖权的倾向。但是,从本质含义及其实际效果来看,该书对合理性标准以及美国证券法域外适用范围做出的解释都不够清晰明确,不能有效指导证券实践,因而在一定程度上影响和反映了美国证券监管域外管辖权的单边性自我约束的不确定性和模糊性。比如在美国联邦法院的很多上诉案件中,经常将证券法的立法宗旨甚至证券市场的规制政策和监管目标作为判决的说明理由,《对外关系法重述》(第三版)也延续了前两个版本中强调政策导向的一贯做法,没有做出清晰的界定。正如该书第 416 节的有关评注所表明的:"美国证券立法的适用范围取决于根据第 403 节综合确定的合理性程度,而在第 403 节项下的考察中,证券法的基本立法目标是不可忽视的,例如保护美国投资者,保护美国的证券市场以及该市场上的买方和卖方,不被他国滥用美国的市场资源和制度优势。"①《对外关系法重述》(第三版)不仅全盘认可了联邦巡回法院提出的"意图效果"原则,并将其适用范围进行了扩大。据此,美国不仅可以对已经对美国产生实质影响的域外行为主张和行使管辖权,还可以对"意图"或者经"合理分析"将要对美国产生影响的行为主张和行使管辖权,即使该行为仅仅是预备性的,或者是未成功的意图共谋行为。

不仅如此,《对外关系法重述》(第三版)还将所谓的"意图效果"从证

① American Law Institute, *Restatement of the Law (Third), The Foreign Relations Law of the United States*, American Law Institute Publishers, 1987, p. 416.

券发行环节扩大到证券交易环节。“在美国有组织的证券市场上进行或者有意进行的任何证券交易”和“尽管不是在有组织的证券市场上，但主要在美国进行或者有意进行的任何证券交易”都属于美国证券法的管辖范围。[①] 此外，利益衡量法作为合理性原则的补充，也存在较大缺陷。因为所谓的利益衡量均是由美国单方面做出，实践中，美国总是将自己的国家利益置于首位，对他国利益不管不顾，因此，会出现两国互不相让的局面。对于这种情形，《对外关系法重述》（第三版）也无能为力，只能在评注中指出：“当各国均没有明显占据优势地位的利益时，各国常常力图消除冲突，以便减少国际摩擦的可能性，避免置有关当事人于两难处境。”[②]

综上所述，所谓的合理管辖原则也是建立在效果主义原则之上的，是对效果主义原则的反思与调适，实质上并没有放弃效果主义原则的内容，也因此并没有办法消除因效果主义原则带来的管辖权冲突。同时，因为合理管辖原则不够具体，难以准确适用。在司法实践中，美国联邦法院常用此原则来平衡美国与其他国家的管辖利益，赋予经济监管法域外适用较大的自由裁量权，具有较强的随意性。在不放弃效果主义原则基础上所采取的合理管辖原则，总是从本国利益出发来考量美国反垄断法域外适用的利益，以单方面的限制来试图避免两国之间的管辖权冲突，其实施效果可想而知。

二、反域外适用推定原则

美国联邦和地方的立法机构在主张域外或州外的立法管辖权方面发挥着决定性作用，但由于受美国传统判例法和“三权分立”政治体制的双重影响，美国司法机关在成文法的监督、解释与适用，以及判例法的形成中也同样起着不可或缺的法律再造作用，尤其是美国联邦最高法院在域外立法管辖权的形成与发展中发挥着举足轻重的司法主导作用。如果涉外金融监管案件由美国联邦地方法院管辖，那么其判例的效力位阶决定了不大可能产生较大的国内或国际影响。但如果是美国联邦最高法院审理的案件，则其最终形成的判决对立法管辖权的适用逻辑与司法实践将产生重大的国际影响，反域外适用推定即是其中著名的判例法。

---

① See American Law Institute, *Restatement of the Law (Third), The Foreign Relations Law of the United States*, American Law Institute Publishers, 1987, p. 416.

② American Law Institute, *Restatement of the Law (Third), The Foreign Relations Law of the United States*, American Law Institute Publishers, 1987, p. 403.

(一)反域外适用推定原则的判例

反域外适用推定是指“除非出现相左的立法宗旨,否则美国国会的制定法一般只适用于其管辖领域范围”。该方法是由美国联邦最高法院在涉外司法判例中确立的一项重要管辖权原则,对美国法的域外效力及域外管辖权的行使产生了深远影响,现已成为美国联邦法院解释和理解联邦制定法效力范围的工具性原则。2010 年,莫里森诉澳大利亚国民银行有限公司案(以下简称莫里森案)①是美国联邦最高法院首次介入跨国证券欺诈监管案件,美国联邦最高法院正是在该案的最终判决中确立了反域外适用推定原则。

1. 莫里森案初审

本案被告为澳大利亚国民银行(National Australia Bank,NAB)。1998 年 2 月被告收购了一家总部位于美国的公司,也即本案的另外一位被上诉人家畔贷款有限责任公司(以下简称家畔公司)。NAB 通过发行美国存托凭证(ADR)在纽约证券交易所进行交易,原告在 2000 年和 2001 年分别购买了 NAB 的普通股。2001 年 7 月和 9 月,NAB 两次宣布减记家畔公司的资产,导致普通股和存托凭证的价格暴跌。

本案原告是在澳大利亚购买了被告发行股票的澳大利亚人,后向美国提起了证券反欺诈诉讼。家畔公司作为 NAB 的子公司,在适用了错误的计算模型得出了抵押贷款服务费用后,被 NAB 记录在其公开文件之中。后 NAB 被告知了该模型的缺陷,却并没有采取任何弥补措施,最后导致被告发行的证券价格高于其实际价格,导致原告产生了巨大损失。据此,原告认为被告的行为违反了美国 1934 年《证券交易法》,并就此向美国法院请求法律上的救济和赔偿。②法院在此案中适用了效果主义原则。法院认为,被告的行为发生于美国境内,且没有给原告造成任何直接损害,因而以无管辖权为由驳回起诉。而受理上诉的法院则认为一审判决没有问题,继续维持了一审判决。原告仍没有放弃,最后上诉到了美国联邦最高法院。

2. 联邦最高法院对莫里森案的判决

在确定美国 1934 年《证券交易法》第 422 节第 10(b)条的域外适用范围时,联邦最高法院援用了反域外适用推定原则,该原则表明:“一般而言,由国会制定的规则,都适用于美国国内的行为,除非国会在立法中明确表示,该项规则可以适用于美国领域外的行为。”由于美国 1934 年《证券交易

① Morrison v. National Australia Bank Ltd. ,130 S. Ct. 2869(2010).

② 参见美国 1934 年《证券交易法》第 422 节第 10(b)条和第 20(a)条。

法》并没有明确第10(b)条可以适用于域外案件,因而该条法律没有域外效力。同时,法院认为美国1934年《证券交易法》关注的并不是案件中的欺诈行为源于美国,其关注的是在美国境内实施的证券购买和销售行为。美国联邦最高法院作出的最终判决是:“第10(b)条可以规制欺诈行为,但是该行为中涉及的证券相关交易行为需发生在美国。本案中所涉证券在澳大利亚交易所登记,购买行为也发生在澳大利亚。因此,美国联邦最高法院依旧维持了判决,驳回了原告的诉讼请求。”

(二)反域外适用推定原则的确立及其意义

1. 反域外适用推定原则的确立

美国联邦最高法院在判决中援用的反域外适用推定原则,适用于起诉到美国法院的案件。而这也就表明了在莫里森案之后,不论哪个部门法领域,当美国法院需要认定一项规则是否具有域外效力时,仅仅需要考察国会是否明确规定该条款可以在域外适用即可,而不需要过多考察其他因素。这无疑会减轻法院的审查负担,并且使案件更具有可预见性。因此,反域外适用推定原则大大提升了司法效率,有力促进了美国统一性立法管辖权的解释和行使。

2. 反域外适用推定原则的适用标准

美国联邦最高法院在该案中对反域外适用推定原则的解释,推翻了下级法院在认定成文法是否具有域外效力时确立的“效果标准”和“行为标准”,提出了新的“交易标准”,“交易标准”具有较好的可操作性,使反域外适用推定原则的适用更具有明确性和可预见性。根据该标准,涉外案件是否要适用美国的反欺诈条款,受案法院只需要重点考虑两个方面的因素:第一,证券交易行为是否发生在美国境内;第二,案件所涉及的证券是否在美国登记。特别值得一提的是,该案的主审法官在表示“交易标准”时,使用了“or”一词来联结这两个因素,也就是说,这两个因素只需满足其一,就可以适用反欺诈条款。因此,相对于“效果标准”中的“实质性”效果要求,以及“行为标准”中的“重要性”行为判断要求,“交易标准”所需要的适用条件要简单得多。

3. 反域外适用推定原则的意义

莫里森案所采纳的新的判断规则使得美国法院对于许多涉外案件都缺乏管辖权而不予受理。因此,反域外适用推定原则对域外管辖权的扩张在一定程度上起到了遏制作用。据统计,自1968年美国法院第一次受理

F – cubed 诉讼①后，由外国原告提出的证券诉讼迅速增加。仅 2010 年的前 6 个月，针对设立在美国境外的公司提起的诉讼案件，比 1995 年以来的任何一年都要多。现在私人证券方面的 F – cubed 诉讼基本上已无法向美国法院提起，而且某些 F – squared 诉讼（双重涉外诉讼）也无法提起了。

第二节　立法管辖权的双边主义协调

一、双边主义的立法协调功能

（一）双边主义的概念与特征

1. 双边主义的概念

双边主义指国际法上的两个主体，基于双方平等的谈判和协商，以政治或者法律的方法来解决双方之间的国际问题的理论与机制。国际法意义上的双边主义，是与单边主义和多边主义相对应的术语。② 双边主义强调的是当事方的主体数量，仅指两个国际法主体之间协商、解决问题的机制。本书结合了双边主义的相关特性和其在协调国际法主体间法律冲突的实际运用，给双边主义下一个定义：主权国家在平等互利的基础上，通过双边性协议确定双方国际法权利和义务，解决并行管辖权和实施管辖权冲突的国际合作与协调方式。

2. 双边主义的特征

“双边主义”一词可以从以下三个方面来理解：首先，从合作的对象来看，双边主义存在两个当事方，因而存在三种组合形式，即两个国家之间、国家与政府间国际组织之间、两个政府间国际组织之间。其次，从合作的空间范围来讲，双边主义突破了单个国家或者区域组织的空间范围。签订双边协定的主体非常灵活，限制较小，可以突破空间、经济发展水平、社会意识形态等局限。最后，从双方合作的领域来看，双边主义表明主体之间的合作范围必定是对双方都有利益的领域，双方的共同利益是合作的基础。

（二）双边主义在立法管辖权冲突中的协调作用

国际法规定，一国行使域外管辖权不能损害他国的利益。因此，若两个国家都有管辖权，则应协商解决并行管辖权的法律问题，而不能够径直

---

① 所谓 F – cubed 诉讼，即 foreign – cubedclaims——三重涉外诉讼，是指同时包含原告是外国投资者、被告是外国发行人、涉案证券交易发生在外国三种涉外因素的诉讼案件。

② 参见吴永辉：《WTO 体系中的双边主义路径评析》，载《现代法学》2010 年第 1 期。

以本国法来行使管辖权，更不能够以损害他国主权的方式行使管辖权。也就是说，当国家之间就国家管辖权和监管利益发生法律冲突时，应当基于主权平等和互惠互利原则进行协商，共同解决并行管辖权的法律冲突问题。

这种双边协议或双方协商合作的方式，在当今国际统一实体法“供给不足”的情况下，为解决各国因域外管辖权扩张而导致的法律冲突问题提供了重要思路。如果说单边主义的管辖权协调是单个主权国家对并行管辖权法律冲突的自我限制，那么共享管辖权则是拥有并行管辖权的当事国共同行使管辖权。共享管辖权集中体现了双边主义的协调与合作精神，成为解决实施管辖权法律冲突的重要路径。国家之间通过签订双边合作协定来建立和维护在竞争规则执行过程中的管辖关系，能够尊重和保护双方的权利义务并使之达到对等，有助于形成长期的相互信赖的合作关系。尤其是积极礼让原则，由于其实现了立法与执法相分离，对于一些存在共同管辖权的案件，基于该原则来解决管辖权冲突的可能性大大增加，因而该原则比以前单边的自我限制更进一步。双边主义较之单边主义更富有成效，也受到越来越多国家的推崇。

美国与欧盟在涉外经济监管冲突协调方面的理论与实践走在世界前沿。早在 1976 年，美国就与原联邦德国签订了《限制性商业行为的合作协议》，该协议主要规定了双方在竞争法领域的监管合作。继该协议之后，美国又与澳大利亚签订了《反托拉斯合作的协定》。两份协定的不同之处在于，后者侧重于竞争监管冲突的防范与合作，监管冲突的协调只是附带性的合作手段。该协定规定：促进冲突解决的最佳途径是政府间通过双边机制协商，本着相互尊重主权、相互礼让的合作精神来解决管辖权的冲突。为了避免双方产生法律冲突，协定要求美澳双方政府出于平等互利原则，修改和调整各自国内的竞争政策和立法规定，并对双方进行或者预计进行的反托拉斯诉讼进行修正或者叫停。考虑到两国之间以政府名义起诉的案件减少，但由私人提起的诉讼却明显增多的实际情况，该协定还规定：澳大利亚政府可以要求美国政府职能部门参加一些澳大利亚私法主体提起的反托拉斯诉讼，并将两国政府就案件协商与合作的具体内容告知相关管辖法院。由此可见，此协定的内容涵盖了立法、执法、司法等各个方面的管辖权冲突协调，甚至包括了修改和废止一些不符合两国合作宗旨的政策和法律。这些双边性协议对于管辖权冲突的协调和监管政策的协调均产生了积极的影响。

1984 年，为避免或缓解双方在反托拉斯法实施方面的利益和政策冲突,美国与加拿大签订了《反托拉斯法适用的谅解备忘录》。为减少双方在反垄断领域的管辖权冲突,1991 年美国与欧共体签订了《反垄断合作协定》。美国和欧共体(欧盟)通过双方反垄断机构的密切合作,着力解决跨国企业并购及相关限制竞争行为。近年来,在反垄断法方面实施双边合作的基础上,经济监管法的域外适用已开始向证券、保险和银行等金融行业渗透,并超出了单纯程序合作的范围,有实体性合作和联合执法的趋势,进一步促进了双边主义下共同管辖权行使的创新发展。

二、东道国与母国的共享管辖权

(一)跨国银行监管的管辖权冲突

金融一体化和金融自由化形成了一个无国界的金融市场,遍布全球的经营网络和日新月异的金融创新能力进一步增强了跨国银行不停扩张的潜力和规避法律的能力。在此背景之下,无论是跨国银行东道国主张的属地管辖权,还是跨国银行母国的属人管辖权,都很难对跨国银行的违规经营行为进行单独的监管和规制。而在缺乏有效的国际合作的情况下,金融监管的地域性和国别性将会与金融市场的开放性和全球性产生矛盾,极易导致监管管辖权的积极冲突和消极冲突,从而制约了对跨国银行的监管成效。

在实践中,跨国银行的东道国主张的属地管辖权与其母国的属人管辖权之间难免产生冲突,或因双方怠于行使管辖权而产生监管不到位的情况。而东道国也经常以维护本国金融主权为由拒绝跨国银行母国的并行管辖权。国际实践中国际金融风险和金融危机频频发生,也表明无论是母国的并行管辖权,还是东道国的单一监管,都难以解决跨国银行规避监管或监管套利的问题,更无法适应复杂多变的国际监管实践的挑战。在主权国家并存的国际背景下,只有首先解决基于跨国银行产生的管辖权冲突,在东道国与母国之间合理分配管辖权限与范围,才能够有效地解决管辖权冲突问题,将监管漏洞堵住,顺利实现对跨国银行的监管。因此,东道国与母国以双边主义的合作精神合理分配管辖权,共同行使跨国银行的监管权不失为消除跨国银行监管法律冲突的有效方法。

(二)跨国银行共同管辖权的协调与分配

各国合作达成对跨国银行的国际监管,实际上是将管辖权分配到跨国银行业务的不同环节,以期更好地在金融国际化的大背景下实现对跨国银行的监管合作。1974 年联邦德国赫斯塔特银行和美国富兰克林国民银行的倒闭引起了国际社会对跨国银行合作监管的重视,并推动了 BCBS 的

“国际立法”实践工作。1975年《巴塞尔协议》迈出了国际监管合作的第一步，对跨国银行的监管权在东道国与母国之间进行了划分，标志着跨国银行共同监管这一新型监管模式的诞生。协议的最大贡献就在于最早对金融监管国际合作做出了国家间的权限协调分配。

《巴塞尔协议》确立了两项原则：一是充分监管原则，也就是跨国银行的母行及其海外分支与附属机构都应当受到充分的监管；二是合作监管原则，也就是母行所在国与海外机构所在国应当进行分工，密切合作。协议内容体现了确定股权原则为主、当地市场原则为辅，母国监管为主、东道国监管为辅的共同管辖原则。1983年BCBS推出了《巴塞尔协议》修订本，对监管管辖权进行了重新划分，进一步明确了共同监管原则，并力争把协议所确立的原则推向世界。经过国际社会一系列立法实践和监管协调，在跨国银行管辖权协调方面出现了三种普遍遵行的分配原则，并就具体监管事项进行了协调和分配（见表2）。

表2 《巴塞尔协议》及其修订本对跨国银行监管管辖权的划分

跨国银行类型	跨国银行监管对象	1975年《巴塞尔协议》的管辖权划分	1983年《巴塞尔协议》修订本的管辖权划分
分行	清偿力	母国	母国
	流动性	东道国	共同责任
	外汇头寸	未涉及	共同责任
子行	清偿力	东道国	共同责任
	流动性	东道国	东道国
	外汇头寸	未涉及	共同责任
合资银行	清偿力	未涉及	东道国或东道国与多数股权国共同责任
	流动性	未涉及	东道国
	外汇头寸	未涉及	共同责任

1. 东道国管辖原则

根据东道国管辖原则，无论其母国怎样规定，相关银行主要受该银行东道国政府的监管，因而这一原则又被称作居住地原则（residence principle）。在这一原则的支配下，母国和东道国当局对银行海外机构清偿力和流动性监管的责任划分，取决于所监管的机构的类型。由于东道国对当地货币交易中的流动性状况更方便了解并容易做出相应的判断，因而东道国需要对跨国银行海外机构的流动性进行监管。但是,对母行与其附属行之间的特别管理规定以及其他经营措施,母国的银行监管机构应当予以适当考虑。作为在东道国境内注册运营的法人主体,根据法人独立责任理论,跨国银行子行清偿力一般由其自负其责,监管责任也一般应由东道国政府承担。虽然合资银行的海外机构主要由东道国政府负监管责任,但是若其母国占有多数股份,那么其母国也应当与东道国共同承担监管责任。

2. 母国管辖原则

母国管辖原则是指东道国允许母国银行根据母国的监管法律在东道国建立分支机构,并按照母国的法律进行经营和监管。由于母国监管当局能够对海外的金融机构在一定范围内行使域外管辖权,因而这一原则也被一些学者称为"治外法权原则"①。母国和东道国的监管责任划分,同样也取决于所监管的机构的类型。由于分行的清偿力受到其母行的限制,因而须由母行所在国来承担对清偿力的监管。由于分行的清偿力与其总行的整体清偿力分不开,因而,东道国虽对银行流动性负一般管理责任,但母国对于该跨国银行清偿力的监管仍要负主要责任。此外,母国也应当对整个银行集团的流动性进行监管。

3. 共同管辖原则

出于实践方面的考虑,对合资银行清偿力的监管不同于子行,一般由注册国政府负责。但合资银行的股东所在国,也应当承担相应的监管责任。因此,根据合资银行的控股方式,应由东道国和多数股权国负共同责任。同样,母国和东道国也应对银行外汇交易和头寸的监管负共同责任。其中,母国监管机构负责对跨国银行集团全球外汇头寸的监督管理,东道国监管机构负责对境内银行机构外汇头寸的监督管理。值得注意的是,跨国银行的母国总行对其全球外汇头寸应有现场检查和监督措施,母国银行的监管机构必须对其现场检查措施进行督导和监管。跨国银行的东道国则应当及时了解母国银行监管机构的监管范围和内容,以便更好地协调和配合母国的全球监管和督导。

---

① 治外法权过去常被强制要求授予外交人员以外的普通外国侨民。19 世纪以来,西方列强曾以中国、埃及、摩洛哥、伊朗、泰国和土耳其等国家"未开化"、没有能力作出公正判决为理由,采取强压的方法在这些国家取得保护本国侨民的单方面域外管辖权,授予本国领事处理所有与本国公民有关的民事和刑事案件的权力,即领事裁判权。这类治外法权是对这些国家司法主权的严重侵犯。"二战"后,国际社会摒弃了以强制方式取得非外交人员治外法权的国际不法行为。现代国际法意义上的治外法权通常是在外交谈判和平等协商的基础上,免除非外交人员与公司在东道国的司法管辖权。

由于监管对象的流动性和金融创新技术的复杂多变性,加上法规、市场状况、在不同时区以不同货币经营银行业务的差异性,完全并表监管难以有效实行。因此,母国监管当局和东道国监管当局还应加强信息交换与共享方面的程序合作,以确保东道国了解银行的运营机制。而东道国也有义务保证母国了解此银行的海外机构的流动性。一般而言,母国当局与东道国当局通过交换信息进行银行监管国际合作,可由母国授权检查机构代表母国当局前往东道国进行监督和检查。

需要指出的是,以上管辖权原则之间并不是相互排斥的,各国可以根据自己的偏好选择不同的组合,也可以做一些变通。虽然《巴塞尔协议》奠定了跨国银行监管合作与共同管辖的基石,但该协议并没有就各国不同的监管标准进行协调,而监管标准的差异事实上给跨国银行监管的国际合作带来了很大的现实障碍。各国监管标准的不同,以及各自为政的立法和司法解释,一直是跨国银行监管合作的另一个巨大障碍。因此,即使有监管管辖权的明确划分,也不能保证跨国银行监管的有效开展,还必须在监管的实体标准上进行必要的协调和合作。

第三节 立法管辖权的多边主义协调

一、多边主义的立法管辖权协调功能

(一)多边主义的发展历程及内涵

多边主义的兴起离不开现代国家和国际法体系的形成和发展。1648年召开的威斯特伐利亚会议确认了近代国家交往的基本原则和规范,各国代表通过和平协商,确认了国家主权平等原则,奠定了近代国际关系的基础。会议还就国家相互交往的外交关系准则达成了一些共识,被看作多边主义的萌芽。虽然维也纳体系和欧洲协调机制第一次以多边主义形式在欧洲大国间确定了国际社会的领土和安全等国际问题的合作,但此种所谓的多边主义建立在欧洲主要大国利益交换和相互妥协的基础上,排除了欧洲中小国家的参与和协商,因而早期的多边主义协调并不完善,据此建立和维护的体系也不会牢固和长久。

19世纪中期以后,欧洲各国在经济和社会事务等方面的合作增多,促使多边主义的范围从安全领域向经济和社会领域延伸。19世纪下半叶产生了许多专门的、技术性的国际组织,它们以促进国际协作为专门的职能,这些具有专门职能的国际组织的建立体现了多边主义已延伸到多个领域。在这些领域,虽然国家有大小、强弱、意识形态不同之分,但都拥有平等的

协商地位和投票权，而这些多边行为本身也是合作性的，而非对抗性的。尽管19世纪后期安全领域的多边协作仍然受到单边主义的重大挑战和冲击，但至少在经济领域，多边主义已逐渐上升为主要的国际合作形式。进入20世纪之后，多边主义进一步向制度化方向发展，并开启了国际社会组织的新多边主义时代。

多边主义目前在国际法上存在两种不同定义：一是以罗伯特·基欧汉(Robert Keohane)为代表的"形式论"，强调参加多边活动的国家数量，是指三个及以上的国家或者国际组织之间政策协调的实践。① 二是以约翰·鲁杰(John Ruggie)为代表的"观念论"，是指一种在广义的行动原则基础上协调三个及以上国家之间关系的制度合作形式。② 该定义强调在参与方数量的基础上存在的共同观念、原则及机制。因此，结合各种学说的观点，多边主义可以从下列几个方面加以界定。

1. 多方的合作精神

多方的合作精神是指形成多边合作共识，主要强调的是各国之间关于合作的意识形态和理念的协调形成，即认为多边合作的任何活动都要建立在普遍的基础之上。因此，多边主义"不仅仅在观念上缩小了各国关于世界如何运转存在的理念分歧，而且国际共同事务不断以特定的多边组织与协作方式进行合作与运行的国际实践，从而在实践层面上也有助于国际社会规范意识的凝聚和发展"。③ 在这种意义上的多边主义，倡导的是国家主体和非国家主体之间多元合作、共同参与地进行外交活动和国际事务的理念。其已经脱离了具体行为层面，而上升为抽象的国际共同治理准则，不只存在于正式的外交场合和国家间行为领域，而且存在于几乎所有的国际来往活动中，尤其是经济、政治、军事等领域。合作主体除传统的主权国家、国际组织以外，还包括非政府组织和跨国市民组织，甚至也包括个人。在此种意义上，合作理念主导的多边主义包含了经济全球化背景下多边主义的时代演变，代表着全球治理的发展趋向。

2. 多边外交

多边外交是指主权国家通过开展多边对话、谈判与合作等方式来从事外交行为，强调从合作主体的多元化层次上界定国家对外行为和外交政策的实际取向。如同不结盟运动、单边主义、孤立主义和双边主义等外交活

---

① 参见[美]罗伯特·基欧汉：《霸权之后——世界政治经济中的合作与纷争》，苏长和等译，上海人民出版社2006年版，第74页。

② 参见[美]约翰·鲁杰主编：《多边主义》，苏长和等译，浙江人民出版社2003年版，第18页。

③ [美]约翰·鲁杰主编：《多边主义》，苏长和等译，浙江人民出版社2003年版，第4页。

动一样,多边外交被看作国家对外交往战略的一种自利形式,体现的是国家在国际社会交往中的不同选择。

3. 多边互动

多边互动重点体现的是国际法主体之间互动方式的制度的结构性安排,故又可以称为制度性多边主义。多边互动从结构层级上来讲,包括了地区层次和全球层次的互动。不同于多边外交,从结构层级方面来界定的多边互动的概念,多边互动的主体不仅包括国家主体,也包括国际组织等非国家主体。

相对多边主义的协调方式而言,通过双边主义路径解决金融监管法域外适用中的法律冲突问题具有较为明显的不足。如果国家要形成有效的国际治理结构,就要编织双边主义协议的国际网络以覆盖相关问题,姑且不论这些双边协议之间是否协调一致,就双边主义的缔约成本本身而言也是很高昂的。事实上任何国家都不大可能逐一地与其他所有的国家达成双边协定。因此,通过多边主义协调方式解决金融监管法域外效力的法律冲突,甚至在一定范围或监管领域内达成统一实体法不失为解决这一问题的务实有效的路径和方案。

(二)多边主义的形式

"二战"以后,多边主义迎来了黄金发展时期,多边主义的形式出现了多样化的发展,其协调功能得到了强化,多边主义的形式主要体现在以下三个方面。

1. 全球性的政府间国际组织

最被大众所熟知的全球性的政府间国际组织毫无疑问是联合国。由于联合国安理会实行的是常任理事国对安理会决策事项的一票否决制,使得联合国仍然被认为是强权政治、大国话语权的产物。但在20世纪70年代后,由于许多第三世界国家的加入,第三世界的话语权逐渐增强,联合国大会作为一个各国发表意见的大舞台,为促进多边主义的发展发挥着不可替代的作用。而在经济方面,WTO为协调和管理全球的自由化贸易和多边贸易提供了重要的保障。在以美国为主导的国际货币金融体系下,由于IMF和WBG等国际金融组织按照出资比例分配投票权,因而美欧国家享有较大的规则制定权和决策权,但在国际汇率安排、国际储备货币安全与国际金融稳定等方面,该体系仍然一定程度上体现了多边主义的平等协商精神和合作原则,从而促进了国际金融的全球合作。

2. 地区性政府间国际组织

地区性政府间国际组织在"二战"之后发展得尤为迅速,几乎各个大洲都在“二战”后建立了区域性的国际组织，在这之中最能够体现出多边主义原则的，当属欧盟和东南亚国家联盟。区域性的国家组织内部大多强调平等的话语权和充分的协商机制，注重与依靠集体的力量来对抗国际上的大国的强权政治。

3. 国际协调机制

国际协调机制是指一国政府在某些特定领域组织协调国际关系的合作机制。与地区性政府间国际组织一样，国际协调机制也在“二战”后有了高速的发展。各国政府在处理全球性公共事务方面采取的政策都或多或少地体现了多边主义精神。国际论坛是各国为了商谈特定国际事务而举办的国际性论坛，在论坛上，各国可以自由地对该国际事务发表意见，展开磋商和谈判。国际论坛可以分为机制性的论坛和临时性的论坛，当机制性论坛发展到一定阶段，各国就论坛商议到一定阶段，便有可能固定下来，从而演变成国际会议。国际会议是指数个国家为了协商解决各国密切关注的国际问题而召开的会议，是多边外交的表现形式之一。虽然国际论坛也是国际会议的一种，但是国际会议比国际论坛更加正式，相关的程序、目的性也更加明显。各国在参与国际会议时，参与度更高，主要目的是磋商或者缔结相关的国际协议。

“二战”之后迅速发展的多边主义并不是完美的，要想实现真正平等、民主的多边主义需要再走很长的路。传统的多边主义更多地局限于多边外交的层面，主要指国家或者国际组织之间的国际合作，而如今的多边主义，其应用范围已经拓展到多个领域，其内涵也更加丰富。

二、国际金融组织的立法管辖权

(一) 国际经济组织金融管辖权的法律属性

在国际经济法中，国家并不是唯一享有管辖权的实体。国际经济组织也常常被授予职权范围内的立法管辖权，甚至享有一定的行政监管权和司法权。国家和国际经济组织都是国际法的重要主体，都要遵循国际法的基本原则和规则，但它们管辖权的权源与行使方式并不相同。国家是国际社会的基本主体，自然享有国际法上所有的权利和权力，除非受到国际法明确的限定和约束。而国际经济组织的管辖权，其管辖范围和管辖权限，是通过签订相应的组织条约，由主权国家让渡或者授权而产生。金融的全球化给各国带来了超出国家范围的金融合作的需要与挑战，因而由各个主权国家共同建立国际性的金融组织来共同应对挑战，试图协调与消除各国在金融领域产生的管辖权冲突。各国通过制定金融组织的章程来赋予该金融组织相应的管辖权，经国家让渡或者授权而形成的国际金融组织的管辖权会对参与国本身的管辖权产生制约，也就是说，参与国必须遵循它们所签订的国际金融组织的章程，受到该金融组织的管辖和约束。

国际经济组织的金融监管，是指通过签订国际条约而成立的国际组织，对跨国金融问题的国际协调与管理。首先，从权力来源来讲，国际经济组织的监管明显不同于国内的监管机制。国内的监管机制是由本国法律规定，得到权力机构的授权，对本国机构产生直接约束力的监管。而国际经济组织的监管，并没有超越各国主权的权力，也并不是通过各国的制定法加以规定的，且不能对各国产生直接的强制力。其次，监管对象不同。国内监管是对位于本国境内，不论本国或者外国的一切金融机构或者金融市场，以本国法律为标准进行管理。而国际经济组织的监管对象是国际社会的货币金融体系或跨国金融市场，表现为对国际货币体系和全球金融风险与安全的监管。

（二）国际金融组织管辖权的评价

当前，对跨国金融事件的监管仍然是各国分别对发生在其国内的跨国金融事件行使管辖权。此种方式虽然尊重了各国的主权，被各国所普遍接受，但也存在一些难以克服的缺陷。

首先，把条约或者章程赋予国际金融组织的监管责任分摊给各国，实际上并没有很好地发挥金融组织的管理功能；各国分别进行监管，差异性太大，且无法受到有效的监督。其次，鉴于各国国家利益不同，法律制度、经济制度等也不同，各国之间的法律冲突难以避免，而国际金融组织并没有为各国之间可能发生的法律冲突提供协调机制或者解决办法。最后，国际金融组织并没有为各国如何执行监管提供准确可行的标准及规则，也没有对违法行为提出统一的处理办法，造成监管的施行困难。通过上述讨论，我们可以看出，仅仅由各国分别承担监管责任、行使管辖权的现状已经难以维护当前的国际金融安全。因此，为了建立更加良好的国际金融秩序，国际社会仍在探讨由国际金融组织直接对各国行使管辖权的有效途径。

随着金融全球化的发展以及国际合作与共谋发展原则的深入人心，20世纪40年代以来，以国际组织为核心的国际金融监管协调与合作体系已初步形成。国际组织作为促进多边主义发展的一种形式，主要是为了适应在当前金融全球化的环境下，对于超越单个国家范围的金融领域的合作需要，而由主权国家或者其他国际法主体建立起来的。它的产生与运作不仅为国际协调与合作提供了常设性的机构和场所，而且更重要的是使这种交流与合作走向国际多边化与制度化的发展轨道。[①] 国际组织的这种制度功能对于减少和消除国际金融管辖权冲突同样发挥着重要的作用。国际组织的协调与管理功能既包括管辖权分配的程序性协调,也包括实体规则的协调与合作,本部分主要围绕金融监管域外管辖权的协调与分配进行阐述,有关实体规则的协调与合作将在其他章节详细阐述。

综上所述,我们可以看出,当前国际金融领域的管辖权已表现出多元化的发展态势。而且这种趋势已经从单一的国家体制迈向了国家间合作体制和全球一体化体制并存的时代,甚至出现了一些超越国家管辖和治理机制的萌芽。因此,对于跨国金融案件的管辖与监管合作也必然带有国别性管辖和国际性管辖的多元复合性。但我们也应当认识到,国家主权原则仍然是当前国际秩序的基础,是当前国际社会运行的基石,国家体制仍是国际社会的主要体制。对于国际金融秩序的监管来说,无论是管辖权的范围还是行使管辖权的效率,国家管辖权都是最基本且最有效的。国际组织就其本质而言,还是国家间的组织,而非国家之上的机构。

三、欧盟的金融监管权

位于国家内部金融监管和全球性金融监管组织中间的区域性金融监管组织具有承上启下的作用。做好区域内的国家间金融协调与合作,是迈向全球化金融协作的必经之路,区域性金融监管组织为全球性的金融合作奠定了良好的基础,并且提供了良好的范例。同时,由于区域内的国家可能存在某些地区特色,从这些地区特色出发建立起来的区域性经济组织能够有效地照顾到区域内各个国家的利益。从收到良好效果的区域性金融组织出发进行探索,能够更好地了解全球性金融组织内部核心国家的利益与动机,从而为探索建立更广泛的全球性金融监管组织奠定良好基础。从当前世界来看,欧盟的区域性金融监管协调与合作发展最为顺畅,统一监管的层次与水平相对较高,取得的成效也最为突出。而最重要的是,欧盟的金融监管对于各个成员国来说,都是具有法律约束力的,这一定程度上代表了区域内的统一监管模式,也可能代表着未来金融统一监管的全球发展趋势。

(一)欧盟金融一体化与金融监管改革

在欧盟内部,金融监管权一直是成员国保留的金融主权事项。随着欧

① 参见吴永辉:《全球治理中金融监管制度创新对上海的启示》,载《上海政法学院学报(法治论丛)》2011 年第 3 期。

盟单一市场的形成和经济融合的深入发展，欧元的诞生和货币的统一是欧盟经济一体化的必然要求。经济与货币的一体化对欧盟范围内的金融监管权和法律冲突的协调提出了新的要求。针对欧盟范围内的金融监管协调与合作、超级监管机构设立以及统一监管政策等系列重大问题，经过统一监管与国别监管的比较分析，大多数欧盟政策理论研究者和政府官员倾向于设立统一的金融监管机构，负责欧盟金融服务单一市场的统一监管。事实上，随着欧盟范围内的金融服务贸易自由化与欧洲单一市场的发展，各成员国和欧盟层次的金融监管改革也一直在同步进行。

德洛尔报告是经贸联盟的重要组成部分，该报告的起草者提出授权欧盟层面的中央货币机构行使部分金融监管功能，也即授权欧洲中央银行体系参与各成员国的银行监管政策制定。负责联盟条约中有关欧洲中央银行体系条款起草工作的中央银行行长委员会将银行审慎监管作为欧洲中央银行体系的四大基本任务之一。① 在有关经贸联盟的成员国政府间大会上，该行长委员会就其草拟的欧洲中央银行体系审慎监管条款作解释时认为："制定相关条款基于三点考虑。第一，尽管欧洲中央银行体系在宏观经济水平上审慎运作，但它仍需广泛监督金融市场和金融机构的发展。因此，它需要拥有完备的对其执行监管职能有价值的工作技能。第二，欧洲中央银行体系稳定价格目标的实现需要共同体提供稳定与良好的银行体系进行相应的支撑。第三，处理银行体系的不稳定与混乱的措施需要考虑欧洲中央银行体系的货币政策与目标的效果。"②由于成员国对条款内容存在较大的分歧，因而条款草案未能获得通过。而欧盟政府间大会也没有达成具体的协议来确定共同体与成员国间或者位于同一层级的机构间的责任，以及欧洲中央银行体系在该领域的地位如何。

条约的最后部分条款规定将审慎监管作为欧洲中央银行体系的一种附加职能，仅仅要求它促进各成员国顺利执行审慎监管信贷机构和维护金融稳定方面的政策。各国对于该条款的理解不一。如中央银行的职责是否局限于纯粹的指导性行为？中央银行是否有权在政策或者规则制定方面采取措施？等等。虽然该条款没有明确审慎监管相关行为的性质，但由于规范交易行为、最后贷款人职责、运作支付体系和组织存款保险等金融

---

① 德洛尔委员会设想的欧洲中央银行体系具有四个方面的使命：一是确保价格稳定目标的实现；二是在不影响价格稳定目标的情况下支持共同体（联盟）的总体经济政策；三是负责货币政策的制定和实施、汇率和储备的管理以及维护支付体系的正常运转；四是参与各成员国监督机构的银行监督政策的协调。

② See Doc. CONF/EMU1617/91 of 5 Sept. 1991, Pt. Ⅱ "Prudential Supervision", p. 4 – 5.

监管事项与金融体系的宏观稳定之间的密切关系，笔者认为，为了能够履行维持欧盟金融体系和金融稳定的职责，《欧洲联盟条约》仍旧隐晦地赋予欧洲中央银行体系一定的金融监管权力。质言之，不论成员国如何努力使《欧洲联盟条约》不将银行监管问题提升至欧盟水平，但欧洲货币一体化必然促使欧洲中央银行体系在金融监管领域发挥潜在的影响。事实上，由于金融业的稳定与货币政策又有着密切的联系，欧盟成员国还是通过《欧洲联盟条约》赋予欧洲中央银行和欧洲中央银行体系一定的审慎监管权。

根据《欧洲联盟条约》第 105 条第 6 款的规定，部长理事会可根据委员会的提案，在咨询欧洲中央银行后对除保险之外的信贷机构和其他金融机构进行审慎的监管。事实上，有关货币政策的立法也具有审慎监管的效果。传统上，对于陷入困境的银行，中央银行可以发挥最后贷款人的作用来提供流动性支持。但是，最后贷款人的监管措施却并没有相应的法律依据。不过，欧洲中央银行对维持欧盟支付体系的平稳运转负有监管责任，包括向信贷机构提供融资便利。就提供短期流动性而言，欧洲中央银行仍具有执行最后贷款人这一职能的潜力。此外，大规模的金融整合趋势会使国家间的界限变得模糊。即使可以明确判断一个银行的问题是国内金融问题，但它可能很快演变成欧洲范围内的问题，使欧洲中央银行在欧洲联盟范围内采取统一监管措施有正当理由。

（二）欧洲中央银行体系的法律地位

根据《欧洲联盟条约》和《欧洲中央银行体系与欧洲中央银行章程》（以下简称《欧洲中央银行体系章程》）的规定，欧洲中央银行体系于 1999 年 1 月 1 日在德国的法兰克福正式成立，行使欧洲货币机构的职责。该银行体系包含了欧洲中央银行以及各成员国的中央银行。从形式上来看，欧洲中央银行体系类似于二元中央银行，即它是由欧洲中央银行与成员国中央银行共同组成的。

虽然欧洲中央银行体系包含了 16 个银行机构，但是需作为一个整体来行使对欧盟成员国的金融职能。欧盟各成员国的中央银行都是该体系中不可分割的一部分，且必须接受欧洲中央银行的指导。而欧洲中央银行作为欧盟层面中最高一级的银行，是整个体系的核心与管理机构，必须保证能将《欧洲联盟条约》所赋予其的任务顺利完成或者通过各成员国顺利完成。欧洲中央银行由首脑理事会、执行董事会和总理事会组成。首脑理事会由欧洲中央银行执行董事会成员与各成员国中央银行行长组成，是欧洲中央银行的最高决策机构。执行董事会由总裁（欧洲中央银行的行长)、副总裁(副行长)和其他四名成员组成。执行董事会应当在首脑理事会的指导下,执行首脑理事会制订的计划与政策,并对各成员国的中央银行进行指导。总理事会是一个过渡性的欧盟机构,只要有成员国受主客观条件的限制还没有成为欧元区成员,总理事会就会对这些成员国发挥作用,即促进欧洲中央银行和欧洲投资银行在这些非欧元区成员国国内履行相应的任务。

虽然各个成员国的中央银行会受到欧洲中央银行的管辖,但在不与欧洲中央银行冲突的前提之下,仍然具有相对独立性,可以实施规定在《欧洲中央银行体系章程》中的其他行为。也就是说,各成员国的中央银行具有双重属性:一种是作为被欧洲中央银行管理的机构,履行其制定的政策;另一种是作为成员国的中央银行,履行相应的职责。

欧洲中央银行体系作为欧洲中央银行和各成员国中央银行的组成体,是一种超国家的机构,承担不同于国家内部中央银行的职责。《欧洲联盟条约》赋予欧洲中央银行以独立的法人资格,并且规定其在欧盟各成员国也享有与法人一样的权利,并且在各成员国履行必要职责时可以享有特权和豁免权。除《欧洲联盟条约》和豁免权协定书中规定的特权和豁免权之外,欧洲中央银行还享有免除税收的特权。而各成员国的中央银行的法律地位,均由各成员国的相关法律约定,不能等同于欧洲中央银行。

欧洲中央银行体系是整个欧盟的中央银行,被欧盟赋予独特的法律地位以及金融管理的职能。其首要的任务就是维持欧元币值稳定,在这个前提之下,欧洲中央银行应当支持欧盟的总体经济政策,促进欧盟的共同发展。《欧洲联盟条约》规定了欧洲中央银行体系应当遵守的两个基本原则:一是促进资源的有效配置,促进欧盟自由竞争、高度开放的市场的形成;二是稳定欧元币值,实施健全的财政政策,维持收支平衡。

为实现上述基本目标,欧洲中央银行体系在金融货币领域被授予广泛的权力。根据《欧洲联盟条约》第 105 条和《欧洲中央银行体系章程》第 3 条的规定,欧洲中央银行体系有如下基本任务:

1. 制定并且实施整个欧元区的货币政策。欧洲中央银行体系是欧盟唯一可以发行或者授权发行具有法偿能力的货币的专门金融机构,此项专有权力由欧洲中央银行的首脑理事会来行使。各成员国中央银行可以根据首脑理事会的授权在本国范围内发行欧元纸币或者欧元硬币。

2. 根据欧盟理事会确立的欧元汇率制度,具体管理和监督外汇业务。针对非欧元区国家的货币汇率问题,欧洲中央银行体系要提出一些建议和咨询意见。同时，在欧盟与其他国家或者国际组织产生相关汇率问题时，也需要给出咨询意见。在欧盟与欧洲自由贸易联盟相关问题上，欧洲中央银行需要在国际立场上给出咨询意见。

3. 在尊重成员国管理本国外汇周转与结存自由的基础上，管理欧元区成员国交存的外汇储备。

4. 保障和促进跨境自动结算系统的顺畅进行，实施货币联盟政策的支付都需要通过该系统来结算。

5. 促进成员国政府顺利执行审慎监管信贷机构以及维护欧盟金融体系的政策。

6. 在职权范围内制定相应的规则，并且对各成员国产生约束力。同时，对于不遵守欧盟监管规则的成员国，欧洲中央银行体系可以行使一定的处罚权，处以罚金或者罚款。各成员国制定的或共同体（联盟）的法律，若属于欧洲中央银行体系的职权范围，都应当咨询其意见。

（三）欧洲中央银行体系的统一监管功能

1. 监管目标

虽然各国的货币政策权力自欧洲中央银行体系成立时就移交了，但各国却保留了本国金融监管的权力。但实际上货币政策与金融监管政策的职能是难以截然区分与隔离的。《欧洲联盟条约》在规定欧洲中央银行体系“维护金融体系的稳定”的职责的同时，紧随其后规定了欧洲中央银行体系对“信贷机构的审慎监管”的职责。《欧洲联盟条约》要求欧洲中央银行体系在从事审慎监管时既应考虑宏观的货币政策稳定，又要考虑对微观金融机构进行审慎监管的特定目的。这些复合型措施既是货币政策，也是为维护货币稳定而实施的特定金融监管政策，从侧面反映了货币政策和金融监管政策在政策和法律上的密切关系。事实上，当作为超主权国家的欧盟中央银行体系在行使直接监管的特定任务时，就是在欧盟范围内统一行使相应的金融监管权。因此，在特定目标与特定任务的有限授权下，欧洲中央银行体系被赋予全欧盟范围内统一性的金融监管权。

相对金融监管的宏观指导职责而言，欧洲中央银行体系的具体监管职责则不是很清晰。其中的一个重要原因在于《欧洲联盟条约》并不想将此重大职责授权给欧洲中央银行体系，抑或欧盟成员国就此并没有达成一致意见，而是将此种监管权力和措施继续保留在各成员国手中。此外，成员国中央银行行使的监管权源于本国的制定法，而非依据《欧洲联盟条约》或者《欧洲中央银行体系章程》。

尽管如此，《欧洲联盟条约》也规定了欧洲中央银行体系具有促进各成员国政府执行金融机构审慎监管政策的协调责任。“欧洲货币机构应就属于各国中央银行主管范围之内的监管事项和影响金融机构与市场稳定的事务进行磋商。”①从《欧洲联盟条约》的这些相关规定可以看出，欧洲中央银行体系的审慎监管仅仅是对成员国宏观货币政策的协调。通过欧洲中央银行体系和成员国货币政策的制定与实施，欧洲中央银行体系在必要时给予各成员国充分的货币或外汇支持，从而保障欧元区审慎监管政策的有效实施。由此可见，欧洲中央银行体系并没有完全的监管权，也没有取代各成员国的监管职权。

《欧洲联盟条约》第 105 条第 6 款规定：“理事会经征询欧洲中央银行的意见并取得欧洲议会的同意后，可以向委员会提议，并以全体一致同意作出决议，在有关审慎监管信贷机构和除保险以外的其他金融机构的政策上，赋予欧洲中央银行以特定的监管任务。”由此可见，条约的立法宗旨仍然着眼于宏观政策的协调和审慎监管，并没有明确赋予欧洲中央银行体系对金融机构的一般监管职能。但是，该条款仍为欧洲中央银行体系取得监管权提供了依据。其被授权以“特定任务”维护欧盟的货币金融政策目标，该项特别授权可以从两个方面理解。一方面，为了在欧元区实施充分的宏观审慎监管，欧洲中央银行体系完成“特定任务”最常见的工作形式应该是制定宏观货币政策协调方面的规则与建议。另一方面，该“特定任务”也有可能是行使必要的直接监管权。由于成员国单一性的国别监管难以应对日益复杂的跨国金融活动，欧洲中央银行体系则能够通过统一审慎监管职责的行使，以保证制定的货币金融政策能够在欧盟有效施行。因此，欧洲中央银行体系在审慎监管方面会被理事会赋予制定相关规则与承担直接监管职责的“特定任务”。因此，严格地说，虽然欧洲中央银行体系并非欧盟专门的金融监管机构，但根据条约的相关规定却又在事实上赋予了欧洲中央银行体系一定的金融监管职能。

2. 监管范围

为明确欧洲中央银行体系的审慎监管职能和范围，欧盟制定和出台了一些相关政策和规定。如《共同体第二银行指令》规定，为建立统一的欧洲金融服务市场，保障各类金融机构在共同体市场的良好运营，成员国应相互认可其他成员方金融机构的开业许可和母国的审慎监管措施，并确立相互认可的最低审慎监管标准。审慎监管措施较为全面地吸收了 BCBS 等国际组织的标准和建议，对金融机构股东和高管人员的任职要求、金融

① See EC Treaty Art. 109 - 2, Also see EU Treaty Art. 9 - 2.

机构的内控机制和公司财务会计制度以及金融机构的清偿能力等方面进行全程审慎监管。至于保留给成员国监管的核心事项以外的审慎监管措施是否是欧洲中央银行体系的监管范围,目前尚缺乏明确的界定。欧洲大多数学者将《共同体第二银行指令》依性质进行分类,列举出一些专属于东道国实施的监管措施,而成为母国监管原则的例外。这些监管措施包括流动性监管、货币政策的实施、统计数据返还要求、一般动产利率规则。除此之外,由于存款保险、支付体系的运作和最后贷款人等措施与欧盟货币金融体系的稳定密切相关,因而欧洲中央银行体系在实施这些措施方面能够发挥独特的协调与监管作用。值得注意的是,在上述的审慎监管措施中,最后贷款人制度一般由成员国负责制定和实施。除非欧盟成员国明确同意或经其授权,欧洲中央银行体系才能参与或者实施最后贷款人职能。

为维护欧盟支付结算体系的稳定和安全,《欧洲联盟条约》赋予欧洲中央银行体系特别监管职责,主要涉及最后贷款人的地位与作用问题。该条约虽然并未明确欧洲中央银行体系的最后贷款人职责,但却允许欧洲中央银行采取一定监管措施,会同各成员国中央银行一起,监管金融机构或其他金融主体从事信用运作,从而实现欧洲中央银行体系在支付环节的监管目标。如果涉及支付结算体系的最后贷款人措施,考虑到欧元区金融市场的整体安全,欧洲中央银行体系可以自行运作其资产和信用,实施最后贷款人等相关监管措施,而不必征求成员国中央银行的授权或同意。此外,为促进和保障欧盟支付与清算系统的顺利进行,以保证在欧盟内外建立稳定高效的支付与清算系统,《欧洲联盟条约》还要求欧洲中央银行体系应提高自身对信用运作的监管能力,鼓励与成员国中央银行建立信用合作与协调的操作流程与标准,从而共同维护欧洲支付系统的健康稳定发展。

3. 协调监管地位

在银行审慎监管领域,《欧洲联盟条约》明确授权欧洲中央银行体系协调监管的职能,主要通过立法指导职能体现出来。任何草拟中的共同体(联盟)法令(条例、指令、决定、建议、意见)只要与欧洲中央银行体系的业务范围有关均应征询其意见。根据《欧洲联盟条约》第 105 条第 4 款的规定,成员国就其有关欧洲中央银行体系业务范围内的相关立法应向欧洲中央银行体系咨询,但应符合理事会发布的限制与条件。除给出咨询意见外,《欧洲联盟条约》还授权欧洲中央银行体系可以在职权范围内向欧盟机构或者成员国政府机构递交意见,这就体现了欧洲中央银行体系通过对各银行执行审慎监管政策提出意见和建议来实施自己的审慎监管职能。

不仅如此,各共同体(联盟)机构和各成员国当局还应就信用机构的审慎监管和维护金融体系稳定方面所制定的法律及该法律的执行问题向欧洲中央银行体系咨询。

第四章　国际金融监管法律冲突的司法管辖权协调

第一节　司法管辖权的谦抑行使

一、国际礼让原则

国家的司法机关在处理因并行管辖权所带来的法律冲突时，经常遵循国际礼让原则，这是一项传统的“黄金规则”，在处理各种国际关系时具有十分重要的地位和意义。[①] 在国际法领域，国际礼让首先是作为国际私法理论，用来解决涉外民商事纠纷的法律适用问题，后来逐渐被移植到公法领域，作为经济监管法域外适用的理论基础。

（一）国际礼让原则的演变

在欧洲中世纪时代，在解决涉外民商事纠纷时，各封建领主遵循严格的属地主义原则，概不承认法律的域外效力。但由于社会的发展，欧洲封建社会后期，各国家或封建领主在处理涉外法律冲突时，需要在一定程度上适用外国法。在如何构建适用外国法的理论基础和如何适用外国法方面，产生了一系列的学说，如本地法说、既得权说、最密切联系说、政府利益分析说、法律关系本座说、法则区别说、国际礼让说等。这些学说在不同历史时期对如何适用外国法起到了一定的指导作用，同时也为域外管辖权的行使提供了理论依据。

法律冲突上的国际礼让最早源于国际私法中的荷兰学派。[②] 17 世纪上半叶，荷兰法学家在受到达让特莱（D'Argentre）的法律属地主义和格劳秀斯（Grotius）“国家主权”概念的影响后，提出了主权国家之所以能适用外国法，是因为主权国家之间存在“礼让”的行为，并以此为基础构建了以国家主权观念为依托的法则区别说。荷兰学派的代表人物巴托鲁斯（Bartolus de Saxoferratis）认为，每一个独立主权国家都具有排除任何外国

---

① See Maier & G. Harold, *Extraterritorial Jurisdiction and the Cuban Democracy Act*, 8 Florida Journal of International Law 394 (1993).

② 参见韩德培主编：《国际私法》（第 3 版），高等教育出版社、北京大学出版社 2014 年版，第40～41 页。

法适用的基本权利和本质属性。但是，出于商业活动交互发展的客观需要，又不得不出于相互尊重和相互礼让，在一定范围内承认外国法的域内效力，只要这种承认不与本国主权和利益相悖。另一法学家约翰·伏特(John Voet)也认为主权概念本身意味着排除外国法的适用，至于事实上适用外国法，仅是例外情形，这种例外往往是出于国际商业活动的现实需要。因此，"礼让"的最初含义是在其领土范围内具有绝对权力的主权国家在不否定和不减损自身主权和根本利益的前提下，可以在本国法院承认、适用或执行外国法律。

荷兰法则区别说的另外一位杰出代表胡伯在承继早期学者思想的基础上，提出了系统的国际礼让理论。胡伯在其著作《论罗马法与现行法》中提出了著名的三项原则：第一，主权国家的臣民，应是所有居住在其境内的人，包括常住与非常住居民；第二，主权国家的法律只对其臣民有约束力，在国外则没有；第三，每个主权国家的法律只在其境内生效。礼让行为具有相互认可和接受的意思，实施该法律的主权国家应当允许其他国家的法律在其境内有效，只要其他国家法律的实施不会损害本国的主权权力和臣民的利益。严格来说，前两项原则是对根据国家主权平等原则发展起来的国家管辖权原则的重述，胡伯只是进一步强调了传统的属地管辖原则；第三项原则阐释的是外国法在本国适用的根据和条件，因而只有第三项原则才是国际私法原则。① 该项原则强调为了方便国际经济交往，法院地国有承认和适用外国法律的必要。因此，人们常把荷兰的这种法则区别说称为国际礼让说。

胡伯的国际礼让说表明国家不可以全然不顾及国际礼让原则而断然拒绝外国法的效力，所有国家的法院都不应该一味地反对法律的域外效力。在合适的时候，国家应该在其领土之内认可外国法的域内效力。胡伯提出的国际礼让原则在如何解决适用外国法这一问题上，把出发点放在了如何维持国家关系和维护国家利益上，强调对外国法的适用单纯是出于礼让，是一种礼仪性的互惠及互相尊重。申言之，该学说表明了法律域外适用的性质，承认外国法的效力是内国礼让和自己考虑的结果，而非外国主权强迫使然。

胡伯的学说首先在欧洲产生了重要影响，德国学者迈尔(Maier)在继承其学说的基础上，进一步提出了适用外国强制性规则的主张。如果依照

---

① 参见韩德培主编：《国际私法》(第3版)，高等教育出版社、北京大学出版社2014年版，第42页。

行为地的形式要件成立合同，其在物之所在地也有效，除非该行为地由于其他规定而归于无效，原因就在于“礼让”，各个民族相互之间接受他们的法律。[①] 这种思想不仅指出了法律域外适用的理论依据，也为各国强制性规则域外效力的冲突提供了解决思路。胡伯的礼让原则传播到欧洲大陆之外的国家和地区，对英美法系国家的冲突法理论和实践也产生了重要影响，逐渐成为英美冲突法理论的重要源泉之一。美国著名法学家斯托里在他的著作《冲突法评论》中沿袭了胡伯的国际礼让理论，并且以英美司法判例为依托，提出了解决法律冲突的三项基本原则：第一，主权国家在其领土范围内享有属地优越权和排他的专属管辖权，其颁布的法律约束其领土范围内的所有人、物和行为。第二，一国颁布的法律不能对其领土范围外的人、物、行为产生法律效力或约束力。第三，外国法律能否在该主权国家适用，应该根据该国的规定，在不违反该国主权和国民利益的限度内有条件地适用外国法。一国的法律在另一国能否发生效力，取决于另一国法律上明示或默示的同意。[②] 斯托里的第一项原则融合了前述胡伯的第一、二项原则，而第二项原则不过是换了一种方式复述了胡伯第二项原则后半句的意思，第三项原则明确了国际礼让原则在实质上应作为国内法律对外国法加以适用。

斯托里不赞成荷兰学派认为法天然具有域外效力的自然法观点，亦不认同国际礼让是习惯国际法加于主权国家的一项基本义务。相反地，他认为国家领域内的人、物和行为应当遵循国际法上的属地主义原则，因而国际礼让原则首先应以国内法的形式出现。从国际私法学说的演变历史来看，斯托里的观点又一次回归到了过去狭隘的传统国家中心主义。但是，他从国内实在法的角度出发，强调主权国家适用外国法的自主的绝对权力，为国家管辖权冲突和法律适用冲突的单边性调节奠定了理论基础。斯托里还认为，为维护国家间的正常往来，在外国法与本国法的规定和利益不相冲突时，应当推定此项外国法已被本国法院承认和接受。也就是说只要本国法未明文规定禁止适用外国法，本国法院就可以根据国际礼让原则适用外国法。

19 世纪末期，美国开始在实践中实施国际礼让原则。美国联邦最高法院在著名的布尔顿诉盖约特案的判决意见中体现了国际礼让原则在近现代的意义：“它（礼让）是一国基于国际礼让与方便以及保护本国公民或

---

① 参见杜涛：《德国国际私法：理论、方法和立法的变迁》，法律出版社 2006 年版，第 85 页。

② 参见周忠海等：《国际法学述评》，法律出版社 2001 年版，第 957 页。

受本国法律保护的其他人的利益的双重考虑,承认他国立法、执法或司法行为在本国领土范围内的效力。”①

通过考察国际礼让原则的发展轨迹,我们发现国际礼让原则在不同的历史时期,其内涵是不尽相同的。从中世纪末期直到近代,国际礼让原则一直用来解决外国法在内国法院的适用问题。胡伯等法学家提出的国际礼让原则,重点要解决的问题是当法院处理涉外案件时,在其领土范围内享有绝对主权权力的民族国家,如何合理选择和适用外国法律和政策。而近现代的国际礼让原则渐渐超出了法律选择适用的本意,扩展到了域外管辖权的行使和本国法律的域外适用。也就是说,近现代时期的国际礼让原则是主权国家在处理涉外案件时,是否有必要进行一定程度的“自我限制”。从这个意义上来说,此时的国际礼让原则规制各主权国家之间的往来行为,即各国都应尊重其他主权国家的法律法规和其他正当利益,相应地,其他主权国家也应当在相同或相似情形下“回馈”此类“自我谦抑式”的域外管辖权行使。

综合看来,国际礼让原则的内容分为两部分。一方面,是指与其他国家保持友好的外交关系,强调对其他主权国家权益的尊重与礼遇以及对等承认的重要性。另一方面,国际礼让原则还表现在对国际法律冲突的协调功能,国家在调整涉外经济活动时,在一定程度上适用外国法律或主动限制自己行使域外管辖权方面的主权权力。因此,国际礼让原则具有外交关系和跨国法律的双重属性,既是一种政治外交行为的国际道德标准,也是解决跨国法律冲突的一种法律分析方法。

如果考虑到国际礼让原则发展历程中的利益平衡方法,从管辖权冲突协调的角度来看,国际礼让是指一国基于国内法的规定或国际交往的互惠便利,出于对另一国立法、行政或司法的并行管辖权的尊重,单方面作出的对域外管辖权的节制和谦抑。

(二)国际礼让原则的性质

传统国际法学说认为,互惠诉求是国际礼让原则得以遵守的基础。“国际法必须建立在如下的基石之上,即有约束力的规则必须源自互利互惠,源自避免若不如此将导致不便的可能,源自对正义的道义追求以及正义为人类所用的企盼。”②在国际交往中,互惠平等是十分必要的,一国通

① Hilton v. Guyot,159 U. S. 113(1895).

② Joseph Story, *Conflict of Laws*,11 American Jurist and Law Magazine 365(1834).

过礼让得到他国日后的互惠待遇,对国家而言是一种"天然利益"①。这种平等互惠要求并非源自国际法意义上的基本法律原则,因而不具有国际法上的约束力。诚然国际礼让原则不是天然的法律义务,但却是源自人作为具有社交属性的物种,本性中的一项基本行为准则,是人类社会在发展过程中互惠行为产生后预期的必然结果。因此,国际礼让原则不是一项国际法原则,而是人类"互惠预期的现实主义反映"②。

除因实际利益需求而给予互惠要求外,域外管辖权在国外行使的不便也是国际礼让原则得到遵守的原因之一。诚如胡伯所言:"尽管一国法律在另一国并不具有直接效力,但如果某一交易活动依一国法律为有效,而在另一国却由于法律上的差异而成为无效,这对于国家间贸易和交流而言是一种极大的不便。"③"礼让是一个国家在本国领土上对另一个国家立法、执行或司法行为的扩展承认。它不是一种法律规则,而是一种方便和权宜之计。除礼貌和便利之外,礼让不具有强迫性质或义务性质;它只是一个国家对国际义务、便利和其他法律保护的个人权利的适当尊重和理解。"④

无论国际礼让原则是出于国际交往平等互惠的自然本性,还是出于管辖权便利行使的实用功能主义,其都缺乏明确的法律界定,从而很难说明其法律属性。从国际实践来看,也很难找到足够确切的法律和案例来证明国际礼让原则已作为一项国家间普遍遵守的法律义务被全世界广泛接受,至少在现代国际礼让原则发祥地的美国普遍不认为国际礼让原则是国际法义务。正如美国最高司法权威——联邦最高法院所言:"从法律意义上讲,国际礼让既不是一项绝对的义务,也不是一种纯粹的礼貌和善意。"⑤国际礼让原则是介于法律与道德之间的一项国际行为准则。值得注意的是,随着全球经济自由化和一体化的深入,已有越来越多的国家认识到国际礼让原则在管辖权冲突协调中的作用,尤其是在处理平行或并行管辖权的经济案件中起到了明显作用。为了弥补国际礼让原则法理基础不明确

---

① Maier & G. Harold, *Extraterritorial Jurisdiction and the Cuban Democracy Act*, 8 Florida Journal of International Law 393 (1993).

② Maier, *Jurisdictional Rules in Customary International Law*, in Meessen and M. Kar eds., Extraterritorial Jurisdiction in Theory and Practice, Kluwer Law International, 1996, p. 70 – 71.

③ Davies & Llewellyn, *The Influence of Huber's de Conflictual Legum on English Private International Law*, 18 BYIL 49 (1937).

④ Maier & G. Harold, *Extraterritorial Jurisdiction at a Crossroads: An Interaction between Public and Private International Law*, 76 Am. J. Int'l L. 281 (1982).

⑤ Hilton v. Guyot, 159 U. S. 113 (1895).

的不足，加强国际礼让原则的法律效果和约束力，一些国家通常通过系列双边协议的形式把所谓的国际礼让原则固定在条约中。因此，晚近国际礼让原则有上升为国际条约义务的发展趋势。

（三）国际礼让原则的实践

国际礼让原则在国际关系中应用比较广泛，但由于国际礼让原则本身缺乏明确的界定，也导致了该原则在国际实践中的复杂多变。来自英国的国际私法学家戴西（Dicey）在其著作《冲突法》初版中就明确指出，国际礼让原则是“一个因语言含混和概念模糊造成的思想混乱的怪物”。在他和莫里斯（Morris）共同的著作《冲突法》中，他们更进一步认为，国际礼让原则既可以重塑冲突法，也可以被用作调整法律效力冲突的法律适用工具。此外，国际礼让原则经历了漫长的历史演变，其内涵和外延都发生了深刻的变化。由于这些因素的影响，造成了国际礼让原则在国际社会实践中的复杂情形。至少在作为现代国际礼让原则发祥地的美国，也是在各种不同的国际场合中使用，并没有做出明确的区分。

国际礼让原则可以被援引以示美国法院对另一国法律或法院判决的尊重。[①] 如有判例曾表示，“外国法院的决定应该受到礼遇，如果该法院正确行使了管辖权而且其裁决没有违反法院地国的公共政策”[②]。另一份法院判决将礼让定义为“一国在其本国领域内对另一国立法、行政或司法行为的认可（recognition），以示对国际责任和便利以及本国公民或其他在其法律保护之下的人的权利的适当关照”[③]。在不方便管辖的情形下，美国法院也经常根据自由裁量权以国际礼让为理由拒绝受理一个案件，即如果“事实证明，该外国法院是一个拥有管辖权限的法院，而且法院地国的法律和公共政策以及其居民的权利均不应被违反”[④]。值得注意的是，由于国际礼让原则和不方便法院原则共享一些基本原理，因而在作出不方便管辖的裁定时，这两项原则常常被同时考量。但是，考虑到国际礼让原则一旦作为独立原则来适用，就有很大的可能性驳回某些类型的国际证券欺诈诉讼。因此，国际礼让原则作为一项独立原则，美国在其适用效力方面的司

---

① See Angiolillo & D. Bruce, *The Power of the Federal Courts to Hear Securities Fraud Claims Arising from International Transactions*, 1136 PLI/Corp. 502 (1999).

② Pogostin v. Pato Consol. Gold Dredging, Inc. , No. 79 Civ. 5433 (S. D. N. Y. March 23, 1981).

③ Allstate Life Ins. Co. v. Linter Group Ltd. , 994 F. 2d 996, 998 – 999 (2d Cir. 1993); Hilton v. Guyton, 159 U. S. 113, 164 (1895).

④ Allstate Life Ins. Co. v. Linter Group Ltd. , 994 F. 2d 996, 998 – 999 (2d Cir. 1993); Hilton v. Guyton, 159 U. S. 113, 164 (1895).

法实践仍有所节制。①

尽管国际礼让的界定和适用情形在各国并不一致，但并没有因此影响该原则在美国司法实践中的扩大适用。“二战”后，由于美国域外管辖权的扩张行使造成了涉外法律冲突问题的泛滥，并引起其他国家的强烈抗议和立法抵制。为减缓域外管辖权上的国际司法冲突与矛盾，美国开始在经济监管中尝试推广国际礼让原则，以适当阻止美国比较激进的域外管辖权扩张，并由此导致该原则的适用范围逐渐由私法领域扩展到经济监管法和司法行政等公法领域。

在 1976 年发生的木材公司（Timberlane）案②中，美国法院审查了“基于国际礼让和公平精神的考虑行使域外管辖权的适当性”，并列明了具体的参考要素：本国与外国法律冲突的激烈程度，相关执法措施能够得到遵守的程度，被诉公司与企业的法人国籍、住所与主营业地，案件对美国和其他相关国家产生的效果和影响的重要性比较，对美国市场和商贸产生显著影响和损害的主观恶意程度，相关行为对美国境内效果的可预见性，境内外相关违法行为的严重程度比较等。美国法院考虑这些因素的行为，可以认为是在某种程度上反映了美国在行使域外管辖权时，因顾及国际礼让原则而作出的自我权力限制和约束，开始回归到带有“国际协调性”的单边主义，也在一定程度上标志着美国在域外管辖权行使上“扩张性”单边主义的收缩。1982 年美国参众两院通过了《外贸反托拉斯促进法》，专门针对出口贸易和单纯发生在国外的行为对美国国内市场秩序的影响作出了规定。明确规定管辖权扩及那些对美国国内工商业或进出口贸易具有“直接的、重大的和可合理预见的”影响的限制竞争行为，这部法律从立法的角度进一步扩张了域外管辖权，甚至有些司法机关认为《外贸反托拉斯促进法》的域外管辖执行标准比美国铝业公司（ALCOA）案的判例标准更为严格。立法规定虽然如此，但在司法实践中，美国法院却通过对国际礼让原则的灵活适用，审慎地行使域外管辖权，较好地弱化了域外管辖权扩张的锋芒，减少了司法管辖权的冲突和矛盾。

国际礼让原则在经过国际私法理论的指引和淬炼后，并经过美国立法和司法机关的法律实践，逐渐发展演变为美国经济监管法域外适用的重要指导原则，或者说国际礼让原则是一定程度上尊重和考虑他国司法管辖权的衡平原则，对于约束和限制美国域外管辖权的过度行使起到了重要的谦

---

① See Angiolillo & D. Bruce, *The Power of the Federal Courts to Hear Securities Fraud Claims Arising from International Transactions*, 1136 PLI/Corp. 504 (1999).

② Timberlane Lumber Co. v. Bank of Am. ,549 F. 2d 597(9th Cir. 1976).

抑作用。但是,正如国际礼让原则跌宕起伏的发展演变历史一样,美国的司法实践也是复杂多变的。在1993年发生的哈特福德火灾保险公司案中,美国联邦最高法院的判决对国际礼让原则作出了重大调整,[①]标志着国际礼让原则在司法实践中的重大转变。哈特福德火灾保险公司是英国一家主营再保险业务的公司,与美国的保险公司经常进行再保险业务的国际合作。英国哈特福德火灾保险公司在制定与推销相关保险单时,被美国指控涉嫌存在共谋的非法行为,影响了美国保险市场的公平竞争。英国法院和哈特福德火灾保险公司并不认同美国司法机关的指控,并认为这种共同行为在英国是合法的。然而美国联邦最高法院认为,因为英国法没有强迫企业必须进行共同非法行为的规定,所以英国法和美国法在这个问题的适用上没有产生法律冲突。根据这个判决,美国有关金融保险的监管法在域外适用过程中,国际礼让原则仅适用于一种特殊的情况,即域外法中必须明确规定,企业或公司必须进行某种和美国反竞争法相背离的行为,以致企业不能同时遵守美国反托拉斯法和该外国法。此案判决至今仍有很大的争议。该案件中,哈特福德火灾保险公司是在英国领土范围内从事不被英国法所禁止的限制性竞争行为。然而美国联邦最高法院认定该公司违反美国反托拉斯法就会导致“真正的法律冲突”[②]。相当一部分国际法学者认为,美国联邦最高法院的这个判决是轻率且无理的,无视国际公法对管辖权的限制,亵渎了国际礼让原则。同时,美国华盛顿大学法学院埃利斯(Ellis)教授指出:“美国19世纪的大法官马歇尔曾告诫人们,解释美国联邦法的时候应避免与国际法的原则相冲突。马歇尔的这一理论一直是美国法律解释的一个重要原则,但遗憾的是该原则仅仅是宣告性质的,而没有在实践中得到普遍遵守。尤其是美国反托拉斯法域外适用的实践表明,美国在这个领域已经不再适用习惯国际法中的管辖权原则。”[③]哈特福德火灾保险公司案的判决至今仍受相关领域人员的广泛关注。这个判决的巨大影响在于它再次排除了美国经济监管法域外适用中包括国际礼让原则在内的重要法律约束和限制,使美国回复到域外扩张性管辖的单边主义的霸权路径。

---

① Hartford Fire Insurance Co. et al. v. California et al. ,509 U. S. 764,113 S. Ct. 2891(1993).

② Griffin & P. Joseph, *Foreign Governmental Reactions to U. S. Assertions of Extraterritorial Jurisdiction*,73 E. C. L. R. 269 (1998).

③ Dorsey & D. Ellis, *Extraterritorial Criminal Enforcement of U. S. Antitrust Laws*(paper presented at the International Conference "APEC Competition Policy and Economic Development", Tokyo, July 2001).

(四)国际礼让原则的评价

在国际私法发展过程中,国际礼让作为外国法域内适用的理论与实践在历史上起到了重要作用。国际礼让原则源自国际私法领域,用来指导法院如何适用外国法,解决国际私法法律适用的选择冲突。随着跨国交往的扩大,人们的交往已不仅仅局限于私法领域,而逐渐扩展到公法领域或公私交叉的社会法领域,因而国际礼让原则逐渐被用来解决经济监管方面的法律冲突问题。在主权平等的平行国际社会中,主权国家的自我限制和谦抑礼让对于缓解日益严重的管辖权冲突仍然具有重要的现实意义。

国际礼让原则的这种单边性质的自我约束为合理限制过度扩张的域外管辖权,消弭国际法律冲突,提供了较好的国际法基础。其在国际商事交往和法律冲突日益频繁的国际背景下,焕发出蓬勃的生机,目前仍然有适用的价值和空间。然而,适用外国法或放弃本国的管辖权某种程度上是对本国主权的放弃,一味地适用国际礼让原则有损于本国的政治和经济利益。为充分保护本国的国际商业利益,各个国家都想通过各种方法扩大本国法院的管辖权,使本国的法律能够有更强的域外管辖效力。面对日益激烈的域外管辖权的法律冲突,以美国和欧盟为代表的西方经济体却反其道而行之,以经济全球化和全球一体化为借口,进一步限制国际礼让原则的适用领域和空间,从而不断扩大域外管辖权。就像美国第一上诉法院在1997 年作出的一个判例中所说的那样:“我们没有看到国际礼让原则可以使(上诉人)获得豁免的任何合理理由。我们生活在商业国际化时代,在全球任何一个角落做出的商业决定能够以比讲述该决定过程更快的速度波及全世界……礼让最多只是一种意向,而不是什么公认的法则,是一种恩惠而非义务。”①

从以美国为代表的国际实践来看,国际礼让原则对域外管辖权进行单方面的限制和约束,并不是一帆风顺的,其推行过程一波三折,远没有得以普遍推广。因此,总体来说,国际礼让原则作为域外管辖权冲突的单边主义自我协调所做出的成效仍然具有局限性。因为从自身来说,任何一个主权国家已经选择并构建了一整套本国法律法规域外效力的理论,所以很少会在能够使用的时候弃之不用,特别是事关国家的各类经济监管方面的利益时。目前世界各国已有的监管规则不完全相同,同时执行的力度和实效性也有很大不同,国家对他国监管规则的信任还非常有限,更何况还有很多国家至今都没有制定相应的金融监管规则,或者存在较大的监管差距。

① U. S. v. Nippon Paper Industries Co. ,82 F. 3d 1,8 –9(1st Cir. 1997).

所以由单个或少部分国家主动地按照国际礼让原则，自觉限制本国金融竞争规则和监管规则的域外适用，就目前的情况看来难以普遍推广。

此外，国际礼让原则在司法适用中具有较强的主观性，法官拥有的自由裁量空间也比较大，由此导致国际礼让原则的司法实践缺乏法律必要的可预测性和确定性，容易沦为司法政策和政治外交的技术工具。美国政府和法院在国际礼让原则上善变的态度也表明，国际礼让原则并未成为约束单边域外扩张性管辖权的有效法律规制工具。所以，尽管适用国际礼让原则时应当考量的因素极其精细且全面，但一旦考虑到国家管辖权和商业利益等敏感因素时，国际礼让原则的实行仍然是域外管辖权适用的一种例外，而不是法律冲突协调的一种常态。

二、不方便法院原则

（一）不方便法院原则的演变及特点

管辖权冲突单边性协调的另一种形式是不方便管辖，主要源于英美法系国家解决管辖权冲突的司法实践，可以追溯到 19 世纪中期英国苏格兰地区法院的司法实践。现代不方便管辖原则的发展与推广，离不开美国的司法实践的强力推动和巨大影响。美国联邦最高法院在 1947 年的吉尔伯特诉海湾石油公司案（Gilbert v. Gulf Oil Corp.）中，正式确立了不方便管辖原则。[①] 此后，美国《统一州际和国际程序法》在第 1 条第 5 款明确规定了不方便法院原则："当受诉法院发现为了重大司法公正利益的考虑，诉讼应在另一合适法院审理时，受诉法院可根据适当的条件中止或解除全部或部分诉讼。"不方便管辖原则也称为不方便法院原则，或者非方便法院原则，是指对某一涉外案件具有管辖权的法院，如果由于受诉法院审理该起案件严重不方便，可以因此而拒绝行使管辖权，从而促使当事人在另一个更为方便的法院提起诉讼的管辖方式。不方便管辖原则在适用过程中，通常具有以下的条件限制：

1. 原受诉法院对案件享有管辖权

不方便法院原则是在若干相关法院或司法机构中进行筛选，从而决出最方便或最适格的法院审理争议案件。因此，原受诉法院对案件享有管辖权是不方便法院原则适用的必备前提条件之一。如果原受诉法院对争议诉讼案件根本就不具有任何管辖权，它就不能被称为不方便的法院，也就没有资格和权限对诉讼权利和诉讼程序进行管辖权的法律处分。原受诉

① 330 U. S. 501（1947）.

法院适用不方便法院原则的法律后果是其拒绝或者放弃行使管辖权,这和受诉法院因为没有管辖权而做出对案件不予受理或者驳回起诉等情形完全不同。原受诉法院或司法机构对案件享有管辖权,一般包含两个要素:第一,原受诉法院所在国对涉外争议案件享有国际管辖权;第二,原受诉法院对案件享有国内法上的管辖权。如果原受诉法院所在国的法院或司法机构作为整体对案件享有国际上的管辖权,而缺乏该国国内法上具体的级别或事项管辖权,无权管辖权或管辖权的瑕疵都会造成原受诉法院管辖权的不适格,从而导致缺乏适用不方便法院原则的法律基础。

2. 存在适格的替代法院

对涉外案件进行受理和审判的方便法院是相对的概念和比较的结果。只有存在与之对应的享有管辖权的替代法院,才能够与原受诉法院进行综合比较,否则,不方便法院原则的适用就无从谈起。判断受诉法院能否作为不方便法院,其实就是要求替代法院对案件享有管辖权是明确具体的,且符合该法院所在国的国内法关于管辖权的具体规定,只有在这样的情形下,才能适用不方便法院原则,从而对案件管辖权进行合法合理的“方便”转移。如果替代法院根本不存在或对案件没有适格的管辖权,那么该法院或司法机构就不存在与受诉法院相竞争和比较的管辖权基础,也就不存在适用该原则的法律前提和基础。

3. 原受诉法院与方便法院的比较标准

正如上文所言,对涉外案件进行受理和审判的方便法院是相对的概念和比较的结果。一提到比较,就必然涉及两国司法制度和裁量标准的比较,通过这种比较,选择出更为方便的法院或司法机构进行管辖。一般而言,原受诉法院在对案件进行初步梳理和判断的基础上,结合自身审理案件的条件,按照一定的标准,与其他享有管辖权的法院进行综合比较。如果认为自己是行使管辖权的不方便法院,那么受诉法院就可以以此为由放弃或拒绝行使管辖权。

(二)适用不方便法院原则的具体标准

不方便法院原则不以原告的选择作为管辖权的决定因素,而是从实际案情出发,衡量多种因素,最终决定案件管辖权的归属。对于不方便法院的考虑因素,各国法院在司法实践中积累和形成了一定的裁判经验,甚至提炼总结为适用不方便法院原则的判断标准。吉尔伯特诉海湾石油公司案在这方面具有一定的代表性,其判决是美国联邦最高法院在 1947 年作出的。从便利当事人诉讼和国家司法管辖权行使的“公私两便”方面进行综合考量,美国初步建立了较为灵活的不方便法院的认定标准和分析方法。一般来说,当事人私人利益的参考因素主要包括:(1)证据获取的相对便利程度;(2)强制出庭程序的实现程度;(3)证人出庭程序要求及其费用负担;(4)现场勘验程序条件及其实现程度;(5)有利于节省诉讼成本和费用以及案件便捷审理的其他因素;(6)外国判决被承认与执行的可能性和便利性。案件所涉公共利益的参考因素主要包括:(1)受案法院与其他管辖法院有关案件积压量的比较;(2)陪审团义务与诉讼相关社区居民的关联程度;(3)争议案件与不方便法院地并无紧密的利害关系;(4)外国法的适用存在较大的障碍和困难。①由此可见,美国联邦法院在适用不方便法院原则时,非常重视案件所涉公共利益的考量,特别是将涉外案件实际审理乃至判决的境外承认与执行等整个流程可能产生的各种不利因素,围绕与本国或本地区的公私利益和关联程度进行综合性考量,从而做出不方便管辖的决定。

(三)我国适用不方便法院原则的涉外金融案例

发生在1997年的香港新华房地产有限公司诉香港住友银行有限公司一案,是我国适用不方便法院原则的典型案例。② 香港新华房地产有限公司(以下简称新华公司)与香港住友银行有限公司(以下简称住友银行)签订了一份融资贷款协议,双方在这份融资贷款协议第23(2)条中约定:"为了贷款人的合同利益,借款人不可撤销地同意,香港地区法院享有处理因本协议而产生的或与本协议有关的任何纠纷的非专属性管辖权。与此相适应,任何因本协议而产生的或与本协议有关的诉讼都可以向香港地区法院提起,借款人不可撤销地接受这些香港地区法院的非专属管辖。"在第23(3)条中约定:"本条款将不限制贷款人在其他有管辖权的法院向借款人提起诉讼。在贷款人在一个或多个有管辖权的法院提起诉讼后,不限制贷款人在其他有管辖权的法院提起诉讼,不论它们是否同时或不同时提起。"后因在协议履行过程中产生纠纷,双方协商无果,新华公司向广东省高级人民法院提起了诉讼。广东省高级人民法院受理案件并作出裁定后,住友银行不服有关管辖权的裁定,向我国最高人民法院提起了上诉,认为一审裁定对双方融资贷款协议中管辖权条款的认定是错误的。其理由是,该融资贷款协议是由双方依据香港法律拟定和签署,因而包括管辖权条款在内的协议所有条款,都应适用香港相关法律进行解释。该融资贷款协议的管辖权条款应当是指贷款人享有向香港地区法院提起诉讼的非专属管

① Gilbert v. Gulf Oil Corp. ,330 U. S. 508 - 509(1947).

② 广东省高级人民法院民事判决书,(1998)粤法经二初字第3号。

辖权，而借款人则需要不可撤销地接受该地区法院的管辖。

最高人民法院经过审查后认为：因本案当事人在融资贷款协议第23(1)条约定了"本协议适用香港地区法律"，故应依据香港地区法律对协议及其管辖权条款作出解释。依据香港地区法律规定，关于管辖权条款的理解涉及两种情形。如果借款人新华公司作为原告提起诉讼，应当接受香港地区法院非专属管辖权的管辖；如果贷款人住友银行作为原告，该银行既可以向香港地区法院提起诉讼，也可向非香港地区的其他有管辖权的法院提起诉讼。由于双方当事人都属于香港地区法人，而且贷款协议的履行地、签订地均在香港，双方还选择了香港地区法律作为合同准据法，因而从有利于法院管辖和诉讼审理的便利原则出发，本案转移到香港地区法院管辖更为合适，故广东省高级人民法院不适宜受理此案。最后，最高人民法院认定广东省高级人民法院的裁定不当，应予以撤销。上诉人住友银行的上诉理由成立，最高人民法院予以支持，而对于新华公司的起诉，应予驳回。

（四）不方便法院原则的评价

1. 积极影响

近年来，随着英美法系判例和法律制度在大陆法系国家或地区的渗透，以及全球范围内两大法系的不断相互借鉴和融合，不方便法院原则对大陆法系解决司法管辖权冲突产生了积极的示范作用。不方便法院原则已引起了越来越多大陆法系国家或地区的司法关注和立法借鉴，如日本、中国和加拿大魁北克省等国家或地区在民事诉讼法等立法中相继确立了不方便法院原则。[①] 因此，不方便法院原则在世界范围内的悄然兴起，在一定程度上说明了该原则在协调国际司法管辖权冲突方面起到了一定的作用。

首先，不方便法院原则是国际管辖权冲突解决的必然要求。目前，国际范围内还存在比较严重的管辖权冲突，形成了困扰国际司法效力的平行诉讼问题。平行诉讼最大的弊端即是一国作出的判决容易招致他国法院的抵制，不予承认和执行。这种司法管辖权的冲突情形不仅浪费了诉讼当事人的财力、物力和精力，不利于国际民商事纠纷的有效解决和正常的国际民商事交往，也严重消耗了各国本已不堪重负的有限司法资源，影响司法制度的公信力和可预期性。如果各国都能在司法诉讼程序中确立不方便法院原则，主动放弃不必要的管辖和过度管辖，尊重和礼遇他国的实质性管辖和方便管辖，就会在国际范围内大幅消解平行诉讼带来的负面

① 参见王祥修：《论不方便法院原则》，载《政法论丛》2013年第2期。

影响。

其次，不方便法院原则是国际平行诉讼协调的必然要求。随着全球经济一体化的深入发展和各国人民交往联系密切程度的加深，各国在国际民商事诉讼制度中表现出来的本国保护主义和本位主义与此国际潮流格格不入。主权国家如果过分强化本国的司法主权，甚至不断扩展与争夺国际管辖权，不仅无助于国际民商事案件的审理和执行，造成本国对当事人实体利益维护的目标的落空，而且会因国际对等原则的反作用或报复，从而导致本国法院判决常常遭到外国法院的排斥和抵制。因此，为减轻国际平行诉讼给国际司法环境造成的困扰，各国应在考量案件与本国联系的密切程度和审理案件便利性等因素的基础上，主动适用不方便法院原则，进行司法管辖权的协调，将司法管辖权转移给方便法院。

最后，不方便法院原则也是国际司法公正与效率的必然要求。在全球一体化的时代背景下，各主权国家都竭力扩大本国司法机构的管辖权，以更强力地维护本国政治经济利益和保护本国当事人的利益。这也在一定程度上驱动了当事人的道德风险，并造成了作为原告的一方想方设法挑选法院的现象日趋严重，并导致国际平行诉讼和管辖权积极冲突现象的频繁发生。不方便法院原则最基本的法律功能即是防止当事人对国际诉讼程序的滥用和挑选，主要是对原告挑选法院进行审查和限制，对被告的权利和利益进行适当的司法保护，从而实现国际范围内的司法公正并提高司法效率。假如在一个与诉讼管辖权没有任何关系的法院进行诉讼，但却不赋予法院一定的自由裁量权以及被告相应的救济方式，就会浪费宝贵的司法资源，对诉讼公平正义的价值也会造成破坏。因此，不方便法院原则是达致国际司法公正并提高司法效率的基本制度保障之一。各国本着公正、效率、司法经济以及国际协调、国际礼让的理念，在统合考虑诉讼程序涉及的公共利益和私人利益的基础上，遵循不方便法院原则，把那些与本国联系不紧密、庭审困难、诉讼成本过高的案件交由其他可替代的更方便的法院管辖，从而有效缓解原告“挑选法院”“一案两审”等管辖权方面的冲突。

2. 消极影响

案件与受诉法院联系不紧密会导致审判权的行使受阻，这是不方便法院原则的本质特征。但是，无论是案件的识别，还是实际联系的认定，都带有较为强烈的主观色彩。因此，只要当事人逐利性择地诉讼现象客观存在，法院不方便管辖问题就会随之产生。质言之，管辖权冲突问题仅凭不方便法院原则不能得到彻底解决，该原则也具有一定的局限性。

(1)只能解决部分类型的管辖权冲突问题

不方便法院原则适用的前提是本国与外国法院对同一案件都有管辖权,而且基本只能适用于出现管辖权明显冲突的情况,然而国际民事诉讼实践中管辖权的冲突形式是各种各样的,管辖权积极冲突只是管辖权冲突的一部分而已,该原则对于管辖权消极冲突则无能为力。相反,如果各国竞相实施不方便管辖原则,会在一定程度上助长管辖权的消极冲突。

(2)有可能损害本国当事人的权益

当两个法院同时对一个案件有管辖权时,其中一个法院地国家如果适用不方便法院原则,本质是遵循国际礼让原则放弃了本国的管辖权,而交由另一更适宜管辖的法院来受理案件,此过程中会不可避免地对一方的权利作出某种限制,可能会对本国公民、法人的利益产生一定的影响,损害到本国当事人的利益。不方便法院原则本是被告用来限制原告挑选法院的制度,适用结果是本国放弃管辖权,但有时很可能会影响本国国民的利益。

(3)主观随意性比较明显

当被告根据不方便法院原则提出管辖权异议时,受诉法院会根据被告的请求放弃管辖,也可能会继续审理。这些都由法官的自由裁量权决定,原告难以预计法院究竟会做出何种决定,这无疑会严重影响原告的利益或导致被告长时间地拖延诉讼。管辖权异议提出后,原管辖法院是继续审理,还是以不方便法院原则而终止诉讼,完全取决于法官的自由裁量,甚至在某种程度上内化为由法官的直觉作出判断。该职权的行使对法官的法学理论素养和职业道德修养都提出了比较高的要求,法官只有具备了完善的法律知识体系、较高的职业道德修养,才能使不方便管辖原则恰到好处地发挥作用,起到解决纠纷和维护国际司法公正的实质作用。相反,不具备相关要求的法官,会借此不断扩大自己的权力,导致案件审判偏离确定的道路,危害司法公正。

第二节　金融监管法的域外适用协调

一、内国适用外国公法的立法实践

(一)欧盟的统一立法实践

冲突法发端、形成、发展于欧洲大陆。几百年来,欧洲大陆一直是冲突法理论的发源地和研究中心。随着欧洲经济一体化进程的快速推进,欧洲大陆的法律和司法政策已逐渐驶向了区域协调与统一发展的方向。冲突法作为欧盟法律的重要组成部分,其对私法法律在欧盟内部协调一致发挥着非常重要的作用。受私法公法化和公法私法化相互融合与混同的影响,经济法和行政管理法的域外效力及其冲突协调也成为欧洲监管法律趋同化与一体化的重要内容。在区域性的统一法进程中,欧盟立法出现了一些协调强行法域外适用冲突的立法规范和条款。

1. 欧盟统一立法的内容

公法作为典型的强制性规则,通常作为法院地法的重要组成部分,可以不经过或者说不理会冲突规范的指引而直接得以适用。此外,当冲突规范指向的准据法是外国法,或者当事人选择的准据法是外国法时,该外国法的强制性规则一般也能在法院地国得到合理的适用,除非外国准据法包含的公法规则与法院地国的公共秩序(法院地国的公法或强制性规则)相抵触而被排除。申言之,本国公法和外国准据法中的公法规则在满足一定条件时,在法院地国均可以得到适当适用,这种适用已经获得了欧盟各国立法以及司法实践的认可。1980 年欧同体制定并通过了《欧共体关于合同债权法律适用的公约》(以下简称《罗马公约》)。《罗马公约》规定,成员国在国际私法强制性规则适用的立法和司法实践上必须与公约保持一致。不过,强制性规则的适用限于加入《罗马公约》的成员国之间的涉外民商事关系。为进一步解决成员国内民商事合同之债的法律冲突问题,欧盟通过了《关于合同之债准据的法律适用条例》(以下简称《罗马条例Ⅰ》),直接适用于各成员国。为解决非合同义务领域法律适用的统一,2009 年欧盟制定并通过了《关于非合同之债的法律适用条例》(以下简称《罗马条例Ⅱ》)。2010 年欧盟通过了《关于离婚及司法别居的法律适用条例》(以下简称《罗马条例Ⅲ》),用来解决欧盟领域内涉外婚姻关系解除与分居的法律适用冲突问题。与《罗马公约》相比,条例对强制性公法规则的适用范围有所限制,适用的条件也更为明确。尤其是在《罗马条例Ⅰ》和《罗马条例Ⅱ》中,当事人的意思自治得到了最大限度地认可。当事人的法律选择行为不受所选择法律与案件联系关系的制约,但是必须遵循"优先性规则"强制效力的一般规定,即当事人选择的法律不得排除欧盟强制性规范及在做出选择时案件的所有要素或在导致损害的事件发生时均位于某个国家的强制性规则的适用。欧盟关于合同、侵权及其他非合同行为、婚姻家庭的《罗马条例》生效后,各成员国国际私法的区域一体化程度显著加深,并且对涉及非欧盟的涉外民商事交往关系的国际私法立法和司法实践产生了重要影响。但值得注意的是,非准据法国家(第三国)的公法或强制性规则是否也能得到适用呢?

根据《罗马公约》第7(1)条的有关规定，在适用第三国法律相关强制性规则过程中考虑案件与该第三国的密切联系时，还必须顾及该国法律的强制性规则的性质或目的以及适用和不适用带来的后果。因此，第三国强制性规则的适用必须满足一定的条件。《罗马条例Ⅰ》第9条重新定义了国际强行规则，并且用强制性绝对优先规则(overriding mandatory rule)代替了强制性规则(mandatory rule)。正如欧洲议会和欧洲理事会在《罗马条例Ⅰ》解释性说明第37条中所说的，“强制性绝对优先规则必须和不得以合同减损的一般强制(类似于我国的管理性规范)规则区分开来，并且施以更大程度的限制性解释”。根据第9(1)条的规定，强制性绝对优先规则就是“被某个国家认为在保护诸如政治、社会或者经济组织的公共利益方面至关重要的规则，这些规则适用于其调整范围内的所有事项，即适用于合同的法律适用事项，而不管根据本条例其他任何法律的相关规定”。也就是说，在国家特定利益的保护上，无论冲突规则指向的适用法律本身如何规定，这些(强制性)规则都必须得以优先适用。

综合来看，欧盟立法对于强制性规则并没有进行明确的立法说明。由于条例平等对待成员国和非成员国法律的适用，法院在确定某个国家法律强制性规则适用的合理性时面临一个非常复杂的挑战，它必须在法院地强制性规则、准据法中的强制性规则和第三国强制性规则的适用冲突中作出选择。因此，在涉外民商事案件的法律适用中是否应当考虑第三国强制性规则的适用，以及如何在各相关国家的强制性规则之间作出取舍，依赖于法官的自由裁量。作为对法官自由裁量权的制衡，欧盟立法对强制性规则的适用规定了相应的条件，《罗马条例Ⅰ》第9(1)条是一个重要的参考标准。

2. 欧盟统一立法的意义与影响

首先，在立法上正式明确了外国公法的域外适用。强制性规则代表了国家层面对公共利益的法律规制和经济发展的政策导向，并且也会对个人和法人的经济活动与商贸交往产生一定影响。“公法禁忌原则”(the public law taboo)是传统国际私法应当遵循的，也就是说，法院没有适用外国公法之义务。[①] 然而，随着社会本位主义观念在指导国家经济管理体制发展建设中逐步占据主导地位，私法与公法已日益交融在一起难以准确界分，公法私法化和私法公法化已成为当代最突出的法律潮流。为适应国际

---

① See Hannah L. Buxbaum, *Mandatory Rules in Civil Litigation: Status of the Doctrine Post – Globalization*, 18 Am. Rev. Int'l Arb. 21(2007).

潮流发展变化的需要，许多国家在涉外私法的法律冲突解决方案中及时吸纳了最新的国际化元素。欧盟在确立公法的域外适用制度时也经历了一个发展的过程。《罗马公约》第7条在考虑国外强制性规则的适用标准时，没有提出要明确外国强制性规则的性质（公法还是私法），无论是理论还是实践对此争议也比较大。[①] 在法律调整合同当事人之间的关系时，法律对弱方当事人，如消费者、劳动者或者第三人提供了特殊保护，如果从国际私法中强制性规则的性质或者功能上理解，这样的法律条款显然属于公法范畴。但如果从法律解决当事人争议的目的上理解，它是为当事人利益服务的，应当属于私法范畴。因此，从性质和目的的角度考虑，《罗马公约》第7条对外国强制性规则的适用效力的规定比较模糊，不能为外国公法的适用提供满意的依据。[②] 相对而言，《罗马条例Ⅰ》第9条有关强制性规则适用的规定则比较明确具体。它直接申明了对国家特定公共利益的考虑，而且用语上更加明确。

其次，打破了互惠原则在公法法律适用上的桎梏。一国法院没有适用外国法的国际法义务，尤其是适用外国强制性规则（包括公法）的义务。在缺乏适用外国公法的明确法律规定时，国家往往以互惠原则作为司法适用的前提条件或要求。所以当一国法院确定要适用外国公法时，它可以通过互惠要求或者礼让原则，确保本国强制性规则（公法）在处理相同或相似纠纷时在他国也同样得到适用，从而实现本国公法所体现的国家公共利益。但值得注意的是，互惠原则或礼让原则的对等要求在一定程度上也是发展国际司法合作的障碍。[③]《罗马条例Ⅰ》对于第三国强制性规则的适用则没有施加互惠的要求，这会消除互惠制度可能给两国之间互相适用对方的强制性规则所带来的阻碍。域外强制性规则的适用促进了外国法院对欧盟法律中强制性规则的适用，形成了强制性规则适用的良性互动。

最后，促进了公法域外适用立法管辖权的国际协调与合作。欧盟有关外国公法领域内适用的立法规定表明了国际范围内各国公法合作的新趋

---

① See Allan Philip, *Mandatory Rules, Public Law and Choice of Law*, in Peter North ed., Contract Conflicts The EEC Convention on the Law Applicable to Contractual Obligations: A Comparative Study, North - Holland Publishing Company, 1982, p. 85 - 87.

② 参见王立武：《国际私法的强制性规则适用制度研究》，中国人民大学出版社2015年版，第174页。

③ 在多数情况下，各国常常对互惠原则设定适用条件，而不是适用推定互惠原则，如要求对方有互惠原则的立法规定或互惠实践，甚至要求以政府声明的形式作出互惠保证，这些附加要求都在一定程度上减损了互惠原则在法律适用上的司法功能。参见李双元、谢石松、欧福永：《国际民事诉讼法概论》，武汉大学出版社2016年版，第143页。

向。第一,通过“强制性绝对优先规则”的基本条款的界定,欧盟统一了各成员国对强制性规则的认识。在《罗马公约》体系下,各成员国对强制性规则的界定和适用具有比较宽泛的自由裁量权,因而严重危及公法性规则的解释和法律适用的确定性。而在《罗马条例Ⅰ》体系下,有关强制性规则的立法规定相对比较明确,并在司法实践中借助欧洲法院的法律适用强化了规则的一致性,促进了各国公法私法化适用的创新性发展。如果各国对强制性规则产生异议,欧洲法院可以行使司法释明权,进一步凝聚了外国公法领域内适用的共识和标准。① 第二,欧盟通过对除成员国外的其他国家的公法性规范的适用,积极地促进国际经济治理在更大范围内(如外汇管制、市场竞争政策等方面)的合作与效率。

欧盟是目前区域一体化水平最高的超国家政治经济组织,不仅在政治经济上取得了巨大成就,而且其法律一体化也走在世界前列,对跨国法律冲突的国际协调与合作也产生了深远的影响。无论是外国公法互惠适用的突破,还是公法适用的冲突法路径,欧盟有关法律强制性规则适用的立法规定都对其他国家立法产生了重要影响。自 1980 年《罗马公约》和 2009 年《罗马条例Ⅰ》生效以来,许多非欧盟国家的国际私法立法也开始借鉴欧盟与强制性规定有关的立法方式和原则。比如,2005 年生效的《保加利亚国际私法法典》第 46 条的“干预规范”(国际强制性规则)、第 93 条第 5 款和第 113 条第 2 款的“准据法的选择”(国内强制性规则),②2005 年颁布的《乌克兰国际私法》第 14 条的“强制性规则的适用”(国际强制性规则),③1998 年生效的《吉尔吉斯共和国民法典》第 1174 条中的“强制性规则的适用”(国际强制性规则)。④ 此外,1999 年颁布的《白俄罗斯共和国民法典》以及加拿大 1991 年生效的《魁北克民法典》等诸多法律法规也有类似的规定。在国际条约的制定上,欧盟有关强制性规则域外适用的立法经验也推动了许多国际私法条约的制定。如海牙会议制定的系列公约,包括 1978 年的《代理法律适用公约》、1985 年的《信托法律适用及其承认公约》和《国际货物销售合同法律适用公约》、2000 年的《未成年人国际保护

---

① See Andrea Bonomi, *Overriding Mandatory Provisions in the Rome Regulations* Ⅰ *on the Law Applicable to Contracts*, 10 Yearbook of Private International Law 29(2008).

② 参见《保加利亚共和国关于国际私法的法典》,邹国勇译,载黄进、肖永平、刘仁山主编:《中国国际私法与比较法年刊》第 11 卷,北京大学出版社 2008 年版,第 592、604、611 页。

③ 参见《乌克兰国际私法》,匡增军译,载黄进、肖永平、刘仁山主编:《中国国际私法与比较法年刊》第 10 卷,北京大学出版社 2007 年版,第 469 页。

④ 参见《吉尔吉斯共和国民法典(节录)》,邹国勇译,载黄进、肖永平、刘仁山主编:《中国国际私法与比较法年刊》第 8 卷,法律出版社 2006 年版,第 626 页。

的公约》等。

（二）瑞士有关外国强制性规范域内适用的立法实践

《瑞士国际私法法典》对强制性规则适用的内容主要规定在第一章“共同规定”中，即总则第 13 条关于对外国法的指引不得仅因其具有公法性质而排除适用，第 18 条关于法院地强制性规则的适用和第 19 条关于第三国强制性规则的适用。[①] 从总则的内容看，第 13 条肯定了准据法为外国法的强制性规则的适用。根据冲突规范指引的外国准据法，并没有区分外国强制性规范的公法或私法属性，从而为外国公法在瑞士的适用提供了法律依据。也就是说，瑞士对无论是公法性质还是私法性质的强制性规则都可以适用，这样就避免了德国学者对公法和私法识别区分而导致的冲突规范适用困境。对于第 19 条第三国法律强制性规则的适用，瑞士没有采纳德国的“特别联系理论”，而是综合了对公法性质、属地原则、公法冲突以及瑞士公共秩序的考虑，甚至把它作为准据法的事实予以考虑，来确定第三国强制性规则的适用或对法律适用的影响。[②] 值得注意的是，瑞士对外国公法的适用不是绝对的。根据该法典第 17 条的规定，外国公法的适用不得与瑞士的公共秩序不相容。

在分则中，具体涉及强制性规则适用的规定不多，可见的如《瑞士国际私法法典》第 45（2）条因意图规避瑞士有关婚姻无效的规定，而在域外缔结的婚姻关系，该婚姻关系瑞士不予承认；第 135（2）条因瑕疵产品或有瑕疵的产品说明而提出的请求应适用外国法律时，在瑞士判决给付受害一方当事人的赔偿金，数额不得超出依照瑞士相关法律应对此种损害所判决给付的赔偿额度；第 136（2）条因妨碍竞争而提出的请求应适用外国法律时，在瑞士判决给付受害人的赔偿金，数额不得超出依照瑞士法律应对此种非法的妨碍竞争行为所判决给付的赔偿额度；第 142（2）条对于侵权行为的法律适用，在侵权行为地施行的安全规范与行为规范应加以考虑。总体而言，《瑞士国际私法法典》在分则中主要涉及强制性规则在跨国侵权行为中的法律适用。对侵权行为地安全规范和行为规范的考量，既可以预防行为人通过法律选择逃避法律责任，尽可能在国际范围内实现冲突法对公平正义的追求，也可以在国际民商事交往中通过对行为人的强制性惩戒协调各国之间的公共安全利益之争。

---

① 参见陈卫佐：《瑞士国际私法法典研究》，法律出版社 1998 年版，第 53 页。

② See Kerstin Ann & Susan Schafer, *Appllication of Mandatory Rules in the Private International Law of Contracts*, Peter Lang, 2010, p. 204.

(三)俄罗斯有关外国强制性规范域内适用的立法实践

受欧盟国际私法统一化立法思潮的影响,俄罗斯等东欧国家在摆脱前苏联法律制度的基础上,在国际私法革新方面也力求与欧盟靠拢。强制性规则是俄罗斯实体法中非常重要的规范,它的适用不以当事人选择的法律或者冲突规范指向的法律为条件,而是直接适用。《俄罗斯联邦民法典》第 1192 条第 1 款明确规定了法院地国即俄罗斯强制性规则的优先适用地位:“如果俄罗斯立法的强制性规范由于其本身的规定或者由于其特殊的意义,包括对于保障民事流转关系参加者的权利和合法利益都具有特殊意义,则本编的规定不得限制俄罗斯强制性规范的适用效力,而不管准据法的效力如何规定。”与此同时,该条第 2 款规定:“在依照本编的规则适用某国的法律时,法院可以注意与法律关系有密切联系的其他国家的强制性规范,如果依照该国法这种规范不论适用何种法律均应调整相应的法律关系,则可考虑适用该强制性规范。在这种情况下,法院应该考虑这些规范的目的和性质以及适用或不适用的后果。”显然,该条款借鉴了《罗马公约》关于第三国法律强制性规则适用的规定,几乎照搬了《罗马公约》第 7(1)条的规定。类似的情况也出现在《白俄罗斯共和国民法典》第 1100(2)条、《立陶宛共和国民法典》第 1. 11(2)条、《吉尔吉斯共和国民法典》第 1174(2)条等国际私法条文中。[①] 从立法技术上看,以俄罗斯为代表的独联体国家对欧洲大陆最新冲突法立法成果的借鉴,进一步印证了欧盟统一国际私法立法对其他国家立法的重要影响,从而说明了这些国家在向西方现代法律制度(主要是大陆法系)靠拢。与西欧国家的国际私法法典相比,它们的立法模式和水平已经差别不大。[②]

二、金融监管法域外适用的司法实践

强制性规则的制定与适用体现了国家对公共利益、社会秩序等重大问题的关切,关系到国家社会管理手段和政策目标的实现,一般能在本国的法院得到有效贯彻。但是,法院地国法院没有义务贯彻、执行他国的立法政策和目的,除非在国内法或国际法中有相应的规定。因此,在适用外国强制性规则时,必须将案件与法院地国、准据法国国家政策的实现与利益的维护、国际秩序的积极促进、以及跨国当事人的合法正当利益、个案的公

---

① 参见邹国勇译注:《外国国际私法立法精选》,中国政法大学出版社 2011 年版,第 38、42、69 ~ 70 页。

② 参见邹龙妹:《俄罗斯国际私法研究》,知识产权出版社 2008 年版,第 4、16 页 。

平公正和实质正义等多种因素相互比较和衡量，以决定取舍。① 在金融监管法域外适用的司法实践中，有些国家进行了大胆的尝试，积累了较为丰富的司法实践经验。

（一）荷兰证券法在法国的适用

在荷兰公司股票案中法国最高法院适用了荷兰有关股权登记等监管事项的法律，认可了荷兰证券法在法国的域外效力。②

1944 年 11 月 7 日，当时的荷兰政府为强化战争期间的金融监管，颁布了一项行政法令，要求所有持有荷兰公司股票的外国股东必须在该法令规定的时间内向所持股票的原发行公司进行登记，并提交旧股票来换取新股票。超过规定时间不办理手续的，所持股票即告作废，股东股权即转归荷兰政府所有。法令颁布后，各国持股人都认为规定的登记时间过于紧迫，要求延期，荷兰政府遂多次延后登记截止日期，最后一直推迟到“二战”结束后的 1951 年年底。为了配合荷兰政府清点法国境内相关居民持有该国公司股票的情况，根据荷兰和法国签订的相关外交协议，法国政府在 1948 年 9 月 21 日还颁布了专门的清点执行法令。

之后，法国持股人拉巴迪（Labadi）在向荷兰发行股票的公司登记时，被告知已经超过了相关法令规定的有效登记期限。发行该股票的荷兰公司以已经超过有效登记期为由，认定拉巴迪所持股票作废。拉巴迪向法国首都巴黎的赛纳区法院对发行该股票的荷兰公司提起诉讼。赛纳区法院认为，依据法国政府于 1948 年 9 月 21 日颁布的法令，持股人拉巴迪没有在规定的有效期限内向荷兰公司进行股票登记，因此该股票即应作废，所持股权归荷兰政府所有。拉巴迪不服判决，因此上诉至巴黎上诉法院。巴黎上诉法院认为，法国 1948 年颁布的执行法令只涉及调整登记股票相关事宜，而并没有涉及误期登记的后果，因此持股人迪巴拉的权利义务应受股票发行公司所在地法的调整，即受荷兰法调整。巴黎上诉法院认为：荷兰相关法令中“误期登记股票作废”的有关规定，一定程度上损害了法国股东的利益。而且该法律是一种无偿征收制度，所以具有公法性质，违背了法国作为主权国家的公共秩序从而拒绝适用。

作为被告方的荷兰股票发行公司不服，上诉到法国最高法院。法国最高法院认为：荷兰 1944 年颁布的股票登记法令虽然具有公法性质，但其本

① 参见王立武：《国际私法的强制性规则适用制度研究》，中国人民大学出版社 2015 年版，第 168 ~ 169 页。

② 参见徐冬根：《跨国证券若干典型案例分析》，载韩德培等主编：《中国国际私法与比较法年刊》第 2 卷，法律出版社 1999 年版，第 487 页。

质仍然是荷兰法律体系的组成部分。因此，法国最高法院认定本案应适用荷兰的该项法令。同时该法院认为，荷兰政府所颁布的股票登记法令及其采取的相关执行措施，并非政府的无偿征用，而是为整顿和治理证券市场而采取的正当监管措施。荷兰政府已多次采取措施，通知持股人进行登记，并多次推迟股票登记的最后截止日期。值得注意的是，荷兰政府的证券监管措施得到了法国政府的从头至尾的支持和配合。一方面，该经济监管措施的域外认可与执行没有违反法国国内的公共秩序。另一方面，荷兰政府已事前同法国政府就股票清理整顿措施达成了监管合作协议。然而持股人拉巴迪漠视法国政府和荷兰政府双重的相关法令，坐视股权登记的截止日期，应当自行承担由此过错行为造成的一切损失。因此，法国最高法院在1966年1月25日作出了终审判决，该案适用荷兰有关股权登记所颁布的法令，应当执行荷兰政府的经济管制法律。

（二）荷兰外汇管理法在法国的适用

在莫金诉冯·赖克特案[①]中，法国法院执行了荷兰的外汇管制法。荷兰居民莫金（Moojen）将其所持有的一家法国公司的230股股票转卖给原联邦德国居民冯·赖克特（Von Reichert）。莫金以法国法郎出售其持有的股份给德国居民的交易涉及荷兰的货币。该转让合同被法国巴黎上诉法院认定为"《基金协定》第8条第2节（B）款所指的外汇合同"。法国巴黎上诉法院认为，"鉴于《布雷顿森林协定》的首要目的是'促进国际货币合作'，为尽可能地确保这一合作更为有效，（协定）要求我们判定诉讼中的合同是否对会员国（荷兰）的金融状况产生有害的结果，或者，是否会以任何方式对该国的货币资源造成影响"。法院认为，莫金为荷兰居民，若履行他与被告之间的合同将影响荷兰的外汇资源，为此法国法院执行了荷兰的外汇管制法。

（三）德国外汇管理法在瑞士的适用

在瑞士联邦法院审理的案件[②]中，当事人在国际债券融资合同中约定的准据法是纽约州的法律，但是该合同违反了与债券融资有关的德国外汇管制法。根据纽约州的法律，外国的外汇管制法因违反了纽约州的公共秩序而不能适用。瑞士联邦法院需要解决的问题是，根据纽约州的法律不承认德国法律（强制性规则）的效力是否构成侵犯瑞士的公共秩序。最终法院认定，瑞士的公共秩序没有被侵犯，从而不赋予德国法律（第三国法律强

---

① 参见余劲松：《中国涉外经济法律问题新探》，武汉大学出版社2000年版，第551～553页。

② BGE 68 Ⅱ 203.

制性规则)以效力。在另外一个典型案件[①]中,瑞士法院是把外国法律作为准据法的一个事实因素考虑的。该案涉及的问题是一个外汇交易担保合同是否因违反了第三国的外汇管制法而无效。法院认为,违反外国法律只有构成侵犯瑞士的善良风俗或不道德,才会被法院认定为无效,因为通常的无效或者违法是指违反瑞士的法律。在对外国法律保护的利益进行了分析之后,法院的判决意见认为,只有外国法律保护的利益非常重要以至于不承认外国法律会影响瑞士的伦理原则时,瑞士法院才会考虑外国法律的适用效果;而外国法律保护的利益必须是根据基本的和攸关生存的普遍观念应予保护的个体和人类利益,或者说,外国法律是以保护高于国内法意思自治原则和准据法合同效力的道德伦理观念为目的时,外国法律保护的利益才被认为是重要的,才会构成影响瑞士的伦理观念的情形。涉及毒品买卖和奴隶贸易的法律一般被认为是符合这种标准的外国法律,而通常的外汇管理法、经济政治管理措施则被认为是服务于外国的经济利益,不属于违反瑞士伦理观念的范畴。瑞士法院的这种处理原则比较接近于德国法院的"普遍有效的道德原则"。因此,瑞士法院在考虑第三国的强制性规则(包括公法)的适用效果时,更注重对国际习惯法和国际法基本原则的遵守;依国际习惯法和国际法基本原则判断一国法律的目的和产生的后果,更容易对国家之间法律冲突进行协调和融合,更有利于构建和谐、统一、公平、合理的国际法律秩序。

(四)中国外汇管理法在美国的适用

美国的《第二次冲突法重述》虽然对强制性规则优先适用没有做出明确的规定,但在美国的司法实践中经常会出现适用外国公法的判例。由于美国是典型的判例法国家,司法实践中的判决,尤其是级别较高法院的判决具有较强的示范意义,甚至能够成为有拘束力的判例,从而为美国法院在司法实践中适用外国法律的强制性规则提供法理依据和裁判指引。在相关判例中,美国纽约南区法院对雷曼兄弟诉有色金属和中国五矿案的判决意见或许验证和指引了法院的通常做法。[②]

中国五矿国际有色金属贸易公司(以下简称有色金属公司)和雷曼兄弟投资银行签署了外汇交易合同,合同约定的准据法是美国特拉华州的相关法律。有色金属公司的母公司中国五金矿产进出口公司(以下简称五矿

---

① BGE 76 Ⅱ 33.

② Lehman Brothers Commercial Corporation & Lehman Brother Special Financing Inc. v. Minerals International Non - ferrous Metals Trading Company & China National Metals and Minerals Import and Export Company, 179 F. Supp. 2d 118(S. D. N. Y. 2000).

公司)为其下属公司签发了担保书。合同履行期间,由于美国联邦储备署提高银行利率导致美元贬值,有色金属公司所参与的外汇交易发生巨额亏损,无法满足合同约定的追加保证金的要求,五矿公司也未承担相应的保证金保证责任。雷曼兄弟投资银行就此违约事项向美国纽约南区法院提起了诉讼。在决定是否作出简易判决的诉讼阶段,五矿公司认为外汇交易合同以及担保合同因违背了中国外汇管理法的审批要求而不可强制执行,合同排除中国法的规定而选择特拉华州法亦属无效,并就此提出了非法交易抗辩。纽约南区法院分析了中国外汇管理法背后的政策因素,认为中国依据严格监管本国的货币市场以及本国公司承担外币债务限度的政策制定了外汇管制法,要求国有公司在签订任何担保外债的协议前必须获得国家外汇管理局的批准,还要求事后向国家外汇管理局登记并获取登记证书,未经批准和登记的担保协议非法。该政策在中国从计划经济转向市场经济的过程中发挥了重要的作用,且符合国际货币基金协定的相关规定。因此,相对于所选的特拉华州法,中国法构成了具有更大利益的法域。相对而言,本案与特拉华州没有实质性的密切联系,与中国存在最密切联系的外汇管理法关注的国家和政策利益更为明显,纽约南区法院根据《第二次冲突法重述》第187(2)条否定了当事人双方选择的准据法的适用,转而适用了中国的强制性法律规定。虽然,美国《第二次冲突法重述》第187(2)条在司法传统上体现的是典型的美国"政府利益分析"逻辑,却与大陆法系的第三国强制性规则的适用方法具有相同或类似的法律效果。[①]

---

① 参见肖永平、董金鑫:《中国强制规范在美国适用的方法探析——以纽约南部地区法院审理的"雷曼兄弟"案为中心》,载《比较法研究》2014年第3期。

第五章 国际金融监管法律冲突的执法管辖权协调

第一节 单边执法管辖权的冲突及其调整

单边主义是指少数大国在国际共同关心的问题上，不考虑国际社会大多数国家和民众的整体利益和诉求，单独制定规则或单向采取行动的非合作外交方式。单边主义推行到极致即是霸权主义，以美国为代表的少数西方国家，绕开国际法体系，我行我素，肆意妄为，甚至动辄退出多边主义的国际组织，已形成了一整套单边主义的法律体系。美国依仗长期积累起来的政治经济和军事优势，把其国内法凌驾于国际法之上，极力主张和推行域外管辖权。为了配合立法和司法上的长臂管辖权，美国在执法领域极力奉行单边主义的强制措施，造成了全球范围内管制型执法措施的矛盾和冲突。鉴于此，对美国域外执法措施的研究成为理解和解决单边执法管辖权冲突的重要基础，本节主要围绕美国的单边金融执法措施进行分析和说明。

一、美国的单边金融执法措施

（一）跨境调查权

无论是美国法学会编纂的《联邦证券法典》，还是《对外关系法重述》（第三版）都设置了美国证券法域外适用的基本原则，分别在第 416 条和第 1905 条进行了重申。针对单边性的金融执法，SEC 还通过行为弃权等措施进一步细化了实施机制。针对 SEC 的调查取证权，美国 1933 年《证券法》第 19 条第 3 款明确规定："在委员会看来，若全部调查对于实施这部法规是恰当且必要的，调查委员会的任何职员或者在其授权下的任何职员均有权要求证人宣誓、提供证言、传唤证人出庭以及提供各种书证和报告，或是委员会职员认为与调查具有其他相关性或比较重要的任何文件。"《对外关系法重述》（第三版）第 442 条也作出了类似的规定："SEC 可以向法院请求发布命令，要求在境外的证人接受 SEC 的调查。"第 442 条的规定不仅为美国证券法的域外立法管辖权提供了明确的法律依据，也为其证券监管部门开展跨境执法提供了重要的法律保障。由于很多跨国公司也是美国证券市场的上市公司，而这些公司在世界各地都存在广泛的生产经营和交易活动，往往会影响或扰乱美国的证券交易市场，甚至会给金融消费者和投资者带来一定的损失，SEC 对这些公司的跨境调查权，即属于典型的单边金融执法措施。

（二）财产冻结权

SEC 在调查跨国违法证券交易的过程中，常常会遇到需要冻结嫌疑人资产的情况，包含嫌疑人个人在国内银行账户或者经纪公司账户的现金资产。美国 1934 年《证券交易法》第 21（d）（5）条规定："在依照证券法提起的任何诉讼或发起的任何程序中，证券交易委员会对投资者利益可以采取必要且适当的衡平救济，而且联邦法院也可以直接给予类似的衡平救济。"如果涉嫌进行违法证券交易的人是外国人或是离岸市场经纪人，针对该类嫌疑人在美国的财产，SEC 会穷尽一切办法确保可以对此财产采取措施；倘若嫌疑人处置其在美资产的过程中出现有损 SEC 恢复财产原状能力的情形，美国法院则可以发出禁令，禁止嫌疑人取得或变相处置其在美相关资产。

（三）金融市场的暂停或禁入权

美国证券监管机构的行政处罚手段比较丰富，除冻结财产和罚款之外，通常还包括接受美国政府机构监管、暂停营业、吊销市场准入证、停牌或摘牌等。鉴于美国证券市场强大的吸附能力，美国在金融领域经常使用的执法手段就是禁止或暂时禁止外国金融机构或主体进入其证券金融市场。

自中国概念公司赴美上市以来，美国证券监管机构经常对其施行金融市场的暂停或禁入的处罚手段。2011 年 3 月，24 家在美上市的中国概念公司的审计师提出辞职或曝光其审计对象存在财务问题，19 家公司遭遇停牌或摘牌。① 2014 年 1 月，SEC 要求国际四大会计师事务所在中国的分支机构向美国证券监管机构提供中国上市公司的会计审计底稿，以协助调查近年来 130 多家在美上市的中资公司是否存在会计和信息披露问题。但是，根据中国法律的规定，这些文件类似于机密文件，在没有得到中国监管机构许可的情况下，擅自提交可能面临来自中国监管机构的行政处罚，因而这些机构均表示无法提供。SEC 最后以"国际四大会计师事务所的中国分支机构拒绝向其提供中国客户的审计文件"为由，作出了暂停中资公司在美上市 6 个月的行政处罚。

---

① 参见明日：《SEC 投石问路跨境监管框架》，载《新产经》2013 年第 2 期。

2021年1月7日SEC依照特朗普政府发布的投资禁令，宣布对中国企业采取行动。美国场外交易市场监管机构禁止12只中国证券在该平台交易，将它们加入限制在美上市中国公司的强制执法名单。美国场外交易市场监管机构从1月7日当日开始停止了中国铁建和中芯国际等9只证券的报价和交易，而且从1月11日开始将再禁止另外三家中国企业的证券交易。美国场外交易市场监管机构还表示，将会根据美国财政部外国资产控制办公室的指导意见，继续评估后再决定是否需要从平台上移除更多的中国公司。

（四）单边金融制裁措施

1. 单边金融制裁的内涵

在国际法中，禁止使用武力或以武力相威胁是国家交往的基本原则，因而经济制裁成为非武力方式达到国家政治外交目的的重要手段，其中金融制裁又是经济制裁的核心内容之一。经济制裁或金融制裁一般都要有合法的依据，并由专门授权的组织或国家来执行。根据《联合国宪章》第25条和第41条的规定，联合国安理会是唯一具有执行权力的机构。国际金融制裁应由联合国安理会通过决议，并由联合国安理会讨论决定具体的实施措施。但自从“冷战”开始后，受美苏两个超级大国争霸的影响，这种理想状态下的联合国安理会运作机制很难得到真正有效的执行。因此，包括金融制裁在内的经济制裁更多由强权国家主导进行，越来越带有强烈的单边主义色彩，即主要由金融强国发起，单独或联合其盟国实施，因而现当代的金融制裁具有明显的单边主义特征。

与进出口限制、石油禁运、粮食断供等传统经济制裁相比，金融制裁具有鲜明的不对称性。① 如果制裁主体拥有雄厚的金融实力，那么金融制裁的威力和效果将会被明显放大。因此，如果一国具备强劲的金融实力、发达完善的金融运转体系以及完备的金融法规，那么意味着该国拥有发起单边金融制裁的能力和条件。② 在此情形下，因政治需要而产生的单边金融制裁就很难摆脱主观片面性和武断性的局限，也容易给金融强国滥用金融制裁霸权留下自由裁量的制度空间。因此，在单边金融制裁实施过程中，执行手段和措施具有较为明显的随意性和专断性，从而也意味着制裁后果具有较大的不确定性和灾难性。单边金融制裁的出现不仅损害了国际法中经济制裁的国际合作性和正当合法性，也在一定程度上削弱和破坏了金

① 参见徐以升、马鑫：《金融制裁：美国新型全球不对称权力》，中国经济出版社2015年版，第71页。

② 参见罗璠、詹琪、杨茗：《美国金融监管处罚的特征及趋势》，载《西南金融》2019年第9期。

融制裁措施的有效性，引起了相关国家的抵制和反对，从而有可能进一步加深各国金融监管法域外效力的法律冲突。

2. 美国单边金融制裁的发展演变

“二战”后布雷顿森林体系的建立，奠定了以美元为主导的战后金融秩序。布雷顿森林体系维护了战后近 20 年的世界金融秩序，但也为美国的金融霸权奠定了政治和法律基础。1971 年，以美元“双挂钩”为特点的布雷顿森林体系走向崩溃，但却没有撼动以美元为中心的国际货币金融体系，反而加强了美元在世界范围内的金融霸权地位，为美国频频发动单边金融制裁奠定了坚实的“世界货币”基础。有学者收集整理了 1914 ~ 2006 年 203 个重要的经济制裁案例，其中美国发动了 140 余次的国际经济制裁，而其中 80% 均在不同程度上运用了金融制裁的强制措施。① 2001 年“9 · 11”事件爆发后，美国迅速反应，制定并通过了《爱国者法案》。根据该法案的规定，美国随后公布了被其国内法认定为恐怖分子的组织和个人名单，连同与这些恐怖分子存在业务往来关系的机构和个人一并进行了严厉的国际金融制裁。进入新千年后，美国金融制裁的单边化色彩不断增强，更加频繁地发起对其他经济体的金融制裁，甚至频频发动对其他主权国家的金融制裁。美国凭借美元和证券银行等在全球金融市场上的巨大优势，辅之以政治上的霸权政策导向，成为目前世界上实施单边金融制裁最频繁的国家，其成效也最为明显。在国家层面上，美国于 2012 年出台了针对伊朗的金融制裁法案，将金融制裁的范围扩展为任何与伊朗存在金融往来的金融机构，并将直接制裁升级为次级制裁，制裁对象进一步扩大到与伊朗有业务牵连的任何第三方金融机构，从而全面深化了对伊朗等国家的金融制裁。

3. 单边金融制裁的类型

美国的单边金融制裁频频禁止或限制被制裁方与美国国内的任何金融机构进行金融交易或存在任何金融服务关系，甚至以断绝美元清算通道相威胁，将冻结金融交易或服务的对象扩展到与受制裁方有联系的第三方的非美国金融机构。在实务中，金融制裁主要表现为以下三种类型：其一，针对特定组织、机构、企业或个人的金融制裁。当这些主体实施了被认定为损害美国国家安全和利益的行为时，美国的金融监管部门通常会直接采取金融制裁措施。例如，针对特定名单上的恐怖组织、违抗美国对特定组

① See Gary Clyde Hufbauer et al., *Economic Sanctions Reconsidered: History and Current Policy*, Peterson Inst for Int'l Economics, 2011, p. 68.

织进行金融制裁的第三方银行机构等，美国通常主动发起金融制裁，直接冻结其金融账户和金融资产。其二，针对可能对美国国家安全及其全球战略地位产生威胁的所谓特定“敌对方”的金融制裁。为了强化全面打压其所谓竞争对手的效果，美国常常把金融制裁措施与贸易禁运、经济封锁等其他政治和经济制裁手段配合使用，形成具有协同效应的综合性制裁体系。如美国20世纪60年代对古巴的金融制裁、20世纪90年代对伊拉克的金融制裁，以及2014年对俄罗斯的金融制裁，都是采用了金融制裁、贸易禁运和技术封锁等手段实施联动制裁。其三，针对非敌对方且对本国金融依赖程度较高的发展中国家的金融制裁。美国通常会采取贸易制裁为主、金融制裁为辅的渐进式制裁方式，将金融制裁作为“终极”的限制手段进行备用或恫吓。亚非拉地区的很多发展中国家对外贸易结构较为单一，对进出口的依存度比较高，因而一般难以抵挡美国的贸易制裁。只有当贸易制裁难以达到政治和外交的目标时，美国才会动用金融制裁手段叠加压力，迫使这些发展中国家就范，服从美国的政策要求。例如，20世纪80年代，美国首先对尼加拉瓜糖业出口进行限制，后逐渐升级为高级的金融制裁，断绝和中止了美国对该国的经济援助和贷款。

美国的金融制裁主要由财政部海外资产控制办公室决定并执行，其中最具威慑力和杀伤性的制裁手段即是发布“特别指定国民清单”（SDN）。纳入该清单的实体被禁止进入美国金融系统，禁止美元交易，财产和财产权益也被冻结。与此同时，该金融处罚令还禁止任何国家实体与该清单上的实体进行任何交易，否则会受到美国的二级制裁，也就是金融制裁的对象还可以向清单之外无限延伸，进一步扩大制裁范围。2001年，美国以在美发行证券的公司未披露信息为由，禁止俄罗斯天然气工业股份公司和中国石油天然气集团公司在美国的资本市场募集资金，实施资本市场准入的金融制裁。2019年，中国的三家大型商业银行由于拒绝执行美国联邦法院作出的违反朝鲜制裁的调查令，而面临被切断美元清算通道的金融制裁风险。①

4. 单边金融制裁措施的评价

目前，美国在世界金融制裁体系中居于重要的地位，美国的参与在很大程度上决定和影响着全球金融制裁的效力与结果。美元作为无可替代的国际支付手段和国际计价货币，如果没有美国及其美元制裁工具的支持

① 2019年6月24日《华盛顿邮报》报道，中国三家银行分别为交通银行、浦发银行和招商银行。参见陈鑫：《一文详解：在美涉诉前因后果》，载新浪财经网，https://finance.sina.com.cn/money/bank/bank_hydt/2019-06-25/doc-ihytcitk7652969.shtml。

与参与,任何形式的金融制裁的效果都将是有限的。虽然其他国家或国际组织也可以触发金融制裁,但只有得到美国的支持和协助,这种制裁措施才能达到预期效果。例如,英国曾对利比亚实施了多年的国际制裁和打压,直到 2011 年美国参与对利比亚的金融制裁后,卡扎菲政权的金融系统才遭受到毁灭性打击,直接导致了该国经济和社会的正常运转难以为继。因此,美国积极参与国际金融制裁,或给予必要的支持和配合,是敦促有关国家和组织遵守和执行有关国际决议的重要手段。

但遗憾的是,美国经常私用美元这种事实上的国际货币,将其变成维护美国核心利益、执行美国外交政策的金融工具,单边主义的倾向也越来越明显,金融制裁几乎与单边主义划上了等号。由于美国行政部门掌控着金融制裁的决定权和实施权,而总统作为行政部门的首脑,拥有金融制裁的最终决定权和执行权,并享有几乎不受节制和约束的行政自由裁量权。随着行政权力的进一步扩大,美国总统成为事实上金融制裁的发动者。因此,相较于"冷战"期间,美国总统发动的金融制裁更为频繁,金融制裁的手段也更趋于多元化。为了寻求国际社会的支持,美国的单边金融制裁也趋于虚伪,往往站在"道义和法律的制高点",打着"维护人权""保障民主""反对恐怖主义"的光鲜旗号,直接作出了一系列针对他国和国际组织的金融制裁决定。21 世纪以来,美国的这种单边金融制裁措施有了许多新的发展变化。但是,美国政府推行金融制裁的过程中,将国内法中的责任制度和义务规范强加给其他国家的组织和个人,不断突破国家管辖权的适用领域和范围。美国借助金融制裁措施在境外强推其国内监管法的行为不仅与美国法律域外适用的基本原则和精神不符,更是违背了国际法中传统的国家管辖权原则。

二、单边金融执法的冲突及其调整

从本质上来说,为了保护本国国内关于金融消费者和金融市场的立法政策的效力,单边金融执法措施侧重于扩大自身的域外管辖权,但这样会造成执法部门忽视由此产生的国际冲突。倘若每个国家都选择这种单边金融执法模式,显然不利于跨境金融交易与服务的发展。此外,无限度增大本国在其领域外的执法范围和执法力度,也不符合国际法中的主权平等原则。

(一)单边金融执法的局限性

第一,执法范围有限。单边执法容易导致跨境证券监管出现障碍。例如,欧洲议会与欧盟理事会第 2004/109/EC 号指令序言第 7 款规定,非母国成员国不得对已经获准在受监管市场交易的证券发行人另行设定更为严苛的定期、持续信息披露等监管要求，也不得试图通过这种方式对本国证券市场准入另行进行限制；出于对欧洲证券市场一体化的考虑，针对外国证券进入本国金融市场的准入条件，第 3 条明确规定东道国不能提出比本指令或第 2003/6/EC 号指令第 6 条更为严格的披露要求。这些监管要求表明跨境证券交易自由化程度越来越高，也同时意味着内国证券监管机构在单方面处理跨境证券交易时将面临更多的境外监管挑战和障碍。

第二，监管透明度受到质疑。从美国跨境证券的监管实践来看，在对证券交易行为是否符合证券交易法的相关规定进行监管调查时，SEC 很少采取公开的执法手段，尤其表现在对跨境证券交易行为的监管调查。SEC 更多采取非公开的内部稽查方式，对证券市场的相关参与者实施监督和管理。在进行监管处罚时，这种由监管机构“内部掌控”的系列监管标准具有较大的执法弹性和自由裁量权，因而很容易导致尺度宽严不一的随意执法，尤其是监管透明度的缺失容易使当事人产生对金融执法公正性的怀疑。

第三，单边执法监管容易引发执法对抗和报复。单边监管执法措施如果涉外监管的“长臂”延伸过长，域外执法措施过于强硬，就有可能侵犯他国主权，从而容易招致相关国家的不满和对抗情绪，甚至会引发外交抗议或报复性反制措施。这种监管矛盾和冲突不仅会严重影响跨国证券监管的有效性，阻碍国际证券市场一体化的发展进程，严重时甚至会影响国家间的正常经济交往。例如，为了限制美国法院域外强制执行美国法时的证据开示规则，加拿大、澳大利亚、德国和法国等国纷纷颁布了“阻却法”或反披露法，以限制或禁止外国法院在本国领域范围内的调查取证，并对域外信息披露建立了严格的审查批准制度。

总体而言，国际证券监管法律关系涉及面广、监管对象与内容较为复杂、监管技术难度高、国际影响大，远比单一的国内证券监管要复杂得多、艰巨得多。因此，单边金融监管其实很难实现有效监管，与此同时，也很难保证不对相关国家造成监管干扰，这会影响主权国家的平等关系，甚至会引发监管抵制或外交对抗。除此之外，一国的单边性金融监管还应受到国际法的制约。任何内国监管机构在没有明确国际法和国内法授权的情况下，一般不得在国际证券市场上随意扩张本国的域外管辖权。从国内法来看，一国的涉外证券监管规则应由该国专门的立法机关来制定或授权制定，而不能任由其证券监管机构等业务机构凭借狭隘的部门本位主义或行政属性轻率制定行政规章，又自我执法。这种短视的做法在一定程度上助长了单边主义的不良趋势。

（二）单边金融执法的调整

为应对美国金融制裁管辖权的不断扩张，欧盟率先颁布了《阻断法》。随后也有一些国家在国内法中直接规定不承认美国第三方制裁的法律效力，并相继出台了一系列反制法，直接对抗美国的单边执法措施。如墨西哥颁布了《贸易投资保护法》，首先，从立法层面直接否认了外国法律在其境内的法律效力和法律后果。其次，因美国第三方制裁所产生的相关认定和判决需要在墨西哥境内执行，该法还授权其本国企业可以直接拒绝执行美国的调查命令，不必承担国内法的不利后果。针对美国的第三方制裁，加拿大也做出了类似的立法反制，一方面对本国的《外国域外管辖措施法》进行了修改，另一方面授权本国企业拒绝执行因第三方制裁产生的对本国企业的处罚决定。

针对单边主义域外执法的困境和引发的国际对抗，美国联邦法院和SEC开始了执法反思，认识到国际合作路径相较于传统的单边监管更有优势，一些学者和相关工作人员也构建了证券监管相互认同的制度框架，甚至制订了一些替代性的项目计划。针对单边执法措施，SEC制定了新的灵活执行机制，包括"行为弃权法"。在国际协议及其执行方面，美国1990年制定颁布了《国际证券执法合作法》，内容包括授权SEC对外国监管当局请求查询执法文件等提供便利，代表外国政府主管机关接受已发生的费用补偿，将自律组织的权力扩大到取消依据外国法被判有罪的人的会员资格等，并通过签订谅解备忘录的方式与很多外国证券监管部门建立了合作关系。

第二节　执法管辖权冲突的双边主义协调

一、双边执行谅解备忘录

当前，双边司法互助条约数量不足，国际证券法领域存在域外管辖权的法律冲突，为了解决这些问题，许多国家的证券监管部门开始采取签订双边谅解备忘录的方式推动国际证券监管的合作与协调。在经历了长达30多年的实践后，如今，谅解备忘录已经成为国际证券双边监管合作与共同管辖极有效的方式之一。

（一）双边执行谅解备忘录的界定

双边执行谅解备忘录是不同国家或地区（享有独立自主的金融监管权）的金融监管机构为协调涉外金融监管域外管辖权法律冲突而签署的非

正式国际协议。虽然谅解备忘录是监管当局之间合作与协调意思一致的一种表示,但是从国际法的角度来考察,由于其并不是由国际法的国家主体签订,其订立过程也不需要经历完整的条约法程序,例如,签约者必须有法律授权,签订协议必须获国内立法机构的批准等,[①]因而双边执行谅解备忘录并不具有严格意义上的国际法强制约束力。

双边执行谅解备忘录在缔结者间并未创制国际法上的权利与义务,当被请求方没有按照请求方的要求履行谅解备忘录中规定的相关职责或义务时,请求方既无法强制要求他方履行,也无法获得法律上的救济。不过一般说来,谅解备忘录的缔结和履行也秉承国际诚信原则,双方至少在国际道义上会被"善意"(Good Faith)所约束,很少有国家恶意不履行其约定的合作内容。[②] 因此,谅解备忘录已逐渐成为各国进行金融监管的基础性合作文件和重要的合作方式。

关于谅解备忘录的法律性质,有些国家存在较为特殊的规定。比如,在日本法中,谅解备忘录具有法律上的约束力,只有外务省和法务省两个政府机构有对外签订约束性文件的权力。当日本的证券监管部门与其他国家签订谅解备忘录时,双方所采取的做法一般是:两国先正式交换外交照会,再在此外交照会所确立的框架下,由两国证券监管机构签署谅解备忘录。鉴于此,为提高谅解备忘录的法律权威性,也为了方便谅解备忘录日后能得到有效执行并获得相关职能部门的支持,其他监管部门通常会邀请法务省和外务省积极参与谅解备忘录的制定。随着证券市场国际化程度的加深,IOSCO 已经深刻认识到谅解备忘录在强化国内证券监管以及跨国证券监管合作中的重要地位和作用。在美国的探索取得成功后,IOSCO 也草拟、制定并颁布了有关谅解备忘录的一系列决策、指引和原则,以示范法的形式指导和推动全球范围内谅解备忘录的签署,进一步推动双边证券监管合作。

---

① See Caeoline Green, *International Securities Law Enforcement: Recent Advances in Assistance and Cooperation*, 28 Vanderbilt Journal of Transnational Law 649(1994).

② 1988 年 5 月 26 日,加拿大的安大略省高级法院曾受理过一个公民的司法审查申请,该案例涉及 SEC 于 1988 年 1 月 7 日与安大略省、魁北克省和不列颠哥伦比亚省之间签订的谅解备忘录的效力问题。申诉人认为,根据加拿大法律(《加拿大权利自由宪章》),这几个省均无缔约权,该缔结备忘录的行为是越权行为,因而是无效的。此外,申诉人还进一步认为,谅解备忘录授权安大略省证券委员会对该省内居民的财产与资金进行调查和冻结是没有法律依据的。尽管该案后来由申请人撤销,但为证券监管机构提供了相关的警示信息,即通过谅解备忘录进行国际监管合作并非一帆风顺,需要加强整体居民对谅解备忘录的法律性质的认识。See Jimenez, *International Securities Enforcement Cooperation Act and Memoranda of Understanding*, 31 Harvard International Law Journal 297(1989).

1986年11月,IOSCO通过了《关于相互协助的决议》,呼吁各国证券监管机构在保持其国内法监管的基础上,通过互惠互利和平等协商,签署谅解备忘录,以充分发展跨国新型合作监管的模式,加深证券市场调查和反证券欺诈等领域的信息共享、监管执法交流和合作。1989年6月,IOSCO又通过了《关于合作的决议》,号召IOSCO全体成员方尽早考虑与其他国家谈判或签订双边或多边性的证券监管合作谅解备忘录。1990年IOSCO技术委员会组织了由来自10个国家的14家证券监管机构组成的第四工作组,并完成了《关于谅解备忘录的谈判和执行所面临困难的报告》。该报告总结了谅解备忘录谈判协商过程中可能遭遇的难题,并说明了如何进行改进,进一步促进了全球范围内谅解备忘录的谈判与签署。[①] 第四工作组随后起草了《谅解备忘录的准则》,并在IOSCO华盛顿年会中获得通过,成为各国谈判和签署谅解备忘录的行动指南。

1997年8月,第四工作组评估了IOSCO成员在国际证券监管合作方面的能力建设情况,并对各成员方签订和执行双边谅解备忘录的整体情况进行了总结。与此同时,IOSCO技术委员会通过了《为加强执行证券期货法规而订立备存记录、信息收集、执法权力以及相互协作的原则》的决议,并公布了上述情形的评估报告。该报告对79个由87个成员地区签署的谅解备忘录进行了调查和评估,重点分析了证券监管信息共享和跨境证券调查等监管合作事项,为IOSCO成员方进一步完善和提高谅解备忘录的监管合作效果与法律效力提供了重要参考。

在IOSCO的积极推动和示范指引下,谅解备忘录已成为最重要的跨国证券监管协调与合作形式,极大消解了各国涉外证券监管中的管辖权冲突和法律适用冲突,促进了证券监管实体法的协调与统一。[②] 据统计,已经有128个IOSCO会员国家或地区的证券期货监管机构缔结了1500多个谅解备忘录。如美国的SEC和美国商品期货交易委员会(CFTC. U. S.

---

① 在准则制定过程中,工作组与有关证券监管机构进行密切配合,就MOU应包含的条款达成一致,以便为监管机构对证券市场上的欺诈和滥用行为进行斗争提供有效武器。尽管各国在法律制度和监管体制方面存在差异,但出于对维护市场安全须进行国际合作的必要性的共识,各国对MOU条款达成一些共识是完全可能的。

② 在不同国家的证券市场连通时,国家的证券监管部门还可以与对方的证券交易所(自律组织)或者已连通的证券交易所达成谅解备忘录,要求双方交易所确保拥有一定水平的监控能力,相互提供例行市场信息和进行市场调查等。如在美国证券交易所和多伦多交易所连通后,SEC得到了多伦多交易所的监控能力保证;波士顿证券交易所与蒙特利尔交易所连通后,两交易所就共同调查和向各自证券监管部门提供信息达成了谅解备忘录。See Gerstenang & Michael A., *Insider Trading and the Internationalization of the Securities Markets*, 27 Columbia Journal of Transnational Law 409(1989).

Commodity Futures Trading Commission)已经同30多个国家和地区的证券期货监管机构订立了90多份谅解备忘录。[①] 我国香港特别行政区的证监会组织也同其他30个国家和地区的证券期货监管机构签署了30多个谅解备忘录。截至2021年12月,中国证监会与美国、英国等国家和地区的境外证券或金融监管机构签订了69个双边谅解备忘录。[②]

(二)双边执行谅解备忘录的形式和内容

观察目前各国证券监管机构已经签署的谅解备忘录,其形式具有一定的灵活性,内容所涵盖的领域较为广泛,除已日益普遍的谅解备忘录之外,还包括换文、保密保证、互助安排、合作安排、联合声明和议定书等合作与协调的形式。近年来,世界各国主要是在信息共享、协助调查和联合视察等事项上采取谅解备忘录的形式来进行监管合作以及共同管辖。

1. 信息共享

(1)信息共享的程序合作

信息共享程序合作是信息交换运行机制的一个重要方面,分为国际程序和国内程序。前者包含提出共享信息要求的路径、范围和条件等;后者则包含信息接收的报告和输出信息的审批等。在这一过程中,对于书面文件和书面记录的要求比较严格。书面记录的功能不仅在于其具有证据法上的价值,更重要的意义在于可以帮助减少误会、增加双方间的信任、提高信息提供程序的效率,有利于建立起并维护好双方机构和人员间的正常、友好以及专业的往来关系。

在谅解备忘录的框架下,按照合作对方要求提供信息是双方合作监管机制的重要内容。[③] 谅解备忘录的当事双方在确定各自提供信息的深度和广度时需要考虑以下几点因素:国内市场对他国投资的依赖程度,国内监管对他国监管协作与配合的程度与范围,本国企业进入他国融资市场的主观需求程度和客观市场准入程度,特别信息或敏感信息对于本国国内金融政策制定、政治环境或者相关利益集团等其他特别因素的影响,互惠平等

---

① International Organization of Securities Ccommissions, Annual Report 2021 (Dec. 8, 2021), https://www.iosco.org/annual_reports/2021/pdf/annualReport2021.pdf.

② 《中国证监会与境外证券(期货)监管机构签署的备忘录一览表》,载中国证监会网2023年2月10日,http://www.csrc.gov.cn/csrc/c100214/c1997278/1997278/files/89.pdf。

③ 近年来,一国或地区的监管机构要求其他国家或地区的监管机构提供有关证券信息的需求日趋增长。例如,在1996~1997年会计年度内,香港证监会接获及处理过43项境外证券监管机构的索取信息要求,其中23项涉及要求香港证监会提供非公开信息。香港证监会亦收到253项来自海外监管机构的索取与发牌有关的非公开信息的要求。此外,香港证监会本身亦向海外的监管机构提出了910项索取与发牌有关的非公开信息的要求,以及14项索取与法规执行有关的信息的要求。

原则下其他相关情况的综合平衡等。

(2)信息提供

一个国家或地区的证券监管部门将其发现的有关信息主动向另一国家或地区的证券监管部门提供，有利于增加双方的信任，提高合作监管的效率。由于受到双方合作关系和相互信赖程度的影响，提供信息的方式以及所提供信息的深度和广度也在很大程度上取决于主动提供信息的一方。如我国香港特别行政区证监会与 SEC 签订的《谅解备忘录》第 3.8 条、我国香港特别行政区证监会与我国台湾地区台北证券管理委员会签订的《谅解备忘录》第 6 条均对此做了明确规定。

(3)信息合理使用

当一方按照另外一方的要求提供可能涉及本国机密的信息时，为避免中间程序过于烦琐造成的合作障碍，信息申请方往往会在其要求中预先表明该信息的使用范围，尽可能限制接触信息的人员范围。如果出现确需扩大接触人员范围的情况，应提前告知并获得信息提供方的书面许可。因此，合作双方通常需要加强沟通和了解，掌握对方的相关监管法律和程序，本着信赖和合作的原则，合理使用信息资源。

(4)信息获取

证券行业的潜在违法犯罪行为涉及面比较广，往往涉及不同的部门和行业，甚至牵涉不同的国家和地区，因而相关信息的收集和获取很可能涉及多个国家和地区的证券监管范围。对于超出监管当局监管范围的相关信息的获取，一般遵循自愿协助的原则。但是，谅解备忘录的签订双方在一般情况下都会承诺尽最大努力获取国内其他部门的协作和支持，从而尽可能履行监管执行和提供信息的义务。

(5)信息用途限制

从各国家和地区签订谅解备忘录的通行规定来看，信息申请方通常应向信息提供方以书面形式说明信息用途和使用范围。这种使用说明要求实际上授予信息提供方一定的事先审查权，从而确保信息正常收集、获取以及合理使用。我国香港特别行政区的证券监管机构即是秉持这种监管理念，规定信息申请方应以书面形式说明用途。日本的证券监管机构还对信息用途做出特殊规定，即双方均不得将互相所提供的信息用在司法程序中。换言之，在监管合作机制的框架下，任何一方获得的信息都仅用于证券监管部门的调查，充其量只可用于行政性的处罚决定，不可将所获信息用于法庭上作为给他人定罪或是确定民事侵权赔偿的证据。

2. 协助调查

目前,各国通过谅解备忘录机制中积极协助和调查的合作事项,在增强证券域外管辖权法律冲突的协调和推动跨国证券监管协作等方面取得了重大进展。双边谅解备忘录的签署方按照合作方证券监管部门提出的协助调查申请,提供证据核查、行为认定等调查协助,不仅是双方进行监管协调与合作的重要内容之一,更是遏制跨境证券违法行为的重要路径。

美国是最早利用双边谅解备忘录进行跨境证券违法协助调查的国家,并取得了较为丰富的成果和经验。早在1995年9月SEC诉马拉瓦西一案中,美国就已经依照该国与意大利签署的谅解备忘录得到了意大利的协助调查,成功起诉了该案的被告。马拉瓦西不仅同意将10万美元的违法所得上缴,还额外缴纳了42,749美元的民事罚款。[①] 在1998年的SEC诉柯里尔案件中,两名被告被SEC指控盗用内幕消息,在伦敦证券交易所大量购入被收购公司股票。SEC依照美英两国签署的谅解备忘录,向英国证券监管机构提出协助调查申请。英国贸工部积极进行回应,进行了监管调查协助,收集了大量被告在伦敦证券交易所进行相关证券交易的记录和证据资料,并及时提交给SEC,对这起跨国证券内幕交易违法犯罪行为的认定起到了关键作用。SEC在随后的执行报告中对英国贸工部的协助调查表示感谢,并再次重申谅解备忘录对有效执行美国证券法的重要作用。[②]

为了更快地推动不同区域监管合作以及协调的发展,我国香港特别行政区一直也在全力推进和利用双边谅解备忘录机制中的跨境协助调查模式。[③] 1997年的3月,香港特别行政区的证监会向英属哥伦比亚省证券事务监察委员会就其对高曼斯坦利投资咨询公司、中裕国际投资有限公司及陈某良所做的调查提供协助。有关的协助包括安排香港证监会的一名职员在哥伦比亚省证监会的行政聆讯中,就香港特别行政区的杠杆式外汇买卖提供专家证词。哥伦比亚省证监会在1997年3月27日宣布,该会已根据行政聆讯中所得的调查结果,禁止高曼斯坦利投资咨询公司及中裕国际投资有限公司参与英属哥伦比亚省的证券市场,并对陈某良罚款10万元

① 参见王书丽:《新政时期美国联邦政府证券监管问题研究》,人民出版社2013年版,第39~41页。

② See SEC. v. Collier, 88 Civ. 4505 (C . D. Cal . July 26, 1988); SEC Litig. Rel. No. 11817, 41 SEC. 法院记事表711(July 26, 1988)。

③ 仅在香港2003~2004年会计年度内,香港证监会法规执行部就接获了46宗提供执法协助的请求,其中11宗涉及证监会在行使其法定权力时提供调查方面的协助,其余35宗则要求提供非公开的信息。此外,香港证监会亦向海外监管机构提出了6项请求,其中4项涉及请求对方提供调查协助,2项要求提供非公开的信息。

加币，以及禁止他在此后 30 年内参与英属哥伦比亚省的证券市场。1999 年 7 月，香港证监会还在一宗涉及香港居民的内幕交易个案中，根据双方签订的谅解备忘录向 SEC 提供调查协助。该名香港居民涉嫌在 1999 年 6 月 21 日及 22 日就全能公司（一家在纽约证券交易所上市的公司）的股票进行内幕交易。1999 年 7 月 2 日，香港证监会接获 SEC 有关向香港一家经纪行索取记录的请求。香港证监会随后提供的协助使 SEC 得以对该名香港居民提出民事诉讼。1999 年 7 月 26 日，在该香港居民没有否认有关指控的情况下，当事方就该宗民事诉讼与 SEC 达成和解。和解协议内容包括由该名香港居民支付大约 200 万美元的费用，作为交还其所赚取的利润及须缴付的有关罚款。

3. 联合视察

严格来讲，联合视察并非谅解备忘录的常用条款和合作事项，但由于其可以加深双方的了解和相互学习，近年来也引起了一些国家和地区监管部门的注意。联合视察是指谅解备忘录机制中有关提升监管合作与协调效果的技术性事项，主要通过双方监管机构之间的互相学习、分享实践经验以及识别是否存在重叠的监管范围，培养监管机构之间的友好关系和增强相互信任，以达到提高跨境证券监管的法律效力的目的。例如，在香港特别行政区和英国伦敦等世界金融中心经常会举行这样的联合视察，对金融衍生工具产生的风险进行联合调查和评估。在 1996 年 6 月到 1997 年 3 月，香港证监会联合 SEC 人员，视察了数家双方都具有监管责任的投资顾问以及基金经理。其中，1996 年 10 月，香港证监会联合英国证券监管机构以及隶属于期货事务检查管理局的风险评估小组成员，实地探访了多家证券交易商。

1998 年 3 月，有关合作监督跨境投资管理活动的谅解备忘录促成了英国投资监管组织与 SEC 联合进行的首次全球协调视察。此次联合协调视察集中检查了全球监督职能及国际基金管理集团开展的全球业务活动，包含以往有关地区的例行视察可能忽略的环节。此后，联合视察的协调方式在全球范围内更广泛地推行开来。2003 年 9 月，香港证监会的工作人员前往纽约，和澳大利亚、美国以及英国的监管机构一同实地探访国际基金公司的总部。为了解证券公司的具体运作情况，2004 年 3 月，香港证监会在台湾证券暨期货管理委员会的协调下，视察了该地区证券中介机构在台分支机构。

证券监管机构联合视察的有效运作进一步显示出国际监管机构携手协作，以加强对跨境投资活动监督的必要性。由于投资管理业务的日益全球化，预计未来此类协调行动将继续进行，而跨境监督亦将继续演变，以确保全球投资管理活动得到有效监管。

（三）双边执行谅解备忘录的评价

在经过长达30多年的监管合作实践后，双边执行谅解备忘录已经成为目前国际证券监管最重要的合作形式，收到了较好的跨区域监管协调效果。不仅在较大程度上解决了证券监管法域外效力的法律冲突，还有效推动了国际证券监管合作与协调内容的深入，具体体现为以下几点。

1. 截至目前，IOSCO会员单位中已有100多个国家和地区的证券期货监管机构互相签署了超过1500个双边谅解备忘录，成为目前国际证券监管合作与协调的最重要形式。借助于双边执行谅解备忘录，有关国家或地区的证券监管机构在管辖权分配、合作调查、信息共享和联合视察等监管事项上展开了极具成效的合作与协调，并为打击跨国证券违法犯罪活动、维护投资者合法权益以及保护国际证券市场健康有序发展提供了强有力的法律保障。

2. 谅解备忘录是由各证券监管机构协商一致后签署的书面文件，是专门为协调跨国监管冲突而开展的监管合作，因而基本上能有效满足各自的监管需求。相对于国际司法互助协定而言，在获取有关证券违法犯罪行为的信息方面，谅解备忘录比它更具成效，信息的提供与交流也更具有可预见性。除此之外，谅解备忘录的操作过程相对简易、高效、便捷。其订立无须经过像缔结司法协助条约一样复杂的程序（如需经外交途径或议会批准等），这些都促进了国际证券监管合作协调效率与成效的提升。①

3. 当前，越来越多的国家和地区之间既签订了谅解备忘录又签订了刑事司法互助条约，凭借对二者的综合运用，相关国家或地区已经能够在互相调查违法犯罪行为、互相提供信息、收集证据、审理案件以及对在逃犯人和被判刑罪犯的移送等方面实现深入又完整的协作，进而可以使一个国家的证券法在针对跨国证券违法犯罪活动的管辖和制裁方面获得比较有效的执行。

4. 谅解备忘录和双边刑事司法协助协定相同，在某种程度上打破了各个国家或地区的银行保密法以及信息封锁法的堵截，使国际证券监管合作与协调进程更加深入发展。

谅解备忘录作为实施管辖权的一种双边性协调方式，具有一定代表性，但同时存在一些不足之处。

---

① 参见邱永红：《证券跨国发行与交易中的若干法律问题》，载《中国法学》1999年第6期。

第一,谅解备忘录一般不具备国际法意义上的法律效力。谅解备忘录的目的是协调涉外证券监管的域外管辖权的法律冲突,虽然是对证券监管权进行分配与协调的一致性意思表示,并由各国的证券监管机构签署,但是谅解备忘录不是由国际法主体所签署的协定,在签字方之间没有创设新的法律上的权利和义务。当被请求方没有按照请求方所提出的要求发出谅解备忘录中规定的信息或是提供相应帮助时,请求方也没有办法在法律上获得救济和补偿。

第二,从谅解备忘录的内容看,它们中的绝大部分所涉及的仅仅是实施管辖权的程序性协调与合作,对于实体性的监管法规和标准很少触及,因而在促进各国的证券实体法统一和协调层面所收获的效果并不显著。

第三,谅解备忘录仅仅是国际证券监管合作与协调的双边主义路径,与多边主义路径比较起来,其协调功能和作用范围比较有限。考虑到这点,各个国家在扩大和完善现行的双边性实施管辖权协调机制的基础上,还应继续探寻更高层次和更广范围的监管管辖权的分配与协调方式。

二、涉外金融监管执法的相互认可

各个国家与地区制定法律的不同及其域外管辖权的效力冲突将是长期存在的普遍现象,因而解决法律冲突的方法也将存在一个漫长的历史演进过程。作为晚近的国家监管合作的创新协调制度,相互认可制度在相互尊重对方管辖权的合作精神基础上,以其协议制定成本低、程序简便灵活的制度优势,在国际证券监管全球化的发展中,逐步演变为各国优先考虑的管辖权矛盾协调模式。①

(一)相互认可的内涵与特征

早在1979年的欧洲第荣卡悉案中,相互认可制度便首次出现在欧共体范围内的跨国金融监管冲突的法律协调框架中。欧洲法院以判例法的形式确立了相互认可原则。根据此原则的规定,所有其他成员国须接受另一成员国国内合法生产或销售的商品——即使它们并不完全符合接受国的技术法规或质量标准。② 该判例表明,只要产品来源国已确立了相关产品的最低监管要求或标准,该成员国的外销产品即可在另一成员国境内获准正常进口和销售。若不具备这些基本的监管标准和条件,另一成员国则

① 参见吴永辉:《WTO 的相互认可制度评析》,载《华侨大学学报(哲学社会科学版)》2009 年第4 期。

② See Lorand Bartels, *The Legality of the EC Mutual Recognition Clause under WTO Law*, 8 Journal of International Economic Law 692(2005).

有权设立附加的监管标准和条件，只要这些标准和条件符合共同利益的、适当的、非歧视性的且不构成重叠管制的一般要求。① 相互认可制度的确立无疑是国际监管矛盾协调与合作的法律制度创新，不仅有效减少了阻碍欧共体单一市场建立的法律壁垒和法律冲突，而且彻底改变了实现欧洲经济一体化所要求的统一监管的路径安排。紧随其后，欧共体委员会借鉴了货物贸易产品监管协调的成功经验，进一步将相互认可制度的适用范围扩大到服务贸易领域，同时允许非欧共体成员国第三方的合格评定机构享有与欧共体成员国认证机构相同的权利，将相互认可的主体范围也扩展到非成员方，进一步扩大了相互认可制度的适用空间。

在借鉴欧盟区域性监管协调模式成功运作经验的基础上，作为全球多边贸易组织的 WTO，也希望通过在 WTO 体系内推行相互认可制度，逐步缩小多边贸易体系统一化监管标准与各国多元化监管标准之间的差距，以消弭成员方在国际贸易和服务标准方面的监管差异和冲突。相互认可制度是指两个或两个以上国家或国际组织通过互惠协议，相互承认和接受对方监督管理产品、服务和服务提供者的标准或措施在自身监管领域内法律效力的双边合作制度。相互认可的主体除常见的国际法主体，包括主权国家和政府间的国际组织之外，通常也包括在经济和关税方面拥有独立自主权的单独关税区和自贸区。作为跨国监管合作与协调的制度创新，国际范围内的相互认可主要有以下几个特征。

1. 兼容性

各国间出于对国家主权平等原则的尊重，应承认且不干涉他国经济管理及相关法律规则的运行，尊重和承认他国制定的经济法规和监管标准具备对等的法律效力。申言之，“认可”即双方认同彼此的法律制度具有“等价性”、“兼容性”或“可接受性”。

2. 互惠性

当事国根据平等互利原则在一定条件下承认对方法规和标准在本国具有法律效力。所谓“互惠”即双方对相关管辖权的再分配是相互的、对等的。相互认可的合作与协调以互利互惠为基础，以“礼尚往来”为内容进行双边讨论。以跨国证券监管为例，对方国家若无法认可和接受己方的证券监管规则，则作为认可国的己方认可和接受对方证券监管规则法律效力的可能性极低。换言之，“双边和互惠”乃相互认可之重要内容与先决

① See Gerard Hertic, *Imperfect Mutual Recognition for EC Financial Services*, 14 International Review of Law and Economics 178(1994).

条件,在此领域也再次印证了国际政治和国际法领域的对等原则。① 如欧盟给予美国和日本证券会计准则无条件的等效认可,即是美国和日本对欧盟证券会计准则给予认可的对等回报。②

3. 条件性

相互认可是指监管制度上总体的概括认可,认可范围包括货物、服务等监管领域,双方针对各自认可的对象、范围和程序等限制性条件进行全面磋商,以及对如何划分母国和东道国监管责任和范围,如何确定最低监管标准等共同关心的事项进行谈判。相互认可并不意味着东道国全面且无条件认可母国所有相关监管法律,对于关系到东道国的敏感核心利益的事项,东道国仍然可以保留相应的监管管辖权,例如,著名的金融审慎例外原则也经常出现并适用于相互认可制度。又如,《投资服务指令》及《可转让证券集合投资企业指令》都要求,在东道国境内从事广告销售活动,境外投资公司或基金公司均需遵守东道国对投资营销广告形式和内容的特别法律规定。

4. 法律性

在互惠的基础上,相关国家就相互认可的实体性与程序性问题展开谈判协商,达成一致后签订相互认可协议。协议包括双边性的相互认可协议和多边性的相互认可协议,这些国际协议就成为相互认可的法律渊源。

(二)WTO 体系下国际金融监管的相互认可

1. GATS 相互认可的宗旨

为了适应国际服务贸易监管的现实迫切需要,GATS 以欧盟的经验为鉴,在第 7 条中创设了服务贸易领域的相互认可制度。该条第 1 款规定:"为全部或部分地实现对服务提供者的有关批准、许可或证明所规定的标准的目的,成员方可以认可在特定成员方获得的教育或经验、已满足的要求以及所颁发的许可证和证明。"接受方认可其他成员方的金融监管措施意味着它承认源于 WTO 其他成员方有关金融服务贸易的管辖权及其监管法规的域外法律效力,而放弃己方的属地监管权及配套的金融服务监管规则。被认可方的服务提供者或提供的服务原则上将不受接受方的金融监管管辖,而主要由金融服务来源方管辖。

---

① 参见刘轶:《欧盟金融服务法中的相互承认原则及其对 WTO 金融服务法的借鉴意义》,载《郑州大学学报(哲学社会科学版)》2008 年第 1 期。

② See Tafara T. & Peterson R. J., *Blueprint for Cross - Border Access to U. S. Investors: A New International Framework*, 48 Harvard International Law Journal 31(2007).

2. GATS 相互认可的标准

为保护金融服务消费者利益，维护金融安全与稳定，东道国让渡一定范围的金融服务管辖权不是无条件的。GATS 第 7 条第 3 款规定，认可应基于非歧视性的待遇，给予其他成员方充分的机会以证明它们的监管标准值得授权国认可。WTO 成员方在达成相互认可协议之前，都要全面评估其他成员方的监管体系、监管法律与监管执行能力，以衡量这些监管要素是否能满足接受方的最低监管要求。[①] 但是，成员方的相互认可也可能会引发两种性质的监管竞争，一方面有利于降低严苛的金融监管标准，提高监管效益，促进 WTO 体系内金融服务贸易的自由化和一体化；另一方面也可能引发恶性监管竞争，各方竞相降低监管标准和要求，不利于金融服务市场的公平竞争，并导致金融服务整体监管水平的下降。因此，要提高 WTO 金融服务贸易的整体开放水平和维护公平的金融服务竞争，GATS 必须要求成员方满足最低的实体性监管标准。

3. GATS 相互认可的方式

GATS 第 7 条具体规定了服务贸易相互协调与认可的几种方式。

（1）双边认可协议或类似的制度安排

2008 年美国和澳大利亚的证券监管机构在 WTO 的框架范围内签订了相互认可协议，SEC 准许澳大利亚的证券交易所和投资银行进入美国的各级证券市场，在澳大利亚证券监管机构保证最低监管要求的基础上，享有较为广泛的免受美国证券监管的豁免权。此外，SEC 和澳大利亚证券监管当局还就相互认可的程序事项进行了磋商和协定，包括主席定期协商会议程序，监管变动、审核批准事项异动以及其他证券监管措施变动的通知程序，每五年至少举行一次的相互认可效果评估复查程序，相互认可协议终止程序等。

（2）自动给予

根据《金融服务附件》第 3 条（a）款的规定，认可的待遇可以根据与有关国家的相互认可协议或者安排给予，也可以由成员方自主决定是否给予，即认可制度可以是单方面的。2008 年金融危机后，美国《多德－弗兰克法案》和商品期货交易委员会的《指引草案》就场外衍生品金融监管的域外管辖提出了“替代合规”制度。所谓替代合规，是指如果美国监管机构认定外国的监管要求与美国的监管要求类似，那么作为互换交易商或主要互换参与商的外国机构只要遵循了其母国的监管要求，即可被视为遵循

① 参见吴永辉：《WTO 体系中的双边主义路径评析》，载《现代法学》2010 年第 1 期。

了《多德－弗兰克法案》和美国监管机构的监管要求；反之则被视为不符合美国的相关监管要求，美国的金融监管机构据此可以采取相应的金融监管执法措施。

（3）相互认可的多边化

GATS 第 7 条第 5 款进一步规定，认可标准应基于多边同意。通常情况下，成员方应与有关政府间组织或非政府组织进行合作以建立供成员方普遍接受的统一性监管标准，或直接采用相关国际组织制定的一般性国际标准。一般性国际标准自然成为各成员方认可的参照标准，其旨在保护消费者利益且是维护一国经济和社会稳定的最低监管标准。不少专业性的国际组织对于制定共同标准具有丰富经验且成就斐然，对于监管标准的协调与认可颇具良效。例如，BCBS 制定的跨国银行监管的巴塞尔标准、IOSCO 制定的国际证券业监管标准以及国际会计协会制定的国际会计标准等，皆为相关国际服务贸易领域的相互认可贡献了权威的标准。

（4）超国家主权的形式

欧盟不仅是相互认可制度的发源地，而且具有超主权国家认可的特点。欧盟的相互认可并非建立在成员国相互认可后的多边化基础上，而是借助于欧盟一体化经济、政治和法律制度的超国家主权机制，通过欧盟理事会发布指令直接实现成员国之间相互认可的协调目标。作为被广泛授权的超国家组织，欧盟委员会制定和通过的各类证券监管相互认可的指令及实施条例，具有直接在欧盟全境适用的法律效力。如《投资服务指令》规定，母国的投资公司通过欧盟指令即可获得欧盟其他东道国认可的单一执照（或欧盟护照）。正如《投资服务指令》序言中所追求的相互认可目标那样，“为了使单一许可执照在欧共体范围内有效，使母国监管原则得到充分适用，使在本国获得许可的投资公司借由共同承认原则能够在欧共体范围内自由地设立分支机构和提供指令覆盖的服务，本指令旨在形成必要的实质性的趋同规制措施”。《金融工具市场指令》赋予了任一成员国借助于指令的法律形式直接获取通行欧盟的监管通行证的权力，并对提高投资者保护标准和扩展投资服务范围提出了在“最低统一标准”基础上更高的要求。

（三）相互认可制度的评价

作为一种解决法律冲突的制度创新，相互认可制度在尊重国家监管主权与既有监管法律的基础上，通过平等互惠的协商与合作，达成相关认可协议，有效地协调了跨国监管法律内容的内在冲突和法律效力的外在冲突，极大改善了全球经济的国际法律环境。具体到国际金融监管领域，相互认可制度具有以下特殊的冲突协调功能。

首先,相互认可制度有助于消解各国金融监管管辖权的矛盾和冲突。服务贸易管辖权由东道国转移至母国的让渡是GATS框架下的相互认可制度的功能之一,其内容是母国监管服务提供者一元化监管标准取代东道国多元化监管标准。金融监管措施的制度竞争效应是金融服务贸易管辖权的相互认可与让渡催生出的必然现象,成员方为使自身的金融监管标准获得其他成员方的认可,优化自身监管能力成为提升监管规则竞争力的必由之路。

成员方不仅需要提高自身的监管效率,也需要软化境内过于严苛的监管措施,最大限度降低监管标准对服务贸易的限制,避免监管措施逆化为服务贸易壁垒。[①] 假设一成员方监管措施极其严苛或监管效率过于低下,便难以得到其他成员方的认可,因而其在金融服务投资者的吸引及国际金融服务市场的拓展方面必然处于不利地位。因此,金融监管管辖权的认可与转移简化了跨国金融服务企业的设立程序,监管标准的优化选择大大减少了监管成本,这些竞争性因素都刺激着各国监管当局积极进行服务贸易监管改革,从而为服务提供者开拓国际服务贸易市场提供机会并创造国际服务投资的良好法律环境。[②]

其次,最低监管标准的相互认可促进了国际金融监管标准的统一。相互认可制度不仅倡导成员方进行程序性的协商与合作,还非常强调成员方间实体性标准合作的基础性与重要性,甚至还直接把一些国际标准作为相互认可制度的实体内容,以推动全球金融监管标准的统一。巴塞尔体系规定了行之有效的最低国际监管标准,符合国际金融业公平竞争与自由化之有效监管的现实需要。巴塞尔体系成为各国及其他国际组织制定金融监管法规的主要法律依据,对全球范围内银行业监管标准的协调与统一起到了重大的促进作用。金融服务贸易的国际化要求对从事跨国金融服务业的金融机构进行国际监管,这就需要简便高效的程序合作与统一性的国际监管标准与之相适应。相互认可制度只有建立于共同标准之上,才能切实提高国际金融监管力度,预防国际金融风险滋生。[③] 因此,最低监管标准的

---

① See Mahmood Bagheri & Chizu Nakajima, *Optimal Level of Financial Regulation under the GATS*, 5 Journal of International Economic Law 507(2002).

② See Joel P. Trachtman, *Trade in Financial Services under GATS, NAFTA and the EC: A Regulatory Jurisdiction Analysis*, 34 Columbia Journal of Transnational Law 37(1995).

③ See Patrick B. Griffin, *The Delaware Effect: Keeping the Tiger in Its Cage – The European Experience of Mutual*, 7 Columbia Journal of European Law 337(2001).

相互认可在一定程度上促进了全球范围内金融监管标准的统一，从而有利于减少和消除各国在金融监管实体法方面的法律冲突。

最后，相互认可的程序公开与透明度要求也增加了国际金融服务监管规则的透明度和可预测性，极大鼓舞了各国商人在安全和稳定的国际法律环境中从事跨国金融投资与交易。

第三节　执法管辖权冲突的多边主义协调

一、欧洲中央银行体系的执行措施

欧洲或欧盟范围内执法措施的趋同与统一，是区域性执法行动协调与合作的典范。虽然从严格意义上讲，这种区域性执法措施的协调还不能称为真正的多边主义，但欧盟为推进区域一体化所做的卓越努力及其深远影响，对于其他区域乃至全球执法措施的协调与合作具有很强的执法借鉴与示范作用。

为了保障欧洲中央银行有效履行其职责和实现金融稳定的目标，《欧共体条约》第 110 条第 3 款赋予了欧洲中央银行对不执行欧洲中央银行制定的规则和决定的金融机构进行处罚或罚款的权限。为此，部长理事会专门制定了第 2532/98 号规则，具体规定了相应的执行程序。

处罚程序的启动可由欧洲中央银行的执行董事会或成员国中央银行提起。执行董事会可主动行动或根据成员国中央银行的动议行动，成员国中央银行也可以主动行动或根据欧洲中央银行的动议行动。处罚决定应书面通知金融机构和相关监管当局，并通知相关成员国中央银行或欧洲中央银行（视程序由谁启动）。通知必须说明金融机构违法的细节和证据。欧洲中央银行和成员国中央银行有权要求金融机构提交文件，检查和复制金融机构的账簿和记录，获得企业的书面或口头解释。当金融机构阻挠处罚程序时，金融机构所在的成员国应当提供必要的协助，包括使欧洲中央银行或成员国中央银行进入金融机构以行使上述权利。

金融机构有权向欧洲中央银行或成员国中央银行提出抗辩，并有不少于 30 日的准备时间。不过，无论是欧洲中央银行还是成员国中央银行启动了处罚程序，只有欧洲中央银行的执行董事会才有权结束处罚程序。欧洲中央银行的执行董事会应通过载有说明理由的决定，判定该金融机构是否违法以及是否实施制裁。处罚金额的上限为 50 万欧元，定期处罚（periodic penalty）的每日处罚金额最高为 1 万欧元，定期处罚的最长期限为自通知企业启动处罚程序起 6 个月。处罚标准不像欧盟竞争法那样明确与营业额相联系，但欧洲中央银行要考虑适当原则以及案件的具体情况，如金融机构在履行其义务时的善意、金融机构违法的严重程度、金融机构因违法而获得的不当利润、金融机构的经济规模、其他机构先前对该金融机构基于相同事实的处罚等。处罚的款项属于欧洲中央银行，而且违法金融机构要承担处罚程序的成本和费用。

执行董事会的处罚决定必须书面通知该金融机构，并明确告知其复议的权利。决定还应通知相关监管当局和违法行为发生地成员国的中央银行。金融机构申请复议必须在收到通知30日内书面向欧洲中央银行的理事会提出，理事会通知金融机构其对复议的决定。不过，复议程序存在的问题是，欧洲中央银行理事会的成员当然包括做出处罚决定的执行董事会的所有成员，这使复议机构的独立性有所欠缺。

该规则还设定了启动处罚程序、作出处罚决定和执行处罚决定的时限。启动期限为欧洲中央银行或成员国中央银行开始知晓违法事实起1年内；如果存在持续违法的情况，期限为违法事实终结5年内。作出处罚决定的时限为启动处罚程序1年内。执行处罚程序的期限为处罚决定可执行后6个月。

二、IMF对外汇管制条款的执行

（一）IMF有关外汇管理的规定

1944年7月在美国召开了布雷顿森林会议，与会44个国家签订了《国际货币基金协定》。会后根据该协定成立了IMF，从而确立了战后以美国为首的国际货币金融体系。根据外汇来源和使用功能，外汇一般被分为经常项目外汇和资本项目外汇。前者是指在国际收支往来中经常发生的交易活动项目外汇，主要包括国际贸易收支、国际劳务收支和国际单方面转移等；后者是指在国际收支往来中因资本输入和输出而产生的资产交易项目，主要包括国际直接投资、国际商业贷款和跨国证券投资等。与外汇来源和使用功能相对应，IMF将国际外汇流转相应地分成经常项目和资本项目两种类型，并分别实行不同的监督和管理政策。

《国际货币基金协定》第8条对成员国经常项目的外汇管理进行了规定，并将经常项目分为可自由兑换和不可自由兑换两种管理类型，IMF享有相应的监督管理权限，而成员国分别承担相应的国际义务。根据IMF的规定，一国若能经常实现账户下的货币自由兑换，该国货币就可被列为可自由兑换货币。因为可自由兑换货币的条约法权利与义务集中体现在《国际货币基金协定》第8条，所以货币自由兑换的国家又被称为“第8条成员国”。《国际货币基金协定》第 8 条第 2 款、第 3 款、第 4 款规定了成员国经常项目可自由兑换的基本法律责任:(1)成员国需经 IMF 同意,方能针对国际经常往来的付款和资金转移实施汇兑限制,以避免各成员国对经常性支付或转移进行不合理的限制。(2)禁止成员国实施歧视性外汇措施或多重汇率措施。(3)成员国需无条件兑付和转移其他成员国持有的本国货币或可接受的其他货币。任何一个成员国都有义务购回其他成员国所持有的本国货币结存,申请兑换的国家需证明这种结存是由最近的经常性交易项目所获取,或证明此兑换用于经常性交易项目的支付。

对于那些不具备经常项目可自由兑换条件的国家,《国际货币基金协定》则通过第 14 条规定了过渡性的外汇管制制度安排。鉴于资本项目涉及资本的国际流动,与一国的投资政策与经济安全密切相关,《国际货币基金协定》目前对资本的国际流动还没有设置相关的国际义务和制度安排。质言之,相对于经常项目,资本项目的监管权目前被保留在各主权国家,国家可以维持或取消已有的资本项目管理手段,国家的资本流动监管既不受国际法的约束和限制,也不受任何国际经济组织的监督和管理。

(二)成员国外汇管制与 IMF 宗旨的冲突

从国内政策来讲,外汇管制是维护国家汇率稳定,进行经济调整和管理的重要手段。从国际法上看,外汇管制主要服务于国家经济的稳定安全发展和政治利益,是国家经济主权在外汇管理上的重要体现。任何国家都不可能轻易放弃通过外汇管理促进本国经济(包括涉外经济)发展的根本内在需求,任何国家也不能强迫其他国家实行完全自由开放的外汇管理政策。因此,外汇管理的自主权是国家经济主权的重要体现,也是维护本国经济安全稳定的重要手段。但是,贸易和投资的国际化与经济的全球一体化又不断促使货币超越国境在国际范围内发挥作用,不断呈现货币的流通交换属性和价值属性,货币的国际流通与国际汇兑的规模和频次与国家的外汇管理权之间越来越难以相容。随着各国在全球经济发展中的联系日益密切,各国不断扩大本国外汇管制法的域外效力,导致了正常国际自由贸易和金融秩序稳定目标之间的矛盾。这种冲突与矛盾在战争和经济危机时期表现得尤为明显,这是已经被两次世界大战和经济危机时期的历史反复证实的真理。因此,IMF 的首要宗旨即是协助各成员国建立经常项目交易项下的多边性支付制度,废除有碍国际自由贸易往来的各种外汇管制措施,以促进各国贸易和经济的正常交往与发展。

(三)IMF 框架下成员国外汇管制冲突的协调

1. 过渡性条款的规定

IMF 的基本宗旨是通过减少汇兑限制促进国际贸易的正常流转,但考虑到各国经济发展水平的现实差距,特别是外汇管制在维持国际收支平衡方面的特殊地位和作用,IMF 仍然承认了各成员国维持外汇管制的必要性和合理性。为此,IMF 规定了达致国际贸易所需自由汇兑的过渡性条款,并极力促进该过渡性条款及相应措施在其他成员国的法律效力。具体而言,成员国的限制性措施包括:资本项目的管制;IMF 授权和/或 IMF 批准的限制;过渡条款制度下的限制,涉及对非成员国的限制、与稀有货币有关的限制和出于国家安全原因而施行的外汇管制措施等。

2. 外汇合同的不履行

(1)《国际货币基金协定》第 8 条第 2 款(b)项的规定及解释

除明确规定过渡性的限制性条款外,《国际货币基金协定》第 8 条第 2 款(b)项的规定重申了 IMF 对过渡性和限制性外汇汇兑限制的尊重,并对涉及这些国家的外汇汇兑合同的法律适用提出了强制性要求。该协定第 8 条第 2 款(b)项规定:"涉及任何成员国货币且违反该成员国按照本协定维持或实施的外汇管制条例的外汇合同,在任何成员国境内均不可执行。"

根据该条款的规定,成员国有权按照该协定的相关规定制定和实施本国的外汇管制条例,凡是与该国外汇管制条例相违背的任何相关货币汇兑合同在任何成员国领域内均属无效,且不得在任何成员国领域内予以强制执行。该条款涉及外汇的取得、持有或使用;或涉及在国际支付和转账中使用的货币,而无论其是外国货币还是本国货币。通过该条款,我们不难发现,虽然 IMF 的整体宗旨和目标是消除影响国际贸易与金融稳定的外汇管制,但考虑到各国经济发展水平和外汇储备增长限制的国别差异性现实,采取国内外汇管制优先的平抑监管矛盾的做法,不失为保证外汇自由兑换的长久之计和迂回策略。

为方便各成员国全面贯彻该条款,IMF 执行董事会出台了专门解释,以应对外汇跨境流动中不断出现的监管冲突:①本条适用于全体成员国,无论是"第 8 条成员国"还是"第 14 条成员国";②在成员国的外汇管制条例符合协定的规定或被授权或得以豁免的情形下,如果外汇合同涉及该会员国的货币,并违反该会员国的外汇管制条例,任何其他成员国不得发布有关外汇合同具体履行或因不履行之赔偿责任的法令,且对任何会员国的行政机关与司法机构均具有拘束力;③依第 8 条第 2 款(b)项不能履行的外汇合同不得以依协定所实施的外汇管制条例违反被申请法院所在国的公共政策为由，而准予外汇合同的强制执行或履行；④依第8条第2款(b)项不能履行的外汇合同亦不得以依协定实施的外汇管制条例违反被申请法院所在国的国际私法原则不能适用为由，而准予外汇合同履行或强制执行。①

(2)外汇合同的界定及其法律适用

“外汇合同”是条款的核心内容，但成员国对外汇合同的理解和解释并不一致。这里的“合同”，显然应是合同之债，而不是侵权行为之类的非合同之债，但何为“外汇”，却存在三种不同的解释：首先，狭义解释的观点认为，外汇合同即是一国货币对另一国货币的交换合同。该观点认为“所涉货币”是作为外汇标的物的货币，这种解释将把《国际货币基金协定》第8条第2款(b)项下的利益仅仅局限在货币被广泛使用的少数国家，因而许多涉及私法主体的货币汇兑合同就不属于第8条第2款(b)项的货币交换合同。英国法官丹宁(Denning)在威尔逊史密西特科普公司诉特利兹案中就认为，外汇合同仅指成员国主体之间的货币兑换协议，不包括私法主体之间的货币兑换协议。① 考虑到IMF减少和削弱外汇管制的长远发展目标，狭义的解释显然削弱了外汇管制的适用空间，减少了外汇合同强制履行的范围，因而不利于第8条第2款(b)项的有效执行。其次，法国和德国等大陆法系国家倾向于将外汇合同定义为影响一国外汇储备或国际收支的广泛意义上的外汇合同。这种做法表面上支持广义的外汇合同解释，但在司法实践中很难形成供法院有效适用的“影响国际收支”标准，从而妨碍了IMF宗旨和目标的实现。② 最后，IMF倾向于对外汇合同做出折中的解释和定义。“规定支付或转账外汇或国际支付或转账(居民与非居民之间的支付，或资金从一国转移到另一国)的合同”这一界定涵盖了跨国居民之间以外汇支付或国际借贷所形成的合同，即合同一方当事人是该成员国居民，或者以该成员国领土内的资产履行合同，均构成外汇合同，从而适用于该条款。

总体来说，《国际货币基金协定》第8条第2款(b)项对各国关于外汇合同的法律适用提出了国际强制性规范的法律义务，但是如何定性外汇合同的范围，IMF执行董事会在其解释里并没有给出明确的答案。按照国际私法中“定性”的通常做法，外汇合同的识别和归类一般应当依据法院地法确定。这样，为各国根据本国的政治、经济和法律立场作出对自己有利

---

① 683 QB(1976).英国高等法院(Queen's Bench)。

② See Philip Richard Wood, *Conflict of Laws and International Fiance*, Sweet & Maxwell, 2007, p.73.

的解释提供了"便利"的法律依据,从而通过"外汇合同自由解释的方法"在一定程度上限制了《国际货币基金协定》第8条第2款(b)项的适用。

(3)评价

根据《国际货币基金协定》第8条第2款(b)项的规定,IMF各成员国有义务不使另一成员国的外汇管制条例失效,从国际法层面维护成员国金融监管法规的域外效力。从这个意义上说,该条规定了成员方最低限度的国际法义务。然而,该条规定确保协定条款所呈现的协商一致意见得到实际执行(尽管是在国家层面由国家法院执行),并且从事国际交易的私人当事方都享受同样的待遇。因此,该条的规定在某种程度上已偏离了传统的立法和司法立场,即国家法院在面对私人当事方之间具有国际性的争端时,通常不会作为国家公共政策事项承认或执行另一国的公法。因此,遵循英美法系传统的法院通常不执行另一国的外汇管制、税收或刑事立法。此外,国家法院承认外国法律能够规制当事人之间的私人关系。根据与协定条款一致的外汇管制条例,第8条第2款(b)项通过保护公共政策的理由阻止一方执行外汇合同,使一般做法更具特色。

如果从强制性规则适用的角度理解,一国的外汇管制法一般是强制性规定,法院地国的外汇管制法应当优先于准据法适用,但在《国际货币基金协定》的宗旨下,法院地国的外汇管制法必须符合IMF的规定。换言之,法院地国的强制性规则必须服从于IMF对于准据法国和第三国强制性规则的规定,也实际上确认了各成员国有相互承认对方外汇管制法的域外效力的义务。

三、联合国安理会金融制裁的执行

联合国会员国将维持国际和平及安全的首要责任授予安理会,并同意由安理会履行该职责所必要的执行权能。作为联合国体系中唯一具有执行权能的常设机构,安理会根据安理会决议所采取的一系列执法行动,在维护国际和平与安全方面发挥了重要作用。为了维护或恢复国际和平与安全,《联合国宪章》在第七章规定了安理会可采取强制执行措施,包括不涉及武力使用的经济和(或)非经济制裁,必要时授权采取相应的国际军事行动。实行强制性制裁的目的在于对相关被制裁国或实体施加压力和影响,力求不诉诸武力即可使被制裁对象遵守安理会的相关决议或要求。因此,制裁措施是联合国体系为维护其国际安全目标而执行其重要决议必不可少的强制手段。除采取必要的武力措施和维和行动之外,安理会履行职能最重要的手段就是经济制裁,如技术封锁、进出口贸易禁止或限制、投资禁止和资金冻结等。在目前所运用的各种经济制裁手段中，最具威慑力和杀伤性，也是最迅捷和最具惩罚性的制裁手段就是金融制裁。

（一）安理会金融制裁的法律依据

在联合国经济制裁的法律体系中，处于核心地位的是《联合国宪章》第25条和第41条的相关规定。《联合国宪章》第25条规定："联合国会员国同意依宪章之规定接受并履行安全理事会之决议。"根据该条的规定，安理会享有维护国际和平与安全的首要职能。联合国安理会为制止危害世界和平的行为，将对影响地区稳定的国际组织或国家实施金融制裁。为了进一步落实《联合国宪章》第25条的一般性规定，第41条列举了不完全的具体执行措施："安全理事会得决定所应采武力以外之办法，以实施其决议，并得促请联合国会员国执行此项办法。此项办法得包括经济关系、铁路、海运、航空、邮电、无线电及其他交通工具之局部或全部停止，以及外交关系之断绝。"第41条着重强调了对成员国间"经济关系"的停止，无疑是对安理会进行金融制裁的直接法律授权，赋予了安理会对特定主权国家或实体采取和实施全方位制裁的权力。显而易见，第25条是成员国对安理会采取执行措施的一般性授权，第41条则是对第25条执行授权的具体保障。因此，《联合国宪章》第25条和第41条共同构成了战后国际金融制裁的法律依据，也是所有联合国成员国履行其国际金融制裁义务的国际法依据。

除对安理会的授权以外，为了规范安理会执法过程，《联合国宪章》对安理会采取和执行制裁措施的条件和程序也作出了明确规定。《联合国宪章》第39条规定："安全理事会应断定任何和平之威胁、和平之破坏或侵略行为之是否存在，并应作成建议或抉择依第41条及第42条规定之办法，以维持或恢复国际和平及安全。"而第40条中"为防止情势之恶化，安全理事会在依第39条规定作成建议或决定办法以前，得促请关系当事国遵行安全理事会所认为必要或合宜之临时办法"则作出了具体说明。若安理会判定当前被制裁国或组织的行为威胁到了世界和平和稳定，对于"和平之威胁、和平之破坏或侵略行为"的判定，安理会将以1971年联合国大会通过的《关于侵略的定义》决议作为判定标准。

总而言之，《联合国宪章》为联合国安理会行使国际金融制裁权提供了正式权威的法律依据。《联合国宪章》第25条是一般性的规定，第39条和第40条阐述了实施金融制裁的情形及理由，第41条则赋予了安理会实施具体金融制裁措施的权力，并规定了成员国依据安理会决定对被制裁对象实施金融制裁的国际法义务。

（二）安理会金融制裁的实施

"冷战"时期，美苏对立，联合国在事实上成为美苏双方及其盟国政治角力的舞台，导致相关国际经济制裁的决议寥寥无几。联合国安理会自1945 年成立至 1990 年，仅通过两项对成员国的经济制裁决议。"冷战"结束后世界格局向多极化发展，原先两极格局压制下的各种国际性和区域性矛盾不断暴露和激化出来，联合国在协调国际冲突、维护世界和平中的地位和作用越来越重要，非武力经济制裁的作用越发显著，非武力经济制裁之功能渐次凸显，尤其表现在金融制裁快速高效的威慑力上，金融制裁逐步成为安理会重要的非武力制裁手段。

1. 安理会金融制裁的类型

（1）维护国际和平

维护国际和平与安全是联合国的基本宗旨和目标，贯穿于联合国一切机构的职能中。因此，具有决策和执行功能的安理会的职责之一便是以金融制裁的手段维护国际和平与安全，有权对做出危害世界和平行为的国家和组织制定通过并实施金融制裁措施。例如，1990 年海湾战争爆发后，安理会迅速通过了第 661 号决议，明文规定"所有国家不得向伊拉克政府或伊拉克境内的任何商业、工业或公用事业机构提供任何资金或任何经济资源"。

（2）打击国际恐怖主义

联合国安理会于 1999 年通过了第 1269 号决议，吁请各会员国"在其领土范围内通过一切合法手段防范并禁止一切组织和个人为任何形式的恐怖主义提供协助和资助"。2000 年安理会通过了第 133 号决议，决定对塔利班和"基地"组织进行联合国制裁。

2001 年"9·11"事件发生后，恐怖主义的现实威胁和深重灾难再次引起国际社会的共同关注和协调行动。在美国的主导下，安理会先后通过了旨在严厉打击国际恐怖主义的一系列联合国制裁决议，制裁对象包括"基地"组织头目本·拉登、"基地"组织及相关个人。安理会分别通过了第1373 号（2001 年）、第 1390 号（2002 年）、第 1452 号（2002 年）、第 1455 号（2003 年）、第 1526 号（2004 年）、第 1566 号（2004 年）、第 1617 号（2005 年）、第 1699 号（2006 年）、第 1735 号（2006 年）、第 1822 号（2008 年）、第 1904 号（2009 年）、第 1989 号（2011 年）等系列决议，特别强调了金融制裁措施，要求成员国"毫不拖延地对本·拉登以及其他有关个人和实体进行金融制裁，冻结'基地'组织的资金和其他相关人员的金融资产，以及查封和冻结他们直接或间接拥有或控制的其他任何财产"。

（3）惩戒成员国政府公务人员的贪污腐化行为

联合国安理会于2004年通过了第1532号决议，认定利比里亚前总统查尔斯·泰勒及相关人员耗尽利比里亚的公共资源并通过侵吞、转化和贪污等非法手段将攫取的资金和财产转移到国外，而对利比里亚前总统查尔斯·泰勒及相关人员在全球范围内进行金融制裁。

（4）保护人权

联合国安理会于1966年通过决议，要求所有成员国防范其国民及其领土内其他任何人将资金或资源提供给罗得西亚境内的非法政权、个人或机构，并对罗得西亚发动金融制裁，限制其资金和资产的流动。20世纪70年代，针对卢旺达境内发生的大规模种族屠杀及人道灾难，安理会通过决议对相关国家和政治组织进行了一系列的经济制裁和金融制裁。

（5）防止核扩散

近年来，针对伊朗境内的核危机问题，联合国安理会连续发起和实施了四轮制裁，其中就包括经济和金融的各种制裁措施。联合国第1747号决议规定各成员国应审慎、克制地向伊朗提供金融协助（financial assistance）。[①] 第1929号决议呼吁各国采取适当措施，"禁止本国境内或受本国管辖的金融机构在伊朗开设代表处、子公司或银行账户，如果有情报提供合理理由认为这类金融服务可能有助于伊朗扩散敏感核活动或核武器运载系统的研发"[②]。

2. 安理会金融制裁的典型案例

2011年利比亚局势动荡、流血冲突不断。联合国安理会于2011年2月26日迅速通过第1970号决议，在3月17日又通过第1973号决议。第1970号决议对利比亚卡扎菲政府相关人员实施金融制裁措施，其中包括资产冻结等。与以往制裁不同的是，第1970号决议明确指出了联合国安理会实施经济制裁的国际法依据。而在此之前的经济制裁决议则仅仅泛泛指出依《联合国宪章》第七章采取相应行动，并未指明依照《联合国宪章》第41条或第42条采取制裁措施。两者最大区别在于是否使用武力或其他方法。若指明以第41条作为法律依据，即表示任何联合国会员国或组织无法依据第1970号决议对利比亚采取军事行动。安理会认为利比亚动荡的国内局势已严重威胁国际社会的和平与安全，由此通过的第1973号决议宣布对利比亚卡扎菲政权及相关人员采取金融制裁措施。相较于

---

① UN S/RES/1747 (2007).

② UN S/RES/1929 (2010), para. 24.

以往针对利比亚整个国家的全面制裁而言，这种仅针对卡扎菲政权上层人物及支持该政权的个人或集团等采取的金融制裁措施，更具有惩戒和打压的精准性和合理性。这既是对以往全面制裁造成弱势群体人道主义灾难的反思与改进，也是提升金融制裁效果和可操作性的现实考量，从而说明了国际金融制裁无论是国际法依据还是具体实施都不断走向完善。

（三）安理会金融制裁的评价

联合国安理会的制裁措施对于维护国际和平发挥了巨大的制约和威慑作用，从战后的国际执法实践来看，联合国安理会的金融制裁具有如下几个特征。

1. 执行决议的广泛代表性

截至 2021 年，联合国会员国共计 193 个，几乎包括了全球绝大多数的主权国家，无论是联合国安理会制裁决议的通过，还是制裁决议的执行，都具有广泛的国际民意基础和代表性，因而能够得到国际社会的广泛支持。虽然联合国安理会的制裁带有一定的政治色彩，但从国际法属性上讲，安理会“具有代表国际法律共同体的能力”。① 根据《联合国宪章》的规定，安理会只有 15 个会员国，联合国安理会的权力由所有会员国赋予，其合法代表性地位建立在会员国主权平等与共同意志协商的基础上。出于缓解威胁国际和平与安全紧迫情势的目的，安理会发布的金融制裁决议代表着联合国全体会员国的共同意志，理应能够得到全体会员国的尊重和支持，获得一体遵循和共同执行。因此，由安理会主导的金融制裁可以大幅降低国际金融制裁决议的执行难度，实现快速制裁、缓解紧急情势的保障国际安全与维持合法性的双重目标。此外，作为对维护世界和平与安全唯一拥有执法权的国际机构，联合国安理会具有无可辩驳的法律正当性和合法性基础，因而安理会的制裁决议及相关执法行动在国际范围内也就具备了最为广泛的国际民意基础。

2. 强制执行的协调性与多边性

金融制裁的多边性是国际金融制裁近年来的发展趋势。金融全球化和一体化加强了各国投资、贸易和金融的联系和融合，全球金融市场逐渐发展成为一个“一损俱损，一荣俱荣”的利益共同体。国家之间的多边性合作不仅能够确保所有当事方能够依据国际法履行其义务，也是提升国际金融制裁有效性的重要因素。多边性的国际合作与金融制裁的有效性正

---

① 简基松：《联合国经济制裁》，湖北人民出版社 2019 年版，第 126 页。

呈现越来越强的正相关关系，这在联合国安理会的制裁机制上体现得尤为明显。联合国安理会虽然只有15个会员国，但根据《联合国宪章》的规定，安理会的代表性建立在国家主权平等和成员国协商一致同意的基础上，安理会的一切权力都是由所有会员国共同赋予的。国际法院在纳米比亚案中也进一步重申了安理会的代表性和权力来源，“安理会依据《联合国宪章》第25条作出的决定，所有成员国都须遵行，包括在安理会上反对该决议的成员国以及非安理会理事国的成员国。如果不这样将损害安理会依据《联合国宪章》规定的主要职能和权力”①。为进一步加强对执行决议的监督和协调，也是为了进一步提升联合国制裁措施的效力，2020年4月安理会临时设立了一般性问题工作组，主要负责给出一般性的建议和咨询意见。2006年12月安理会通过了第1730号决议，建议秘书长在安理会附属机关事务处确定具体的协调人，负责接收除名申请以及执行决议附件开列的其他任务清单。这是安理会所作承诺的一部分，一方面确保将被制裁个人和实体列入制裁名单；另一方面出于人道主义豁免的审查，将被制裁个人和实体从制裁名单中及时合法地删除，这些基本事项是一般性问题工作组的基本工作内容，也构成了安理会承诺的一部分。因此，联合国的支持和参与、安理会的积极履职以及一般性问题工作组的全程跟踪共同促成了国际社会的联合施压态势，从而保证所有会员国都有义务尊重和执行安理会通过的金融制裁决议。

3. 执行措施的国别依托性

除由成员国提供维和部队和警察外，安理会自身并不具备相应的强制执行能力。从这个意义上来说，安理会的经济制裁在事实上体现为成员国或成员国间强制执行命令。换言之，如果没有联合国成员国对安理会的制裁决议进行国内法的法律转化并配套执行，就无法保障各项国际经济制裁的法律效力和执行效果。如安理会制裁决议中常常涉及“资产冻结”“禁止外汇转移”“切断资金渠道”等金融制裁措施，都需要相关国际金融组织，尤其是相关成员国的国内法措施和机制来保障联合国安理会经济制裁决议的具体执行。事实上，安理会本身没有执法资源和执法工具，完全依赖于各成员国提供密切的配合来协助执行其金融制裁等非武力制裁决议。因此，成员国国内法律或行政程序批准、认可和转化，在安理会的金融制裁决议执行过程中起到了决定性的作用。此外，为了防止经济制裁的执行异

① Legal Consequences for States of the Continued Presence of South Africa in Namibia (South West Africa) Notwithstanding Security Council Resolution 276 (1970), Advisory Opinion, I. C. J. Reports 1971, para. 116.

化,尤其是为了防止某些金融强国借机扩大打击报复范围,超出安理会金融制裁的目的和范围,违反制裁措施的合理比例性限制,国际社会也需要加强对安理会经济制裁执行的监督。

第六章　国际金融监管法律冲突的统一实体法协调

通过前述国别性的立法管辖权、执行管辖权和司法管辖权协调的分析,我们知道,无论是单边性的自我克制,还是双边性、区域性和多边性的立法、执法和司法管辖权合作都不可能真正解决国际金融监管法域外效力的法律冲突问题。单向性的管辖权分配或管辖程序合作制度成效也不是很明显,也并非消弭管辖权矛盾和冲突的长久之道。但凡法律成效比较好的管辖权协调与合作制度,如双边或多边性的相互认可制度,在程序性协调合作的基础上,一般都包含金融监管标准或实体法的趋同或统一,起到了较好的管辖权冲突协调效果,从而在很大程度上昭示着实体法的趋同和统一是解决公法规范域外效力冲突的必由之路。在国际金融监管法律冲突的全球治理结构中,无论是正式的还是非正式的国际制度安排,统一性的实体法规范都处于全球治理的中心地位。如果没有一套能为全球共同遵守的监管实体法规范,那么国际金融监管可能会处于一种“无法可依”的尴尬境地,国际金融监管的法律冲突也就最终无法得到实质性的解决。

第一节　国际金融监管的多边性条约

在金融监管法律冲突的治理结构中,国际社会的多边性条约发挥着重要作用。多边性条约代表着国际社会的基本共识,这种普遍的国际标准为加强和完善各国监管立法和实践指明了方向,也成为各国金融监管和法律执行的共同标准。[①]

一、联合国体系下的反洗钱监管公约

对于反洗钱的金融监管最早是从国内层面开始的,但由于洗钱犯罪活动逐渐呈现集团化和国际化的特点,仅靠国内层面的规制和监管远远不能对日益猖獗的洗钱犯罪活动进行有效的控制。单一国家的反洗钱行动不

① 参见[美]本·斯泰尔、[美]罗伯特·E. 利坦:《金融国策》,黄金老等译,东北财经大学出版社2008年版,第37页。

仅难以对跨国洗钱的犯罪分子进行管辖和制裁,而且对于因洗钱所得的犯罪收益也难以进行扣押和追缴。因此,防范和打击跨国洗钱,提高反洗钱的监控效力,加强反洗钱控制标准的建立,是维护国际社会共同利益的迫切现实需要。在此国际共识的基础上,反洗钱的法律制度不断从国内层面扩展到国际层面,现已成为国际金融治理和全球金融监管合作的重要内容。从1988年通过第一个反洗钱的国际公约开始,国际反洗钱法迅速发展,基本上形成了以联合国为中心的条约法体系,极大促进了反洗钱法在国际范围内的协调和统一。

(一)1988年《联合国禁止非法贩运麻醉药品和精神药物公约》

该公约通过加强各国对毒品犯罪的协调控制,以实现控制毒品犯罪的国际合作战略。公约对于洗钱的定义,管辖权,犯罪所得的扣押、追缴、没收以及国际司法协助和引渡进行了实体法和程序法方面的详细规定。

公约规定缔约国必须通过立法的方式将洗钱规定为犯罪行为,洗钱犯罪行为具体包括:(1)组织或实施任何形式的贩毒活动,或为贩毒活动提供任何资金支持;(2)在明知财产或资金源于毒品活动或参与毒品贩卖行为时,为了隐瞒或掩饰该财产的非法来源,或为了协助任何涉及此种犯罪的人逃避其行为的法律后果而转换或转让该财产;(3)明知财产或资金来自毒品贩卖行为或参与毒品贩卖行为,为了隐藏或隐匿该财产的真实性质、来源、所在地,而处置、转移所有权或相关权利;(4)在接受财产或资金时,已经明知财产或资金源于毒品贩卖行为,仍然保存、占有或使用该财产或资金。此外,公约还对贩毒所得的没收规定了各国之间的合作义务。如果公约缔约国接到了对毒品所得拥有管辖权的另一缔约国提出的协助没收该贩毒所得的请求,该缔约国应立即将该请求交付其主管部门,并采取措施识别、追查、冻结和扣押贩毒所得,以便下令予以没收。

作为国际社会第一个具有法律约束力的反洗钱法律文件,该公约从实体法和程序法两方面全面地规定了洗钱犯罪的法律控制,初步奠定了对跨国洗钱进行预防和惩治的合作框架,标志着反洗钱控制已经纳入了国际社会的治理范围。公约对国际反洗钱法律控制方面的开创性作用,为全球反洗钱的深入合作奠定了国际法基础。

(二)1999年《联合国制止向恐怖主义提供资助的国际公约》

鉴于金融机构在洗钱犯罪与恐怖主义犯罪中的特殊作用和影响,为打击和切断国际犯罪活动的金融链条,该公约对金融机构在控制洗钱犯罪与恐怖主义犯罪中的义务和责任进行了详细的规定,开创了国际反洗钱和反恐怖主义与金融监管的协同治理。公约要求缔约国采取一切切实可行的措施,防止资助恐怖主义行为的发生。这些措施规定金融机构以及从事金融交易的其他行业应使用目前行业内效率最高的措施查证和监管其客户账户,以及由他人代其开立账户的情况,并特别注意不寻常或可疑的交易情况并及时报告疑似为洗钱犯罪活动的交易。

(三)2000 年《联合国打击跨国有组织犯罪公约》

该公约进一步拓宽了洗钱犯罪的上游犯罪行为,同时要求各缔约国应当以国内立法的形式最大限度扩大洗钱犯罪的上游犯罪行为。针对严重的跨国有组织犯罪行为,公约规定了"法人责任",以消除各缔约国在"单位"洗钱犯罪方面的立法歧异与冲突,以便国家之间对于打击跨国有组织犯罪进行合作,力求达到打击跨国有组织犯罪效果的最大化。根据该公约的规定,各国在其国内法律中应当规定法人实施条约中所列的行为为犯罪行为,同时规定其应承担的责任。另外,由于犯罪所得是犯罪的"最大刺激因素",因此条约对于犯罪所得没收和追缴程序进行了专门的规定。该公约从实体和程序两方面都继承和发展了原有的反洗钱规则,尤其是对跨国有组织犯罪进行了详细和具体的规定,这标志着对国际洗钱和跨国有组织犯罪开始进行协同治理。

(四)2003 年《联合国反腐败公约》

近年来,腐败问题渐趋突出,严重阻碍各国政治、经济和社会的发展。随着全球化的深入发展以及各国人员交往和移民的频繁,腐败分子携赃款外逃的行为已成为跨国治理的难题之一。该公约将跨国反洗钱以及国际反腐败相结合进行治理,在序言中规定"缔约国应当密切关注同腐败相关的其他形式的犯罪,特别是有组织犯罪和包括洗钱在内的经济犯罪的联系,决心以更加有效的方式预防、查处和制止非法获得资产的国际转移,并加强资产追缴方面的国际合作"。该公约中进行合作处理的内容主要体现在对洗钱犯罪的预防性措施上,规定了负责打击洗钱的机构应在国际层面进行合作,并建议建立金融情报机构以便对信息进行专业的收集、交换、分析和处理。

二、WTO 体系下的金融监管统一法

WTO 是全球最重要和最普遍的国际经济组织,截至 2023 年 2 月,WTO 已经拥有 164 个成员方。作为乌拉圭回合的三个新议题之一,借助与"贸易"一词的巧妙联系,缔约方通过"一揽子"协议把服务贸易整体纳入全球多边贸易体系,并把传统货物贸易的多边规则扩展至服务贸易领域,标志着服务贸易开始走上全球性的统一法治化轨道。金融服务贸易是

服务贸易的重要组成部分，WTO关于金融服务贸易的法律规范较为集中地体现在GATS、《金融服务附录》、《关于金融服务承诺的谅解》（以下简称《金融服务谅解》）以及1995年与1997年的两份多边金融服务协议等法律文件中。这些法律文件从一般义务与具体义务两个方面规定了成员方应承担的金融服务自由化义务及相应的监管责任。由于国际法律体系权利与义务密不可分的互惠特性，一成员方承担的国际法义务即是其他成员方享有的国际法权利，因此，也意味着WTO体系同时确立了成员方享有相应的实体法权利。

（一）一般义务

一般义务是指成员方对来自其他成员方的服务和服务提供者在服务部门开放和自由化措施方面所承担的普遍性义务。

1. 最惠国待遇

根据GATS第2条的规定，一成员方给予另一成员方服务和服务提供者的任何优惠待遇和措施应当无条件地给予任何其他成员方同类的服务和服务提供者。由于服务贸易与其提供者的密切关系，服务贸易领域的最惠国待遇原则适用的对象不仅包括服务本身，也包括服务的提供者。此外，服务贸易领域的最惠国待遇也存在一定范围的例外规定。一成员方如果援引了这些例外，则可以采取与最惠国待遇原则不一致的措施。根据GATS附件的规定，除下述一般例外之外，今后将不再允许增加新的例外。

（1）成员方可在GATS对其生效时声明免除国内某些服务部门的最惠国待遇义务，这一声明如属于5年以上的义务免除，则必须经过服务贸易理事会审查，首次审查应于WTO协定生效后5年内进行。

（2）为了方便邻国之间进行边境服务贸易而相互提供的优惠。

（3）区域经济一体化组织内部成员之间互相提供的优惠。

（4）政府采购，即政府为了政治目的而非商业性目的而购买的市场服务，可以免除最惠国待遇。

2. 透明度

GATS第3条要求各成员方必须采取措施保证服务贸易措施的透明性，并从以下几个方面规定成员方在保证透明度方面的基本义务。

（1）除非存在紧急情况或属于不宜公开的机密资料，各成员方应在协定生效时立即公布所有涉及或影响服务贸易的法律法规等有关规制措施，包括成员方加入的关于服务贸易的国际协定。

（2）成员方在制定将会对服务贸易产生重大影响的新的法律、行政法规、命令时，或对现行法律、行政法规、命令作任何修改时，应立即或至少每年一次向服务贸易理事会报告。

(3)一成员方在其他成员方要求其提供所采取的有关服务贸易的措施或其参与的有关服务贸易的国际协定的资料时,应立即予以答复。每一成员方还应在WTO协定生效后的2年内建立1个或多个咨询机构,以便向其他成员方提供资料以及向服务贸易理事会提供报告。

(4)任何成员方如认为其他成员方采取的措施影响GATS的实施,可通报服务贸易理事会予以处理。

3. 国内规制

GATS第6条第1款、第2款、第3款和第6款规定,在已经做出承诺的部门,成员方应以合理、客观和公正的方式对能够对服务贸易产生影响的普遍适用措施进行管理。这些规定对成员方在做出承诺的服务部门中对规制措施的管理方式、司法救济、服务申请的办理和外国服务提供者能力的验证等方面都提出了明确具体的要求,是成员方在行使国内规制权进行金融监管时必须接受的约束和限制。不过,关于服务贸易的国内规制,GATS的约束非常原则和抽象,不具备具体适用的可操作性与可预见性。因此,目前GATS第6条国内规制的相关内容的约束效力与实践效果都是非常有限的,这一状况显然还不能适应国际服务贸易监管的迫切需要。

4. 资格的认可

成员方之间是否相互承认他国授予服务提供者的资格和条件是影响外来服务提供者准入及其服务提供的重要因素,尤其直接涉及专业技术人员的国际流动和服务提供。如果运用不当,这一监管措施可能会逆化为阻碍国际服务贸易自由化的非关税壁垒。对此,GATS第7条专门进行了规定,内容包括以下几点。

(1)成员方之间可通过双边或者多边协议相互认可对方成员授予的学历、资历、专业资格证明或工作许可证等证明文件的法律效力,也可以采取单方面自动认可的方式给予其他成员方此等优惠待遇。

(2)成员方在与其他成员方签订资格认定协议时,应根据最惠国待遇原则,给予其他成员方同等的待遇和机会,就其加入该协议或达成类似的协议进行协商谈判。若采取自动认可的方式,也应向其他有关成员方提供适当机会,以表明在其境内授予的学历、资历、专业资格证明等内容也有机会得到自动认可。

(3)在《建立世界贸易组织协定》生效后的12个月内,每一成员方应将其境内现行的有关资格认可的措施或修改措施通知服务贸易理事会,并说明该措施是否建立在双边或多边协议的基础上。

(4)有关资格认可的协议应以多边达成一致为基础。成员方在适当的情况下应就有关资格认可的国际标准进行合作。

5.逐步自由化原则

由于服务贸易存在发展历史较短、行业较多、形式多样、自由化水平低等特点以及各国服务贸易发展的不均衡原则,GATS由此规定了逐步自由化的原则,即在WTO成立后的5年时间内开启定期谈判,逐步实现贸易的自由化。由于发展中国家服务贸易水平较低,GATS规定可以准予其少开放一些服务部门,增强其灵活性,随着服务贸易的发展,逐步开放有关的服务部门。每一成员方应根据GATS市场准入和国民待遇的规定对其承担的义务以及具体条件在承诺表中详细列明,各成员方的具体承诺表应作为GATS的附件构成总协定的组成部分。

(二)具体义务

所谓具体义务,是相对一般义务而言的,是指成员方仅承担其在具体承诺表中所承诺的金融服务部门的开放和相关措施的自由化义务。根据GATS的规定,国际服务贸易可以以跨境提供、境外消费、商业存在和自然人流动四种方式进行。因此,成员方可以在这四种服务贸易方式的基础上结合市场准入和国民待遇条款,做出具体义务的承诺。如果成员方对上述服务贸易措施都没有做出明确限制的具体承诺,那么就不能采取任何其他不在承诺表中的措施对相关服务贸易进行限制或监管;如果限制了特定的服务贸易方式,成员方则不能实施除此之外的任何其他未列明的限制措施。

1.市场准入

市场准入是东道国金融监管机构对进入其国内金融市场的外国金融机构所施行的金融监管和管理行为。市场准入的目的是防止外来金融机构对本国金融业的控制和冲击,避免金融业的过度竞争,维护金融秩序的稳定。市场准入是对外资金融机构进行监管的第一步,集中反映了一个国家或地区对外资金融机构的开放态度。

与国内金融监管一样,金融监管的国际合作也要从市场准入开始把好关口,只让合格的金融产品和金融机构进入国际金融市场。但国际金融监管更为关注外来金融服务对东道国金融行业的冲击和影响。由于各国金融发展水平和监管措施的不同,成员方在金融市场准入方面所实施的政策存在明显差异。从实践来看,一国或者实行东道国原则,或者采纳母国原则,又或者实行互惠原则。采纳东道国原则的国家,有的国家实行歧视性对待的原则,有的国家实行国民待遇原则;采纳母国原则的国家,有的国家实行单方面优惠原则，有的国家实行互惠原则。美国的《国际银行法》一贯主张对外资银行实行国民待遇原则，在美国、加拿大和墨西哥之间达成的《北美自由贸易协定》中，也包含对外国金融机构给予国民待遇的要求。欧共体1989年颁布的《第二银行指令》慎重推出了互惠待遇和单一执照原则，因而欧盟各国在市场准入方面采取了母国控制原则。《第二银行指令》要求，如果一家金融机构在一个欧盟成员国获取了经营银行业、证券业和保险业的许可，就可以自动获得在其他成员国建立分支机构以及从事相同业务的权利。欧盟各国施行的这种单一护照和母国管辖的法律制度，基本上去除了在欧盟范围内跨境设立金融服务业分支机构的限制。原则上，欧盟成员国间的市场准入制度也可以适用于非欧盟国家的金融机构。但是，欧盟会对这些非欧盟国家的金融政策进行阶段性的考察和评估，以确定它们是否对欧盟的金融机构有所歧视。

GATS最终采纳了发展中国家的主张，将市场准入作为特定承诺义务交由国家自由谈判。成员方之间可以就市场准入的范围、条件以及期限自由地进行约定。但是一旦成员方对于开放金融服务部门做出了承诺并附在其市场准入承诺表中，就必须保证给予外国服务或者外国服务提供者的待遇不低于其在承诺表中所承诺的标准。根据GATS第16条第2款的规定，成员方一经承诺市场准入义务，除非在具体承诺表中进行详细说明，否则就不能在相关金融服务部门以采取和维持数量配额或经济需求测定要求的形式，实施限制其他成员方金融服务提供者的数量、限制其他成员方金融服务交易或资产总值、限制其他成员方金融服务经营总量或单位产值、限制其他成员方金融服务从业的自然人总数、限制其他成员方金融服务提供者的法律实体形式、限制其他成员方金融服务提供者的股权比例或投资总额六项监管措施。显而易见，上述六项市场准入条件大都违背了WTO贸易自由化“一般禁止数量限制”的基本原则，因而GATS在服务贸易领域也不遗余力地倡导禁止或“逐步限行”。但值得注意的是，这些否定性限制措施并非WTO成员方需要绝对遵守的普遍性义务，只要成员方在其具体承诺表中予以列明，则该成员方在承诺期内仍可以保留或维持其中一项或全部限制性监管措施。

一般而言，各国都是根据本国国情采取适宜的外资金融机构准入原则，并根据情况的发展变化适时调整，使外资金融机构的准入符合本国经济和金融发展的客观情况。但随着金融全球化和金融自由化的发展，各国也加强了外资金融机构准入原则和标准的协调和统一。GATS则在最惠国待遇的一般原则之下，要求各成员国就市场准入承担特定义务。在历经

10余年漫长艰苦的谈判之后，近100个成员方于1997年12月13日在日内瓦达成了《金融服务协议》。该协议不仅旨在消除各国在银行、保险和证券等领域长期存在的服务贸易壁垒，确立多边的、统一开放的金融服务领域的准入规则和政策。同时，各成员方也承诺逐步减少或者取消对外国金融机构的限制。[①] 协议的主要内容有以下四个方面。

（1）新协议基本上以最惠国待遇原则为基础。美国、印度、泰国等国撤回了原来基于互惠原则的广义最惠国减免清单，仅有7个成员方仍坚持互惠减免原则，而大多数成员方将其限制在具体部门的开放中进行使用。

（2）东道国承诺扩大开业自由。东道国应允许外国在国内建立或参股金融服务机构，并把外资投资本国金融业的比例提高到至少超过10%。取消对外国金融服务公司及其子公司设立数量的限制，同时东道国允许外国公司提高在东道国银行等金融服务业企业中所持的资本份额。

（3）取消跨境提供服务和境外消费的限制，使其居民能够使用以外国为基地的银行、投资和保险服务。例如，波兰允许外国证券公司在国内更多的地区销售更多的金融产品；日本允许外国银行的自动取款机每天运行更多的时间；巴西新立法建议扩大外国保险公司可以提供的产品和服务的范围。

（4）外国公司参与竞争时与本国公司享受同等的待遇即国民待遇，并按公平竞争原则参与国内竞争。大多数发达国家在金融服务部门对市场准入以及国民待遇很少进行限制，基本上承诺全面开放金融市场。

《金融服务协议》在多边金融服务贸易体制中具有重要的意义，它的达成被誉为WTO成立以来做出的极为卓著的贡献之一，进一步促进了各国金融服务业的开放和自由。该协议涉及全球95%的金融服务贸易，到1998年5月，已有102个成员方加入了这一金融协议。《金融服务协议》巩固了现有的国际金融服务贸易自由化的成果，并在很大程度上决定了未来金融服务贸易的发展方向。

2. 国民待遇

市场准入与国民待遇是GATS具体义务中的两项重要内容。市场准入关注的是金融服务与服务提供者的最初进入或许可，能否以及能够在多大程度上进入东道国市场；国民待遇关注的是进入东道国市场后，能否给予外国服务和服务提供者和本国企业同等的待遇从而使其享有平等的竞

① 参见世界贸易组织秘书处编：《乌拉圭回合协议导读》，索必成、胡盈之译，法律出版社2000年版，第405页。

争机会。根据 GATS 第 17 条第 1 款的规定,国民待遇是指成员方对于列入减让表的部门,在遵守其中所列资格和条件的前提下,给予任何其他成员方的服务和服务提供者的待遇不低于给予本国同类服务和服务提供者的待遇。

国民待遇并不是适用于所有的服务部门,一般仅限于在承诺表中所列出的部门。但是,成员方一旦做出承诺,就必须严格地按照承诺表中的条件给予其他成员方所承诺的待遇。金融服务贸易的国民待遇不是一项一般义务,而是一种必须通过谈判而给予的具体承诺。不同的服务部门开放的程度也不一致,各成员方的国民待遇仅受承诺表中具体规定的约束。根据 GATS 第 17 条第 2 款和第 3 款的规定,成员方只要在事实上使本国的服务或者服务提供者在同等的条件处于相比外国的服务或者服务提供者更有利的竞争地位,那么该成员方即违反了国民待遇原则。这反映了国民待遇不仅在法律上(de jure)要求提供给外国服务或者服务提供者同本国企业相同的竞争地位,在事实上(de facto)也要求外国服务和服务提供者具有相同的竞争地位。这主要是用来规避那些虽然在法律层面上给予外国服务以及服务提供者与本国企业相同的竞争机会却实则设置一些隐秘条件限制外国金融服务商竞争的情形。

(三)《金融服务谅解》规定的自由化发展方向

《金融服务谅解》最开始是由美国和欧盟提出的建议,后陆续得到日本等发达国家的支持,其主要目的是在金融服务自由化方面制定出比 GATS 开放程度更高的国际法规范。目前,该协议仅对发达国家成员方具有拘束力,发展中国家成员方可将其作为将来金融服务开放和自由化的努力方向。

1.《金融服务谅解》序言鼓励各参与方做出比 GATS 第三部分更为开放和自由的具体承诺;达成的具体承诺要在最惠国待遇的基础上予以适用,成员方承诺不断推进金融服务自由化。

2. 在市场准入方面,《金融服务谅解》将维持现状、不增加新的限制作为最低标准,并进而要求缩小在金融服务中的垄断权或直接加以取消;允许非居民的金融服务提供者提供多种跨境金融服务;允许外国金融机构在本国设立并扩大其商业机构(包括全资公司、子公司、合资、合伙、独资、特许经营、分支机构、代理机构);还要允许外国在其境内设立的上述机构中经营新的金融服务品种,允许其服务人员和各种专家入境。

3.《金融服务谅解》大力拓展金融服务在国民待遇和最惠国待遇方面的适用范围。依谅解作出的具体承诺应在最惠国待遇的基础上予以适用,这就排除了将这类承诺列入《免除最惠国义务清单》的可能。

（1）《金融服务谅解》关于跨境贸易的国民待遇要求成员方“允许非居民金融服务提供者作为委托人，通过中介人或作为中介人，并在符合国民待遇的规定和条件下”，提供某些保险服务、再保险服务、金融信息和咨询服务以及其他辅助性的服务。

（2）《金融服务谅解》关于商业存在的国民待遇条款要求各成员方的支付清算系统、自律组织、证券或期货交易所或市场、清算机构的准入方面实现自由化。

（3）公共实体购买金融服务的国民待遇，即各成员方应保证其公共实体在购买金融服务时，给予设在其境内的其他成员方的金融服务提供者享有最惠国待遇和国民待遇。

（四）WTO 金融法的监管协调评价

WTO 旨在减少和消除影响贸易自由化的各种障碍，而 GATS 则是 WTO 贸易自由化宗旨在服务贸易领域的落实。多年来，GATS 框架下的协议在减少和消除各国金融服务的壁垒，实现全球金融服务的自由化，协调各国金融监管矛盾与冲突方面起到了重要作用。

首先，促进了国际金融服务贸易的自由化与监管的统一化。WTO 具有最广泛的成员基础，因而无论是 WTO 的一般性原则，还是 GATS 框架下的服务贸易协定，一旦在互惠平等的基础上达成和签署，这些协议就构成了成员间相互开放金融服务市场、统一金融监管措施的国际法义务。而且借助于 WTO 的最惠国待遇和国民待遇等非歧视性原则的扩张适用，一般能惠及其他成员方。因此，在 WTO 体系下，推进金融服务贸易自由化会相对容易地取得显著成效。而自由化的进程实际上也是各成员方放松和优化金融监管的过程，因而金融服务贸易自由化的统一也就在一定程度上意味着金融监管的趋同与统一。

其次，WTO 体系下的服务贸易自由化协调采取了硬法与软法相结合的灵活方式。WTO 协定以及 GATS 等多边协议多采用国际“硬法”的协调方式，除例外规定外，协议中规定的义务必须遵守和履行。但是，相互认可程序和《金融服务谅解》等高级规范和开放标准则是软法，由成员方选择行使。由于众多成员方在制度上存在较大的差异，金融服务贸易相关规则的谈判过程殊为不易，因而这种硬法与软法协同推进的方式既能保证金融自由化和监管统一化，也能适当顾及成员方不同的发展进程和监管能力。

最后，WTO 具有广泛的利益协调机制和实施保证机制。WTO 所涉及的谈判议题范围广泛，涵盖了货物贸易、知识产权和服务贸易等多个层面，因而在对金融监管法律进行协调时，可以对成员方利益进行多方位、多领域的协调，即给予成员方某一领域利益让渡以换取其在金融监管领域的开放和趋同。同时，WTO 争端解决机制对成员间争端的裁决及贸易政策的审议，也从实施层面保证了金融服务贸易自由化和监管统一化协调的法律效果。

第二节　国际金融监管惯例

国际金融监管惯例是在国际金融交往实践中形成的，被各国金融监管当局和国际组织普遍接受和反复使用的监管规则或标准。相对于国际贸易和金融商务惯例而言，由于国际金融监管惯例产生和发展的历史较短，因而国际金融监管惯例相对比较少。但随着金融全球化与一体化的不断深入发展，国际金融监管惯例已处于快速形成的过程中，对于国际金融秩序的维护以及跨国金融监管法律冲突的协调发挥着越来越重要的作用。

一、巴塞尔体系的国际银行监管惯例

20 世纪六七十年代以来，英、美、德等国的一些跨国银行先后倒闭，并波及其他国家的金融机构和金融市场，引起了各国金融监管当局的普遍不安。为防止国际债务危机和金融危机引发连锁反应，促进跨国银行的稳健运营，国际社会认识到，不能仅从理论上讨论跨国银行监管国际合作的必要性，还必须着手制定实施统一性的国际监管规则。1975 年 2 月，由国际清算银行发起，比、英、加、法、荷、意、日、瑞典、德、美十国集团以及卢森堡和瑞士共 12 国的中央银行代表在瑞士巴塞尔会晤，共同磋商跨国银行的国际监管合作问题，并成立了 BCBS，针对跨国银行的国际监管问题，制定并发布了大量的规范性法律文件。围绕跨国银行的审慎经营和防范风险等监管问题，BCBS 制定了一系列的监管原则和标准，并由此形成了著名的“巴塞尔文件体系”，其中的核心监管原则和重要标准逐渐发展成为银行监管领域最重要的国际惯例。①

（一）巴塞尔文件体系的类别

自 1975 年成立以来，BCBS 制定和发布了一系列银行监管的原则、协议、标准和建议，对各国的银行监管产生了重大影响，习惯上称为巴塞尔文

① 参见韩龙：《金融法与国际金融法前沿问题》，清华大学出版社 2018 年版，第 206 页。

件体系。BCBS 2020 年 12 月的数据显示,BCBS 自成立以来一共发布了 200 多份正式文件。巴塞尔文件体系实际上包含了不同层次内容和形式的多种文件。根据文件的内容和功能,这些文件可以分为两类:正式出版物(publications)和一般工作文件(working papers)。出版物是 BCBS 对外发布的原则、标准和建议(包括 BCBS 和其他组织联合发布的文件),构成了巴塞尔文件体系的主干。工作文件是 BCBS 面对具体银行业务问题或突发性金融事件所提出的建议和看法,比如,1999 年 6 月发布的 6 份《亚洲金融危机的监管教训》,是巴塞尔文件体系的次要组成部分。笔者认为,仅凭以上分类还不足以反映出巴塞尔文件体系不同类别文件的真实质差,还应在正式出版物中作进一步的细分。依据文件在巴塞尔文件体系中的重要性以及对国际金融领域的影响,正式出版物又可分为核心文件和辅助文件。居于巴塞尔文件体系中心地位的是核心文件,核心文件所确立的原则和标准不仅对其他文件具有统领作用,而且对国际银行监管具有重要的规范指引意义。目前核心文件主要包括:1983 年《巴塞尔协议》及其后续文件、三个《巴塞尔资本协议》及其修正案、1997 年《有效银行监管的核心原则》、1999 年《有效银行监管核心原则的评估方法》以及其他有关银行业风险管理原则的重要文件。这些文件从银行机构的一般监管、合作监管、资本充足监管、风险管理以及有效审慎监管等方面提出和确立了一系列指导原则及标准,初步形成了内容十分丰富、结构相对完整的规范性法律文件体系,为跨国银行监管和监管合作提供了重要的规范性法律渊源。除上述核心文件之外的其他文件为辅助文件,应属于国际金融监管的软法。辅助文件是相对核心文件而言的,一般是对核心文件的补充说明和完善解释。

巴塞尔文件体系的划分标准主要参考监管文件对跨国银行监管对象和实践的重要性,具有一定的主观性。事实上,这种人为划分是相对的,三种类型的文件存在密切的联系,在一定条件下可以相互转化。核心文件和辅助文件与工作文件之间存在层递的更替关系;辅助文件所提出的重要而有益的原则、标准和建议,亦可为核心文件所吸纳,成为核心文件的重要组成部分;即便是核心文件本身,也处在一个不断更替和完善的过程中。

(二)巴塞尔银行监管惯例的主要内容

1. 资本充足率监管

BCBS 在其《有效银行监管的核心原则》中阐述了银行资本的重要作用,银行股权主要有以下功能:为银行提供资本金来源、为股东提供收入来源、构成银行经营和业务活动的基础、分散和承担各种风险、维系银行客户信心。因此,银行资本牵涉银行运营的各个环节和各个层面,资本充足率是各国银行治理和开展国际合作的重要监管内容。

20 世纪 80 年代,银行为了提升自己的竞争力,不断减少资本金,削弱了银行承担和吸收风险的能力。此外,各国银行的资本定义和测算方法等监管要求存在较大差异,进一步加剧了金融机构从事跨国经营所产生的矛盾和冲突。在一系列银行倒闭事件的冲击和影响下,国际社会开始认识到安全和公平的竞争条件对于维系国际金融体系的重要性,开始着手制定统一的最低资本充足率标准。1988 年 7 月,BCBS 发布了《统一资本计量与资本标准的国际协议》,开创了对银行资本统一监管的先河,其后该协议经历了多次修订。为适应国际金融发展变化的需要,十国集团的中央银行行长和银行监管当局负责人在 2010 年举行会议,通过并公布了《资本计量和资本标准的国际协议:修订框架》,也就是新的资本充足率框架,现在普遍将其称为“巴塞尔新资本协议”。这一系列的文件构成了 BCBS 对银行资本进行管理和监管的核心标准,并逐渐成为各国普遍遵守的监管惯例。

资本充足率监管的核心内容是要求银行持有充足的资本比率,以应对可能发生的风险损失,这一监管制度对于降低银行经营者的道德风险有重要作用。资本充足率监管为国际银行资本衡量和资本标准协调提供了统一的监督范本,这一成果对完善跨国银行业务监管具有重要作用。首先,作为对银行资本结构决策的一种强制干预,资本充足率管制的实施意味着对资本比率效应的逆转。以美国为例,在 1988 年巴塞尔协议颁行以后,平均资本比率由 4% 上升并稳定在 8% ~10% ,这一指标表明银行体系安全系数大大增加。其次,充足的资本率能够抑制银行风险资产的过度膨胀,使银行能够稳健地运营,减少系统性风险的发生。资本比率提高意味着银行管理者在投资项目中利益增加,利益增加不仅表明银行股东的盈利份额上升,还表明一旦遭受风险,银行所要承担的损失也会扩大。因此,为了维护自己的利益,银行的决策者对于风险投资会持更加审慎的态度。最后,银行资本充足率的实行减少了产生道德风险的其他成本。即使银行发生了损失,但有充足的资本作为保证,能够增强银行自身承担风险和损失的能力,从而避免或减轻银行存款人和债权人的损失和风险。

在巴塞尔协议中,规定了“银行监管者必须针对所有银行,制定审慎规定和合适的最低资本充足率”的要求。这种要求具体包括银行承担的风险范围、不同资本组成的定义以及银行承受损失的能力。对跨国银行来说,这些要求至少不应低于巴塞尔协议及其修正案的标准。巴塞尔协议中的资本充足率是最低标准,当然各成员方的监管机构可以使用比协议规定更高的资本比率，或者对资本进行更严格的定义，又或者采用更高的风险权重。

2. 风险监管

资本充足率监管着重从资本与风险资产的比率进行监管，而银行资产处于无时不在的市场风险的冲击和挑战下，从而在动态进程中影响着银行资产的安全。巴塞尔新资本协议虽仍维持原有8%的资本充足率标准，但其将更为全面地评估银行风险，以保证银行资本充足率能够及时地反映商业性银行业务发展以及资产负债结构变化所引起的风险权重的变化。其中，银行资产风险主要来自以下几个方面。

（1）信用风险监管

信用风险是指金融交易的双方当事人不能履约的风险。针对信用风险，《有效银行监管的核心原则》提出了“信用风险监管”这一概念。信用风险监管构成巴塞尔风险监管原则的主要内容。这一概念囊括了信用审批标准以及信用监测程序、资产质量和呆账准备金充足性的评估、风险集中和大额暴露控制、关联贷款限制、国家风险或转移风险控制五个方面的风险控制措施，并确立了相应的监管原则。根据这些原则，独立评估银行放贷、投资以及投资资产的持续性管理政策和程序，是银行监管制度的重要组成部分。银行监管者要求银行必须建立评估银行资产质量、贷款损失储备金和呆账准备金的政策和程序。管理信息系统的建立也是必要的，以使银行决策层和管理层识别资产的风险集中程度，并制定审慎限额以防止银行对单一借款人或相关借款人的风险暴露。为了防止关联贷款产生问题，银行必须依据独立竞争原则向关联企业和个人提供贷款，并能够有效监测这类贷款的额度，以便采取合适的措施和步骤化解这种风险。银行监管者还要要求银行制定各种政策和程序，以便在国际信贷和投资活动中识别、监测和化解这些风险，并保持用于防范这类风险的准备金。

（2）市场风险监管

市场风险是指由于金融市场价格的波动导致银行表内和表外头寸可能遭受损失的风险。对跨国银行而言，金融市场风险主要源于利率和汇率风险。利率风险是指银行的财务状况在利率出现不利的波动时面对的风险。这种风险不仅对银行的盈利水平产生影响，也会影响其资产、负债和表外金融工具的经济价值。虽然这些风险是银行经营活动的正常组成部分，但严重的利率风险同样会对银行的盈利水平和资本产生巨大的威胁。

由于跨国银行越来越频繁地参与国际金融市场交易，产生的市场风险也日益增长。但国际银行界对金融市场风险的认识是一个循序渐进的过程，直至大和银行、巴林银行等多家跨国银行因从事衍生市场交易遭受巨大损失甚至破产，才引起市场风险监管者的重视。1996 年 BCBS 公布了《巴塞尔资本金协议市场风险修正案》，建立了监测、监管商业银行市场风险的全球统一的标准，这标志着 BCBS 在加强国际银行体系运行的稳定性方面取得了新的突破。该修正案允许银行在满足定性与定量标准的前提下采用内部风险管理模式；在风险管理方面，将市场风险纳入监管范围，以避免银行交易时利用容易被忽视的市场风险代替信用风险牟取高额利润而可能带来的高风险。1997 年《有效银行监管的核心原则》明确提出“市场风险监管原则”，即银行监管当局要求银行必须建立准确衡量和充分控制市场风险的体系；在必要时，监管当局有权根据市场风险暴露情况设定具体的限额和(或)具体的资本金要求。

(3)其他风险监管

1997 年《有效银行监管的核心原则》除信用风险和市场风险的监管外，还提出了“其他风险监管”这一概念，适用于其他不断显现的重大风险的监管。因此，各国银行监管当局应当要求银行建立全面的风险管理机制，以便识别、监测、衡量和控制其他的重大风险。在必要时，银行还需建立相应的风险储备金，以增强其抵御和化解风险的能力。《有效银行监管的核心原则》就诸如流动性风险、法律风险和声誉风险等其他类型风险专门提出了具体的审慎标准，对于银行建立全面风险管理体制具有重要意义。

①流动性风险

流动性风险是指由于资金周转困难，银行无力清偿到期债务或无力购置资产所产生的风险。在流动性不足的情况下，银行不能通过增加负债或变现资产的方式以合理的成本迅速获得足够的资金。通常情况下，资金流动性不足会影响银行的盈利能力。在极端情形下，会造成银行清偿能力不足，甚至引发挤兑风潮。

②法律风险

法律风险是指银行在经营中遇到的各种不合规风险，包括因不完善、不正确的法律意见、文件而造成同预计情况相比资产价值下降或负债加大的风险。同时，现有法律可能无法解决银行现存的法律问题；有关银行的法院裁决可能会对整个银行的业务产生负面影响，从而增加该行乃至其他或所有银行的成本。尤其是银行在开拓新业务，或法律未能明确界定相关交易的权利与义务时，银行特别容易遭受法律风险的影响。

③声誉风险

声誉风险的产生源于操作失误、违法违规等问题。银行的业务性质决定了银行必须能够维持存款人、贷款人和整个市场的信心，因而声誉风险对银行的损害性极强。

3. 内部控制监管

以银行机构及其业务活动为对象的政府监管是典型的外部压制性监管，这种监管虽然具有权威性、公开性和规范性的特点，但由于监管机构不参与银行的具体运营，因而其监管措施一般都是对既往监管经验的总结和重复，难以对金融创新所致的新风险进行有效的识别和监管，存在明显的"监管盲区"和"监管误区"。银行是业务的实际参与者，最清楚行业自身的风险，也最有能力控制风险的发生，因此加强银行内部的监控措施是防范银行风险的重要屏障。

在《有效银行监管的核心原则》的风险架构中，内部控制属于"操作风险"的范畴。银行最大的操作风险莫过于内部控制及公司治理机制的失效。这种失效可能因为失误、欺诈、未能及时做出反应而导致银行财务损失，或使银行的利益由于其他的原因遭受损失，如银行交易员、信贷员、其他工作人员越权或从事职业道德不允许或风险过高的业务。操作风险还包括信息技术系统的重大失效以及火灾等灾难事件。在《有效银行监管的核心原则》的"其他风险监管"中虽已涵盖了内部控制监管的基本原则，但鉴于内部控制对维护跨国银行稳健经营的重要性，《有效银行监管的核心原则》在"其他风险监管"之外，还就内部控制监管另行做了专门规定。《有效银行监管的核心原则》提出了内部控制监管的两项重要基本原则，重申了 BCBS 对内部控制监管的重视。

（1）银行监管者必须确定银行具有与其业务性质及规模相适应的完善的内部控制制度。包括对授权和职责分配的明确安排，对涉及银行承诺、资金支付以及资产与负债的会计处理方面的职能分离，对上述程序的交叉核对，对资产安全的保护，适当独立的内部审计或外部审计以及检查上述控制措施和有关法律规章遵守情况的监察职能。

（2）银行监管者必须确定银行具备完善的政策、做法和程序。包括严格的"了解你的顾客"的政策，促进金融机构内部人员形成较高的职业道德与专业标准，防止银行被洗钱分子等犯罪分子所利用。

相对于外部监管而言，金融机构的内部控制与监管具有主动、积极、迅速、有效的优势。国际金融治理从倚重外部监管到内外监管的并重反映了由"他律遵法"向"自律守法"的转化，体现了银行业监管的思想从"外在法律观念”向“内在法律观念”的过渡，是跨国银行监管方法和理念的重大突破。跨国银行的内部监管是监管当局外部监管的补充，能够触及外部监管的监管盲区，弥补外部监管的滞后性问题。但是需要注意的是，由于商业银行盈利本质的驱动，很多跨国银行还是会铤而走险，漠视内控机制，牟取暴利。因此，虽然内部监管在监管中的作用越来越重要，但是在可预见的很长一段时间内，外部监管还将在监管体系中发挥基础性的作用。但是，外部的监管与内部的监管并不总是对立的，两者是互为表里的共存关系。整个金融系统的稳定与跨国银行的利益是息息相关的。这一点表明跨国银行的内部监管（自律性监管）与监管当局的监管（压制性监管）在目标和方向上具有一致性。

（三）巴塞尔银行监管惯例的实践方式

1. 主权国家的自愿采用

巴塞尔文件体系没有国际法上的拘束力，主权国家可以自愿采纳或者接受其内容。巴塞尔协议作为金融监管领域的示范法，虽然不具有国际法效力，但一旦为主权国家所采用，便有了法律拘束力。严格来说，此时已经不是巴塞尔文件本身的效力，而是各国国内法的拘束力。这是巴塞尔文件体系产生法律影响力并形成国际金融监管惯例的主要途径。

各国之所以纷纷主动采纳巴塞尔文件体系的内容，并采取相应的国内立法措施使之成为金融监管的重要规范，原因在于如果不采用巴塞尔核心文件所确立的标准和原则，那么该国的银行或者其他金融机构在进入他国金融市场时就会遭受歧视性待遇。在市场竞争以及国内监管层面的共同作用下，国际上已经形成了促进巴塞尔文件实施的内外推动力，从而最终导致巴塞尔银行监管惯例的不断生成。

2. 区域一体化组织的吸收与转化

借助区域性国际组织一体化的力量推动其原则和标准的实施，是巴塞尔文件体系重要的实施方式。BCBS 一直与一些区域性政府间国际组织保持着紧密的联系，通过银行监管领域的技术援助、共同发布监管标准和文件、出席或者共同举办会议的方式，把巴塞尔文件体系的核心原则和标准推广到这些区域性国际组织。其中一个典型的例子就是 BCBS 与欧共体（欧盟）的良好合作，借助于西欧经济一体化进程，欧共体直接以发布银行指令的方式，把巴塞尔文件体系的核心监管原则和标准上升为欧共体的法律，使该原则和标准在欧共体成员国中得以普遍适用。国际监管原则和标准的法律化进程在国际金融一体化的趋势下得到快速发展，从而进一步扩大了巴塞尔文件体系在国际法领域的影响力。因此有学者称，“很显然，欧共体拥有强大的法律能力,给予巴塞尔原则以法律确信”。①

3. 全球政府间国际组织的推广使用

由于巴塞尔银行监管内容和标准的科学性和普遍性,一些全球性的国际组织借助于自身的优势,进一步增强了巴塞尔核心文件的实施力度。IMF、联合国和WBG等国际组织都在不同程度上发挥着普遍性国际组织的制度优势,通过规则的链接和附加的软条款,敦促相关成员方推行巴塞尔规则。自20世纪90年代起,以对独联体国家和东欧国家等经济转型国家提供“国际援助计划”为条件,IMF开始涉足这些国家内部的金融体制改革,除传统的宏观经济政策调整之外,更是直接要求这些国家按照巴塞尔体系的监管原则和标准,建立和完善其金融监管制度。在1997~1998年的亚洲金融危机期间,IMF对成员国实施“援助计划”的前提条件之一就是要求这些成员国按照巴塞尔银行审慎监管的原则和标准,对本国的金融监管框架和法规进行改革完善。

此外,为评估各国金融部门的监管状况,IMF还与WBG联合实施了“金融部门评估计划”,监管评估的重要内容和参考标准即是巴塞尔银行监管原则和规则。由此可见,BCBS作为国际银行监管领域的专业性平台在国际银行事务中发挥了重要作用。为持续推进此项工作计划,BCBS专门成立了工作小组,结合已有的系列监管原则和监管方法,制定出了一套详细的评估标准,多年来为IMF和WBG广泛采用。

正如前文论及,母国银行的监管能力是进入东道国金融服务市场的重要资格条件。GATS提倡通过相互认可制度赋予其他成员方金融机构的准入资格,其中巴塞尔体系的监管标准和原则通常作为相互认可的基础和条件。正是借助于WTO体系的影响力,巴塞尔体系的核心标准和原则进一步扩大了适用范围。因此,尽管巴塞尔原则和标准本身并不具有国际法约束力,但经过有关国际组织或者国家的推广及实践,进一步加快了跨国银行金融监管领域相关国际惯例的形成。

(四)巴塞尔银行监管惯例的评价

1. 巴塞尔核心文件的性质

巴塞尔文件体系在银行监管实践中广受推崇,但理论上对其性质的认定和探讨却充满了争议。有的学者将其称为“巴塞尔协议体系”,并归入“国际金融监管立法”的范畴;②而有的学者则认为它们“不是法律文件,不

---

① Joseph Jude Norton, *Devising International Bank Supervisory Standards*, Martinus Nijhoff Publisher,2005,p.109-110.

② 参见曹建明:《金融安全与法制建设》,载《法制日报》1998年6月18日,第2版。

是国际法"①;有的学者认为它们是"带约束性建议"②;有的学者则认为巴塞尔基本原则"具有国际惯例的性质"③。之所以会有上述各种不同的看法,原因有二:其一,在于巴塞尔文件的多样性和复杂性,难以一概而论;其二,对于严格意义上国际法渊源的理解存在分歧。关于巴塞尔原则构成国际习惯法还是国际惯例,集中反映了国际社会对国际法渊源认定的分歧。

依照国际法中条约的判定标准,制定巴塞尔核心文件的巴塞尔协议并不是由具有缔约能力的主体按照条约缔结程序形成的,也不是由各国政府签字或批准的,因而不具有国际法上条约的效力。但是,由于 BCBS 提出的原则实际上影响着世界主要国家对跨国银行的监管,已成为各国银行监管当局普遍采纳或遵循的银行监管国际惯例。事实上,各国都愿意以 BCBS 提出的原则和标准来约束境内的银行。这些核心文件不仅为十国集团所采纳,也得到非十国集团国家的主动认可和接受。因此,巴塞尔协议虽然不是正式的国际协议,但并不妨碍其经由国际社会的广泛实践,形成国际银行监管惯例,继而具有国际惯例的规范效力和明示同意后的法律效力。

值得注意的是,虽然 BCBS 在银行监管领域已然具有无可争议的超然权威地位,其核心文件已被国际社会反复实践和普遍采用,成为银行监管的国际惯例,但 BCBS 却一直十分谨慎地申明自己只是一个发布非法律文件的机构,其制定的核心文件并不具有国际条约的法律约束力。BCBS 多次重申和解释道:BCBS 没有任何凌驾于国家之上的正式监管特权,BCBS 的决议不具备,亦从未试图具备任何法律强制力。④ 综上所述,笼统地说巴塞尔文件是否具有拘束力是不确切的。对于辅助文件和工作文件,尤其是工作文件一般被认为是对具体问题的建议或指引,不具有法律拘束力。虽然作为巴塞尔核心文件的巴塞尔协议是否具有法律效力一直存在很大的争议,但目前在国际银行监管领域,其至少具有国际惯例的地位和属性应该是确定无疑的。

2. 巴塞尔核心文件的协调功能

多年来,BCBS 进行了一系列卓有成效的工作,取得了不少法律成果。这些成果不仅在十国集团内部得到了普遍的遵循,在十国集团外的国家和

① 《国际银行业有效监管的历史性文献——中国人民银行稽核监督局局长刘崇明访谈录》,载《国际金融研究》1997 年第 8 期。

② 刘丰名:《国际金融法》,中国政法大学出版社 1997 年版,第 9 页。

③ 李仁真主编:《国际金融法》,武汉大学出版社 1999 年版,第 153 页。

④ 参见《巴塞尔委员会历史及其成员》,载巴塞尔银行监管委员会编:《巴塞尔银行监管委员会文献汇编》,中国金融出版社 2002 年版,第 1 页。

地区也得到了广泛的推广适用。各国银行监管当局愿意采用 BCBS 确立的监管原则和标准,一方面由于巴塞尔协议确立的核心原则和标准是由多个国家共同磋商所建立的,代表了国际银行监管制度的最新协商成果;另一方面 BCBS 系列文件确立的监管标准已成为各国银行经营与交易中的通用标准与行业用语,为国际银行监管的协商与合作提供了良好的基础和平台。BCBS 不断地征询各国银行监管当局的意见,不仅进一步增强了监管决策中协商与合作的民主性和合法性,也表明了其适用范围的不断扩大。世界上已有 100 多个国家和地区采纳了巴塞尔协议所确立的监管标准和原则,直接或者间接地依据巴塞尔协议重新建构了该区域的银行监管法律体系。比如,我国《商业银行法》规定的最低资本充足率完全吸纳了巴塞尔协议的核心内容。还有一些国家和地区,虽然没有把巴塞尔核心文件转化或作为银行监管法律,但经常定期将银行监管法律与巴塞尔协议的内容进行对照,审查自身监管绩效,不断完善相关法律法规。例如,我国香港金融管理局自 1997 年起,每年都会发布《有效银行监管的核心原则——香港状况评估》,对本地区的金融监管安排与巴塞尔《有效银行监管的核心原则》进行逐条逐款的检讨和评估。

3. 巴塞尔体系的局限性

BCBS 不断增长的权威性和普遍性使其在国际金融监管中起着无可替代的重要作用。但是,由于 BCBS 行业协会的性质决定了其国际地位和作用范围的有限性,因而对跨国银行监管的国际协调亦存在一定的局限性。

首先,BCBS 行业协会的性质决定了其只能在微观层面和技术层面对市场主体的行为进行协调,无法在宏观层面对全球的金融监管进行协调。如上所述,众多巴塞尔文件基本上都涉及资本充足率计量、衍生工具和操作风险监管。但事实上,一国的银行危机通常是多种因素综合作用的结果,如市场制度不健全、经济政策不恰当以及应对危机的措施不充分等。在 1997 年和 2008 年的金融危机中,正是监管不力、市场失灵及金融系统性周期问题的共同作用才导致危机的爆发。显然,仅仅关注某一方面的协调,难以实现减少或预防危机的预期目标。1997 年 BCBS 发布《有效银行监管的核心原则》,开始关注各国宏观审慎监管的实施与协调。但是,金融宏观审慎监管协调需要深度介入一国的经济主权,而 BCBS 行业协会的性质使其远没有足够的权威性,因此也就决定了无法保证《有效银行监管的核心原则》的更新与改良,以至很难推动其在全球范围内的有效实施。

其次,BCBS 是应对危机的产物,本质上采用的是事后处理的协调模式，从而导致协调模式缺乏前瞻性、系统性和预防性。例如，1975 年颁布的《对银行国外机构的监管原则》是为了应对 1974 年德国赫斯塔特银行危机和美国富兰克林国民银行危机，旨在解决国际银行监管分工不明确的问题；1992 年的《国际银行集团及其跨境机构监管最低标准》则是应对国际商业信贷银行危机的产物，为了解决具有复杂法人结构的国际银行的监管难题。虽然 BCBS 在 1997 年亚洲金融危机中发挥了重要的协调作用，并催生了《有效银行监管的核心原则》，但这显然也是一种事后危机处理的补救方案，与预防性的审慎监管原则不太吻合，因而协调各国银行监管冲突的作用有限。因此，如何突破"撞击式反射"与事后处理的协调模式，寻求更具前瞻性的银行监管合作与趋同，是 BCBS 必须重点考虑的问题。

4. 巴塞尔核心文件的发展趋势

BCBS 的成立，适应了金融全球化的内在需要，为国际银行业监管问题的讨论与合作提供了一个平台，与之相应的国际金融监管规则的拟定也越来越多地集中到 BCBS 周围进行。由于经济全球化的发展，国际金融监管领域的国际惯例和国际习惯法的数量也呈上升的趋势。这些年来，BCBS 已经制定或发布了大量关于金融监管的标准、原则和良好实践的报告，以供各个国家的监管当局将其转化为国内法进行使用。在 BCBS 多年不懈的努力下，巴塞尔体系的影响力已经远远超出其成员国，世界上有 100 多个国家和地区引进了巴塞尔体系，巴塞尔文件体系已成为国际金融监管的首要国际标准。巴塞尔核心文件所确立的原则和标准被各个国家和地区广泛适用，同时其在国际金融监管领域的权威性得到普遍认可，因此无可争议地成为国际金融监管领域的通行惯例。近年来，BCBS 积极听取金融监管利益各方的意见，表明其也在追求影响范围的不断扩大，追求规则制定的民主性，推进监管的国际合作。正如一位著名的国际法学者所言，国际金融习惯法也处在应需生成和"及时"形成的快速增长过程中。[①]

二、国际证监会组织的监管惯例

IOSCO 是一个国际性的私人非营利性组织，其前身是 1974 年成立的"国际证券委员会及类似机构国际协会"，旨在帮助拉美证券市场的发展。1983 的新章程将其转化为开放性的国际组织，成为国际各证券及期货管理机构所组成的国际合作组织。迄今为止，IOSCO 拥有 129 个正式会员，31 个准会员，67 个附属会员，管理着全球证券市场 95% 以上的份额。

① 参见刘丰名：《评李仁真主编之〈国际金融法〉》，载《法学评论》2000 年第 2 期。

IOSCO 的监管协调功能集中体现在以下四个方面:(1)共同合作促进制定较高标准的监管规则以维护公正有效的证券市场;(2)互相交换信息以促进国内证券市场的健康发展;(3)共同建立证券的国际交易标准和国际监管标准;(4)提供国际协助,实施严格的执行程序和标准以提高证券市场的整体有效性。[①]

近年来,IOSCO 主要围绕证券监管的谅解备忘录做了大量卓有成效的指导工作,尤其是其制定的范本成为各国在双边主义及相互认可程序中参照适用的最为广泛的国际标准。[②] 根据 IOSCO 发布的《谅解备忘录的准则》的规定,一个完备的谅解备忘录应当主要包括以下几个方面的内容。[③]

(一)请求事项

应请求成员方的请求,被请求成员方应在其权限范围内提供尽可能的调查协助,但不得要求被协助调查的请求事项在被请求方境内也同样构成违法,即被请求方不得要求请求调查事项构成所谓的“双重违法”。

(二)保密责任

请求方对于被请求方提供的信息应确保其具有和本国同类信息同等的保密地位并承担同等的保密责任。

(三)执行程序

双方应以互相协商和承认的形式,依照谅解备忘录的指引,规定请求事项的申请程序和协助执行的程序,且这些程序应符合请求方和被请求方的一般法律规定和通用语言习惯。

(四)被调查者的基本权利

即使被请求方的证券监管机构是根据谅解备忘录代表请求方的外国机构进行调查,但被调查者的基本权利不因协助调查而受到不恰当的影响,应该尊重被请求方赋予该国公民的基本权利和利益。

(五)磋商

在请求执行过程中,如果被请求方的相关法律规范或执行制度发生变更并有可能影响请求事项的协助执行时,被请求方可暂时中止执行,并就此执行阻却随时与请求方进行磋商,友好协商解决请求事项的执行。

---

① 资料源于 IOSCO 官网,http://www.iosco.org/,访问时间:2023 年 1 月 30 日。

② 参见韩龙:《金融法与国际金融法前沿问题》,清华大学出版社 2018 年版,第 315 页。

③ See Steinberb, *International Securities Law: A Contemporary and Comparative Analysis*, Kluwer Law International, 1999, p. 205 – 210.

（六）公共秩序保留

如果请求事项违反被请求方的国家主权、国家安全或社会公共利益等公共政策，被请求方可以以公共秩序保留为由，拒绝执行请求方的请求事项。

（七）协助种类

为确保协助执行职权的充分行使和完成，证券监管当局应采取一切合理的措施，包括但不限于获得相关调查资料或证人证言，调查、询问监管对象，获得被请求方监管当局的非公开文件等。

（八）信息的使用

请求方将其所获得的信息提供给所在国其他机构时（如在调查和提起诉讼等程序中使用），通常而言，除非被请求方或其所在国的法律明确禁止，请求方均可将其所获得的信息向其他部门提供。

（九）请求方的参与

为确保资源的有效利用或出于其他便利考虑，在证券请求事项的具体执行过程中，被请求方可以邀请或允许请求方直接参与该请求事项的相关调查、查询和资料收集等事务活动。

（十）费用的承担

如果出现请求事项的执行费用较为高昂，或者给被请求方造成了较大的财政负担等特殊情形，被请求方可以要求对方适当分担协助执行所产生的过多费用。

IOSCO 的这些规定为成员方证券监管机构进行监管协调合作提供了参考，也为双方签订谅解备忘录提供了协议范本。从美国与其他国家签订的谅解备忘录来看，绝大多数都包含了上述 IOSCO 所倡导的监管合作原则。但是，美国与一些新兴市场国家，包括与我国签署的谅解备忘录，出于互惠对等待遇的考虑，只有简单的概括条款，没有完整体现 IOSCO 的指导性原则。由于 IOSCO 的这些原则对成员方没有约束力，成员方的监管机构可以根据需要进行选择适用，因而谅解备忘录的具体内容在国际实践中可能会有不同的表现形式。但随着金融全球一体化的深入发展，以及国际组织协调性的加强，上述内容无疑会对成员方协商制定谅解备忘录产生更大的影响。[①] IOSCO 就谅解备忘录的缔结与执行专门设立了执行和交流信息工作组，直接从属于其技术委员会，进一步增强了谅解备忘录在证券域外管辖法律冲突与实体法内容协调方面的成效。

① See Jordaan, *Has IOSCO Advanced International Securities Law Enforcement? An Analysis in Light of SEC MOUS with Emerging Markets*, 26 Securities Regulation Law Journal 269 (1998).

三、IAIS 的监管惯例

IAIS 于 1994 年成立，现有 200 个成员方。IAIS 的主要协调职能有：(1)促进各成员方保险监管机构的合作；(2)制定保险业的国际监管原则、标准和指引文件；(3)为成员方的监管机构提供技术培训和监管能力培训；(4)与其他金融部门及国际金融监管机构进行协调。IAIS 的领导机构是来自不同国家和地区的代表组成的执行委员会，同时下设 3 个委员会，即技术委员会、新兴市场委员会和预算委员会。[①] IAIS 成立以来，在制定全球保险监管标准、改善跨行业的监管、推动保险监管国际规则的执行等方面取得了明显成效。尤其是 2002 年 IAIS 颁布的《保险监管核心原则》，对保险监管的 10 个方面进行了系统规定，其中保险有效监管的 17 条原则很多已成为国际保险监管的惯例。多年来，IAIS 对于国际保险监管的协调起到了重要的作用，主要体现在以下四个方面：一是制定保险的偿付能力与会计核算标准，相当于银行业的资本充足率监管要求；二是加强保险监管的国际信息交流，成为成员方保险监管协助的平台；三是推动并监控国际保险监管规则的执行，减少成员方保险监管的法律冲突；四是加强与其他国际金融监管机构的联系和交流，适应金融综合业务和功能监管创新发展的时代需求。

传统上，BCBS、IOSCO 与 IAIS 的监管协调各有侧重，分别主导本行业的内部监管协调，共同形成了银行、证券和保险国际监管协调的“三驾马车”，共同构成了金融监管的核心内容。从行业分工上来看，它们属于互相平行的机构。近年来，混业经营的出现和展开，使金融界各个行业之间的业务界限变得越来越模糊，随之而来的是综合性业务不断涌现，因而这些国际监管机构应当主动加强行业之间的分工与合作，防范新型金融混业风险的出现。实际上，三大监管机构联合发布过许多重要的工作文件，如《金融集团的监管》《银行业与证券业监管者之间的信息交换》等，对于指导和加强各国混业监管起了重要的促进作用。

第三节　国际金融监管软法的协调功能

除国际社会制定通过的条约性立法和国际实践中形成的国际金融惯例之外，一些专业性国际组织制定的规则和标准在国际立法中也发挥了重

① 资料源于 IAIS 官网，http://www.iaisweb.org，访问时间：2021 年 8 月 30 日。

要的示范和参考作用。这些国际组织制定的一系列决议、原则、声明以及建议等规范性法律文件,进一步从实体和程序上完善了国际金融监管规则。由于这些规范性文件既不具有国际法意义上的法律拘束力,也没有在国际实践中成为各国普遍遵循的国际惯例,因此,笔者把这类不具有国际立法权限的团体所制定的规则统称为"国际软法"。国际软法作为"规则之治"的特殊形式,是观察和阐释全球治理的重要路径,在全球化的过程中发挥着越来越重要的治理作用。随着全球金融一体化的发展,重视和利用国际软法的规范特性、运行机制及其潜在的治理功能成为当前加强全球金融治理和解决国际金融监管法律冲突的重要途径。

一、国际金融监管软法的主要内容

(一)BCBS 的辅助文件

前文已论及,巴塞尔文件是一个内容层次丰富和形式多元化的复杂体系,其中居于中心统领地位的是"核心文件",对国际银行监管发挥着重要的规范指引作用。"核心文件"主要包括《巴塞尔协议》、《巴塞尔资本协议》、《巴塞尔核心原则》和《有效银行监管的核心原则》等以"协议"或"原则"等形式制定的重要规范性文件。除上述核心文件之外的其他正式文件被统称为辅助文件,整体上属于国际银行监管软法。值得注意的是,随着金融自由化和金融创新的发展,BCBS 因应时势不断扩展规则的适用领域,单独或联合其他相关国际组织对跨国反洗钱、金融集团、证券和保险等金融领域制定了一系列重要的标准和指南。辅助文件的类型还在不断发展演变之中。

BCBS 的协调是一种软法性质的协调,不具有法律拘束力,具有很强的灵活性,体现了对国家主权的尊重。对国民经济具有重要影响的金融部门采用这种协调方式能够得到主权国家的认可。同时 BCBS 的协调强调内部控制的重要性,着眼于不同银行间制度的差异性,不再要求各成员之间对条文保持统一,而是从是否符合审慎监管原则方面去考虑金融市场的经营管理。正是因为 BCBS 将监管的要求交由市场来决定,因此更能确保监管的有效性,以体现国际金融领域监管的最新要求。

(二)FSB 的综合性监管标准

2008 年的全球性金融危机再次暴露了国际金融监管制度存在的缺失与漏洞,为实现更具全球一致性的综合金融监管,2009 年 4 月在二十国集团伦敦峰会上,各国首脑决定创立一个全球的金融监管体系,作为承继金融稳定论坛功能的常设机构,[1]由升级设立的FSB来协调全球金融监管改革,以加强对全球金融体系的监管和风险预测。根据《金融稳定委员会章程》的规定,FSB的目标是通过在国际层面协调国内金融部门和国际标准厘定机构的工作,发展和促进相关金融政策的实施,并与国际金融机构合作,消除影响全球金融体系稳定的不稳定因素。[2] 为加强国际金融的统一性监管,危机后应运而生的FSB在国际监管标准的制定上主要做出了两方面的贡献。

1. 建立全球金融风险早期预警机制

作为国际危机预警合作机制的有益探索,《金融稳定委员会章程》赋予了FSB监测金融危机风险的预警职能。根据章程的规定,FSB应与IMF进行合作,对宏观经济和金融危机风险进行预警,并采取必要之行动解决这些危机。[3] FSB会同IMF建立了一个有效的机制,促使成员的金融当局定期召开会议,共同评估金融体系的系统性风险,协调各自的监管政策。[4] 值得注意的是,在早期预警机制建设方面,FSB的工作侧重于制定和协调国际金融相关标准和监督规则,评估金融体系风险和成员方监管行为的效果,促进成员方的信息披露和情报交换。IMF的工作重点则放在对危机预警的反应和危机救助上。因此,两大机构在全球金融风险的早期预警防范上相互合作与配合,既避免了职能的交叉,又确保了各自工作的专业性,起到了互为补充的作用。

2. 制定统一性的金融监管标准

自2009年4月二十国集团伦敦峰会以来,国际社会在制定会计标准、提高银行资本充足性和流动性、强化对冲基金和信用评级机构的管理和监督等方面取得了重大进展。FSB主席德拉吉(Mario Draghi)表示,FSB将继续加强对未来标准拟定进程的监控,并将建立一套新机制,确保国际金融监管体制达到更高标准。根据FSB的监管职能和工作计划,其监管范围不仅包括银行、证券、保险、信用评级机构、对冲基金等多种机构和金融工具、金融市场,FSB还将负责制定金融机构薪酬原则、制裁“避税港”、改善会计准则等问题,监管范围的全方位扩展无疑会大大减少监管漏洞和监管冲突,对避免金融监管套利也将起到一定作用。由于占全球生产总值

---

① See G20 Leaders Statement: The Global Plan for Recovery and Reform – London, Apr. 2, 2009.

② Financial Stability Board Charter, Article 1.

③ Financial Stability Board Charter, Article 39.

④ See G20 Working Group: Enhancing Sound Regulation and Strengthening Transparency, http://www.g20.org/Documents/g20_wg1_010409.pdf, Mar. 25, 2009.

80%的二十国集团是FSB的核心会员国,因而所达成的协议具有较强的代表性和有效性,能够获得国际社会的广泛认同。此外,FSB通过督促各会员监管当局结合本国家或地区金融发展水平和金融机构实际状况接受和执行相关国际监管标准,逐步实现各国家或地区监管标准的趋同,强化境内的金融监管,促进了国际金融监管框架的初步形成。

(三)反洗钱示范法

BCBS于1988年发布了《防止犯罪分子利用银行系统从事洗钱活动的声明》,率先在银行领域开展了反洗钱的监控。该声明首先要求从银行内控制度建设上加强反洗钱控制,其次要求开展有效的国际合作扩大反洗钱的监控范围。这份示范性法律文件还确立了客户身份识别、遵守法律、充分合作以及程序合规四项反洗钱原则,从预防洗钱的角度全面规范了反洗钱的具体标准,为各国银行等金融机构开展反洗钱工作提供了重要的示范法律文件。许多国家在国内银行反洗钱立法中吸纳了这些原则和标准,在此基础上,BCBS反洗钱的四项基本原则也成为跨国银行监管机构开展反洗钱合作的重要参考标准。

1989年西方七国首脑在巴黎峰会上发表共同宣言,决定建立FATF,FATF现已发展成为反洗钱领域最具专业性和影响力的政府间国际组织。FATF的宗旨与职能是"评估利用银行和金融系统反洗钱方面现有的合作成果,并考虑该领域其他的预防性措施,包括进行法律和规则制度的改革以加强多方的司法合作"。目前,FATF有33个成员方,我国内地和香港特别行政区均是该组织的成员方,此外,FATF还包括2个国际组织成员和20多个观察员成员。1990年2月,FATF提出了《关于反洗钱问题的四十项建议》,极大地促进了各个国家和地区反洗钱立法以及国际反洗钱规则的统一,对于指导国际社会反洗钱工作具有重要的示范意义。该文件主要内容包括以下几点。

1.规定严重违法洗钱行为的入罪,并对洗钱犯罪收益采取冻结、扣押和没收等强制措施。

2.豁免银行保密法的反洗钱适用,匿名账户的禁用。

3.建立可疑交易事项报告制度,金融机构要主动识别可疑账户和交易,并向金融监管机构及时提交相关报告,否则要承担民事、行政或刑事责任。

4.确立跨国反洗钱的国际执法合作机制,相互提供反洗钱调查、起诉和引渡等方面最广泛的国际司法协助。

FATF的《关于反洗钱问题的四十项建议》覆盖了跨国反洗钱的立法、

金融监管和国际执法合作三个密切联系又互相制衡的控制流程，完善了反洗钱控制的全球治理网络。IMF 和 WBG 多次肯定该建议的系统性和全面性，认定其为跨国反洗钱方面最基础的国际标准，并敦促各国通过国内立法和司法体系积极践行该文件确立的原则和标准。

经过多年的努力，跨国反洗钱治理机制逐步建立，标志着国际社会初步形成了重在预防、过程管理、协同追查和惩治犯罪的全球治理网络。该机制不仅包括了统一的治理原则和标准，也包含了相互协助和配合的国际执行机制。虽然这些示范法不具备国际法上的拘束力，也不是国际惯例，但这些建立在全球共识基础上的反洗钱原则、标准和合作程序建议对区域性和各国国内反洗钱立法产生了重要的影响。一方面，国际反洗钱统一示范法进一步增强了已有国内立法的公信力。如美、英、德、荷等国将反洗钱示范法作为本国相关立法的说明和依据。另一方面，该示范法为没有反洗钱专门立法的国家提供了重要参考，如俄罗斯和中国等。为及时与全球反洗钱治理规则接轨，在 2006 年 6 月颁布的《刑法修正案（六）》中，我国对洗钱罪进行了扩大修改，将洗钱的上游犯罪由之前的四种增加到七种，为加强中国同其他国家开展反洗钱国际合作奠定了法律基础。在借鉴其他国家反洗钱立法经验，以及积极与反洗钱示范法和条约相结合的基础上，我国于 2006 年 10 月通过了《反洗钱法》，标志着我国反洗钱专门立法体系的进一步完善。随着洗钱违法犯罪行为的日益复杂化与国际化，为适应反洗钱法律监管的需要，中国人民银行对原有的反洗钱法律规范进行较大规模的修订，于 2021 年制定了《反洗钱法（修订草案公开征求意见稿）》。

总体而言，无论是 BCBS 的辅助文件和 FSB 的监管标准，还是反洗钱示范法，都既不是具有国际法效力的国际协议，也不是可以反复直接适用的国际金融惯例。这些金融监管原则、标准和建议由于不是由国际法主体制定或不具备确认国际规则的法律效力，因而不构成国际法上的国家义务和责任，整体上都属于国际软法。但值得注意的是，无法律拘束力的国际金融软法并不意味着其在法律上毫无意义，由于许多国家或其金融监管部门都愿意主动接受该软法的约束，并且愿意履行软法规则下的“义务”，因而此时的国际金融软法实质上具有“硬法”的“实在效力”。

二、国际金融软法协调功能的实施机制

国际金融软法虽然缺乏法的强制拘束力，但却具有实在法的规范作用和治理功能。“徒法不足以自行”，国际软法功能和作用的发挥还需要在动态的运行过程中彰显。有两类因素影响国际软法的运行，一类是制度性

的国际安排,另一类是实现这些制度性安排所需的社会条件和其他环境条件。[①] 在跨国金融监管冲突的国际协调与合作中,作为非正式合作制度的国际金融软法必须借助国际法的正式制度安排,才能更充分地发挥其统一规范的作用和全球治理功能。

(一)国内法的转化

国际软法通常以建议、指南、示范法和准则等任意法的形式,供国家、法人或自然人自愿选择适用,成为当事人之间具有相对拘束力的"法"。例如,IMF 发布的《数据公布特殊标准》《有关货币和金融政策透明度的良好实践准则》,经济合作与发展组织制定并发布的《合作治理原则》《跨国企业指南》等都在其序言中强调该规范性文件仅供跨国公司和个人自愿选择适用。IOSCO 通过的《证券监管的目的和原则》和 IAIS 发布的《保险监管核心原则》均声明只是对成员方监管立法提出一般性的建议或指南,或供成员方在立法时进行参考。

值得注意的是,这些国际金融软法虽然在制定时并没有法律强制力,但国家能够识别其中的共同利益,建立一种互相依赖和相互合作的信任关系,并且以自愿的方式将国际金融软法转化为国内法,从而赋予这些规范以法律的强制效力。一般来说,主权国家推动国际软法的国内法转化主要有两方面原因:一是国际软法的遵循与主权国家具有直接的利害关系;二是国际软法的波及效应,如果国际软法已被多国采纳或推行,甚至成为国际通用标准或行规,国家也乐于对国际软法推广和使用,否则有可能失去通用"法律语言"而无法开展国际交往。在加入 WTO 之际,我国修改了《采用国际标准管理办法》,确定国际标准是指国际标准化组织、国际电工委员会和国际电信联盟制定的标准,以及国际标准化组织确认并公布的其他国际组织制定的标准。

(二)国际组织附条件的搭配实施

附条件搭配实施是国家或其他组织以推行国际组织推荐或要求的国际标准或方案为条件而获取该国际组织给予的优惠待遇、权益或者其他形式援助的国际软法实施方式。附条件又具体分为两种类型:一种是执行国际组织自身制定或颁布的国际软法作为获取帮助或支持的条件。IMF 和 WBG 在一些融资贷款或国际援助项目中,为推动该国际组织制定的标准或方案能在成员中获得推广实践,通常要求受援方实施减少财政赤字、减缓汇率贬值和扩大经济自由化改革的措施。例如,IMF 在 1997 年亚洲金

① 参见俞可平等:《全球化与国家主权》,社会科学文献出版社 2004 年版,第 29 页。

融危机的纾困贷款中,要求韩国、泰国、马来西亚和印度尼西亚等受援国进行宏观经济、金融监管和公司治理等方面的调整和改革。IMF 还为援助条件设定了具体的阶段性调整内容和时间表,每一次的贷款都要求相应阶段的经济结构调整目标达到 IMF 设定的国际标准后,相应的贷款额度才能发放。虽然国际软法在法律上对这些国家并没有拘束力,但通过对成员国贷款设定先决条件和监管标准,促使成员国在满足受援条件的过程中对本国市场结构和监管环境进行改善,从而在一定程度上促进了各国监管矛盾的国际协调。另一种方式是法律技术援助项目。为帮助落后的非洲和拉丁美洲,联合国和 IMF 启动了大规模的法律援助计划,帮助这些国家加强基础性法律建设;苏联解体后,为帮助俄罗斯等国建立全新的市场经济体系,以美国为首的国家对俄罗斯等独联体国家采取了休克疗法,大量移植了西方国家的法律原则和规则。这种法律援助和培训计划无疑是移植和推广西方国家法律文化的"快车道",但难免有"强制推销,乘机兜售"自己偏好的国际软法的嫌疑,已受到这些受援国家和国际社会普遍的批评和质疑。

(三)国际统一立法的转化

国际立法的转化是指国际组织或国家按照条约缔结的程序和形式将国际软法上升为国际条约这种正式法律渊源的实施形式。把国际金融软法上升到国际条约并直接实施或转化执行,是软法最直接和最具权威性的践行方式。在联合国毒品控制计划署制定的《禁止毒品非法交易示范法》的基础上,国际社会最终缔结了《联合国禁止非法贩运麻醉药品和精神药物公约》;在经济合作与发展组织制定的《反商业贿赂指南》的基础上,国际社会最终缔结了《国际商业交易中禁止向外国公共官员贿赂公约》。由于国家利益的复杂和多元化,国际软法上升为正式的国际条约殊为不易,需要满足一定的基本条件。首先,该国际软法事项的国际共识度要高;其次,还需要国际立法的环境与时机的成熟。至于条约谈判、签署和生效后,条约的实施则是一国国内法的问题。根据《维也纳条约法公约》的规定,允许签字国根据本国宪法程序和法律执行条约义务,可以以并入、转化或混合等方式实施国际条约所吸纳和转化的国际软法。

(四)国际条约的援引

国际条约的援引是指国际软法自身并不具有法律拘束力,但通过国际条约的援引适用或者外部链接,使国际软法具备了相应的法律约束力。WTO 法律体系经常用这种方式扩大其他专业性规范或技术性标准的适用范围,从而间接赋予了这些国际软法一定的法律效力。WTO 在《卫生与动植物检疫措施适用协定》(以下简称 SPS 协定)中规定,缔约方有义务保证在有科学依据的情况下采取卫生检疫措施,但也不能超过适当的保护水平而实施过度的限制措施。SPS 协定在序言中进一步强调,各成员方在相关国际组织所形成的国际标准、准则或者建议的基础上协调各自的检验检疫措施。如果成员方采取的检验检疫措施符合 ISO 制定的标准,则可以认定该成员方履行了协定所规定的义务。据此,世界卫生组织发布的食品卫生国际标准就成为衡量 WTO 成员方相关措施是否符合 1994 年关贸总协定和 SPS 协定的重要依据。如果成员方采取的检验检疫措施符合该标准,则自动享有"符合 SPS 协定义务"的权利,而不必另行证明其适当性和合法性。因此,在食品卫生安全上适用世界卫生组织制定的国际标准就成为各成员方的一项法定义务,从而使这些国际标准具备了全新的国际法意义。[①]与此类同,在 WTO 的《技术性贸易壁垒协议》中也存在相似的法律条款和援引适用,从而使 ISO 制定和公布的国际技术标准附带具有相应的法律效力。在金融服务贸易领域,WTO 一方面积极推动成员方以国际通行的金融监管原则和标准作为认可的基础,扩大金融软法的适用范围和效力。另一方面在 WTO 处理因成员方援引"审慎例外"而引发的金融监管冲突时,成员方通常引用相关巴塞尔协议作为评判监管措施是否属于正当"审慎例外"的标准。在这种情况下,借助于 WTO 争端解决机制的法律地位和效力,援引后的巴塞尔协议便具有一定的国际法拘束力,至少是判例上的法律效力。

在国际金融软法的四种践行方式中,只有第一种国内法的转化不属于正式国际制度安排,而另外三种践行方式都在很大程度上借助于正式国际制度安排。由于经济全球化和一体化的深刻影响,全球治理的主体、内容和方式都发生了重大变迁和转换,非正式国际制度的治理作用和功效也日渐突出。但就目前的国际现实而言,非正式国际制度的有效性在很大程度上还是不得不借助于正式国际制度安排。国家和政府间国际组织对国际软法实施所采取的所谓"提携襄助",与其说是为了追求法律价值的多元化和民主化,取悦于跨国市民社会和非政府组织,还不如说这些传统的治理主体不得不正视全球治理的多元化趋势和潮流,不得不重视国际"软法"的全球治理功能。

---

① 参见龚向前:《试析国际法上的"软法"——以世界卫生组织"软法"为例》,载《社会科学家》2006 年第 2 期。

三、国际金融监管软法协调功能的评价

国际软法治理功能体现在其运行的全过程,从软法规则的制定和形成,对管理过程的参与,以及对各种行为主体活动模式的指引、规范和评价,到实施后果的反馈与反思,软法规则又开始了否定之否定基础上的治理轮回。国际金融软法作为软法的一种表现形式,也具有一般国际软法的治理作用,主要包括软法的辅助性立法功能、规范功能和管理功能,从而集中体现了软法的冲突协调作用。

(一)国际金融软法的辅助立法功能

国际软法的辅助立法功能表现在它对传统的国际立法模式的补充作用上,能在一定程度上弥补传统国际法规则供给不足的问题。从正式国际法渊源的产生原理来看,共同利益和共识达成才会产生国际立法意愿,才会进行谈判磋商,继而协调各成员国的意志,最终形成国际法。但是,在全球性问题日益复杂的情况下,仅依靠民族国家进行单向度的“统治”已难以满足需要,因而主权国家治理的权力开始向上、向下以及横向分流给各种非国家行为体。[①] 在缺乏统辖性立法机构或司法机构的国际法体系下,国际软法的生成可以有效缓解国际规则供应不足的现实问题。“法出多门”的结果将使国际经济法律规则的供应趋于丰裕。[②] 此外,国际软法还可在不宜或无法由正式国际法规制的行业或领域填补空缺。对于一些专业技术性比较强、复杂敏感的国际事务,由权威性和稳定性较强的国际条约来调整,可能有些环节和时机会显得比较僵硬,并有可能造成法律的滞后性。国际软法相对比较机动灵活,不仅能保持与时俱进的技术先进性,也有利于结合具体文件进行个性化的处理。

在参与国际规制形成与运行的全球治理过程中,各种非国家行为体的活动不仅有效推动了全球治理的多元化和民主化进程,而且也节省了国际社会的交流成本和社会成本,减少了跨国治理和国际规制中的矛盾和冲突。无论是国家的立法,还是国际社会的国际立法,其中的立法过程与规则的形成都不是一蹴而就的,一般会经历一个逐步演化的过程。如在创制国际条约时,国际软法往往作为正式国际制度安排的过渡形式,先“以身试法”,作为“探测气球”检验各国国内的政治反应和缓冲手段,然后决定是

---

① 参见[美]詹姆斯·罗西瑙:《面向本体论的全球治理》,载张胜军译,俞可平主编:《全球化:全球治理》,社会科学文献出版社 2003 年版,第 61 页。

② 参见徐崇利:《走出误区的“第三条道路”:“跨国经济法”范式》,载《政法论坛》2005 年第 4 期。

否有必要以及有多大可能将该国际软法“硬化”提升为国际条约。① 因此，国际立法过程通常是从无法律拘束力的规范性文件开始的，如指南、准则、示范法、草案与建议等，然后再上升到条约之类的正式法律文件。②

（二）国际金融惯例/习惯法的先导与实证功能

在全球化时代，国家之间的交往变得更加便利和频繁，这就决定了国际惯例和国际习惯有可能在较短时间内加速形成，尤其是一些比较重要的一般性国际软法，由于许多国家相继迅速采取类似行动，因而得到普遍的承认，从而形成新的国际习惯法。一个典型例子就是绿色金融原则的形成，该原则在 20 世纪 80 年代还只不过是少数非政府国际组织的建议，后来得到许多正式国际组织和国家的承认和遵循，到 2010 年，绿色金融原则和碳金融制度被联合国环境与发展大会确立为各国必须遵守和实施的正式制度。此外，还有反洗钱规则、巴塞尔核心文件和金融企业的社会责任制度等。正是由于各国家和国际组织在国际金融实践中的反复实践和相互认可，才使这些金融软法逐步演变为国际金融惯例或习惯，甚至上升为相应的国际金融条约。这种源于国际金融实践的规范形式，既代表了全球治理规则之治的社会基础和动力源泉，也预示着规则实施与运行中的动态和谐，从而能在较大程度上预防和减少国际金融治理和监管过程中的“执法”冲突。

---

① 参见徐崇利：《走出误区的“第三条道路”：“跨国经济法”范式》，载《政法论坛》2005 年第 4 期。

② See Taylor & Bettcher, *International Law and Public Health*, 80 Bull WHO 12(2002).

第七章　我国涉外金融监管法律冲突的现状及其应对

第一节　我国涉外银行监管的法律冲突

商业银行跨越国界从事国际化的经营活动，是金融全球化的重要组成部分。从商业银行国际化的表征来看，银行国际化包括业务国际化、机构国际化、投资国际化、管理国际化。从商业银行的监管来看，银行国际化具体包括对外和对内的双向开放，即外资银行在我国的准入与业务监管，以及我国商业银行的准出与海外运营的监管。银行国际化是我国银行业扩大开放、深度融入世界金融市场的客观历史进程，也是推进我国银行业外向型发展，提升国际竞争力的必由之路。

一、我国银行业的对外开放

（一）外资银行的概念和形式

在金融全球化迅猛发展的背景下，银行业务的国际化是大型商业银行跨越式发展的重要战略目标。大型商业银行在完成了国内市场的扩张后，出于国际化战略和业务发展的需要，不断走向国际市场，逐渐成长为跨国银行。跨国银行相对于特定东道国而言，也叫外资银行。外资银行也称为外国银行机构，是指由外国资本组建或有外国资本参与并在东道国设立经营场所的银行。根据 2019 年修订的《外资银行管理条例》的规定，外资银行是指依照中华人民共和国有关法律和法规，经批准在中华人民共和国境内设立的下列银行机构：一是一家外国银行单独出资或者一家外国银行与其他外国金融机构①共同出资设立的外商独资银行；二是外国金融机构与中国的公司、企业共同出资设立的中外合资银行；三是外国银行②分行；四是外国银行代表处。其中，第一项至第三项所列机构，统称外资银行营业性机构，主要包括分行、合资银行和子行等经营组织形式。

① 外国金融机构是指在中华人民共和国境外注册并经所在国家或者地区金融监管当局批准或者许可的金融机构。

② 外国银行是指在中华人民共和国境外注册并经所在国家或者地区金融监管当局批准或者许可的商业银行。

1. 代表处

代表处是母国银行在东道国设立的一种初级形态的分支机构，主要代表母国银行在东道国进行业务联络。代表处不是母国或东道国独立的法人实体，所产生的法律责任由其所代表的外国银行承担。代表处一般也不能在东道国从事银行经营业务，主要从事内外联络、金融市场调查、金融业务咨询等与其代表的外国银行业务相关的非经营性活动。

2. 分行

分行是母国银行在东道国设立的可以直接经营金融业务的分支机构。在法律允许的范围内，外国银行分行可以在东道国境内经营商业银行的各类业务。出于银行内部管理的需要，分行可以编制财务报表，甚至可以独立进行核算。虽然分行是跨国银行开展国际银行业务重要的组织形式之一，但从法律意义上讲，分行一般不具有东道国法人资格。

3. 合资银行

合资银行是指由外国金融机构与东道国银行共同投资、共同经营、共担责任和风险的股份制合营银行。合资银行通常负责处理由于母行受东道国金融管制而无法开展的本币业务，或者是东道国为本国金融机构保留的银行业务，但作为合资银行股东的母行仅仅以其出资额为限承担相应的法律责任。一般来说，合资银行具有东道国的法人资格。

4. 子行

子行也称为附属行，是母国银行通过参股或契约方式拥有绝对控制权的东道国银行法人。在股权日益分散的现代公司制度下，母行并不需要全资控股子行。在拥有子行相对多数股权的情况下，母行就可以行使控股权，从而实现跨国银行的全球经营战略。在此种情形下，子行与合资银行的区别在于虽然子行是承担全部法律责任的独立法人，但子行的控股权归属于外国母行，并服从于其全球战略安排。狭义的合资银行一般由东道国银行资本占据主导地位，不涉及外资银行的控股问题，母国银行仅仅是合资银行的外国参与方，并以其出资额为限承担相应的法律责任。

（二）我国银行业的持续开放政策与法律

作为金融服务业的重要组成部分，我国在 2001 年加入 WTO 时，在《加入议定书》和具体承诺表等入世法律文件中对外资银行准入和业务范围作出了较为开放的承诺。在加入 WTO 2 年后，我国金融监管机构允许外资银行在中国境内开展企业法人客户的人民币业务，加入 5 年后可以从事人民币的零售银行业务，对外资银行业务开展的地域限制和客户限制也在 5 年内彻底取消，并允许外资银行设立分支机构。入世后，我国金融业对外开放水平不断提升，将商业银行业务推进到国际化的快速发展轨道。近年来，我国银行业对外开放的力度和层次已远远超出了当初的入世承诺。2019年7月，国务院发布了最新的金融业对外开放11条措施，更大程度、更大便利地欢迎外资参与中国金融市场。原银保监会（由以前的银监会和保监会于2018年合并而来，2023年调整为国家金融监管总局）在2020年推出了19项对外开放新措施，进一步丰富了外资金融机构在华商业存在形式，扩大其业务范围，优化监管规则，放宽外资准入条件和持股比例限制。国家外汇管理局也取消了合格境外机构投资者和人民币合格境外机构投资者投资额度的限制，使境外投资者参与境内金融市场的便利性再次大幅提升。与此同时，中国人民银行会同国家外汇管理局出台通知，进一步便利境外机构投资者投资银行间债券市场。

（三）外资银行在我国的快速发展

在"以我为主、循序渐进、安全可控、竞争合作、互利共赢"等监管原则的引导下，早期外资银行主要以战略投资者的形式与我国银行等金融机构开展合作和进行经营，取得了较快的进展。仅仅是入世10年后，中国工商银行、中国银行、中国建设银行和交通银行4家实施股改的大型商业银行先后引进了9家境外机构投资者，24家中小商业银行引进33家境外机构投资者，3家农村合作金融机构引进3家境外机构投资者，共引进资本327.8亿美元。26家非银行金融机构引进25家境外机构投资者，引进境外资本11.2亿美元。中资银行业金融机构通过引进境外机构投资者，有效地提高了公司治理和风险控制水平，从而加快了金融创新与银行国际化的步伐。随着我国"一带一路"倡议的提出，银行监管机构积极支持符合条件的"一带一路"国家和地区的银行在华设立机构。截至2017年年底，共有21个"一带一路"国家和地区的55家银行在华设立了7家外资法人银行、19家外国银行分行以及38家外国银行代表处。①

2018年以来，中国实行更高水平开放，金融领域的开放程度大大提高。国务院及金融管理部门宣布了一系列扩大银行业开放的政策措施，这一阶段中国大幅降低外资银行准入门槛，简化机构设立流程，将业务范围扩大到代理发行和兑付、承销政府债券、人民币和衍生产品交易和理财等，取消外资银行持股比例限制。根据中国银行业协会外资银行工作委员会

---

① 原中国银行业监督管理委员会宣传工作部编著：《中国银行业监督管理委员会2017年报》，中国金融出版社2018年版，第96～97页。

发布的《在华外资银行发展报告(2021)》显示①,截至2021年年末,外资银行在华资产总额3.79万亿元,同比增长0.21%,占全国商业银行总资产的比例为1.31%。从外资银行机构布局来看,截至2021年年末,共有来自51个国家和地区的银行在华设立了机构,全球六大洲均有银行在华设立营业性机构,外资银行营业性机构总数已达929家,其中包括41家外资法人银行、117家外国银行分行和135家代表处,分布在69个城市:其中包括总行41家、分行458家和支行430家。2021年新增的在华外资银行营业性机构11家。外资银行进入我国市场以来,除带来先进的管理经验和金融产品外,还与中国的同业机构开展了广泛的业务合作。银行业对外开放与利用外资取得了显著成效,在有效防范风险的前提下促进了我国金融业和实体经济的高质量发展。

二、中资银行的境外发展

随着我国金融市场的渐次双向开放和"一带一路"倡议的全面推进,越来越多的中资银行开始从单向性引入外资战略合作伙伴转变为主动向境外拓展分支机构和业务,引领了新一轮"金融走出去"的投资潮流。截至2020年年底,23家中资银行在境外设立了1353家分支机构,279家一级分支机构,覆盖亚洲、欧洲、美洲、非洲和大洋洲的69个国家和地区,其中在"一带一路"沿线23个国家设有一级机构51家。境内大型商业银行积极推行"走出去"战略,大力拓展境外市场和境外业务,代表了我国银行业国际化的程度。(见表3)

表3　中国银行业国际化发展一览

中资银行	境外分支机构形式	境外分布区域/机构
中国银行	分行	中国香港、中国澳门、新加坡、东京、首尔、曼谷、胡志明市、马尼拉、雅加达、悉尼、伦敦、巴黎、法兰克福、卢森堡、米兰、纽约、开曼、巴拿马、约翰内斯堡、杜塞尔多夫、布鲁塞尔、金边、芝加哥、鹿特丹
	子行	中银澳大利亚、中银英国、中银香港、中银国际、中银投资、中银保险、澳门大丰银行、中银哈萨克、中银马来西亚、中银卢森堡、中银匈牙利、中银俄罗斯、中银加拿大、中银赞比亚、中银中东(迪拜)
	代表处	巴林、圣保罗、中国台湾地区、伊斯坦布尔

① 中国银行业协会外资银行工作委员会:《在华外资银行发展报告(2021)》,载中国银行业协会网2023年2月5日,https://www.china-cba.net/Index/show/catid/14/id/41364.html。

续表

中资银行	境外分支机构形式	境外分布区域/机构
中国工商银行	分行	阿布扎比、釜山、多哈、河内、中国香港特别行政区、卡拉奇、孟买、金边、首尔、新加坡、东京、万象、阿姆斯特丹、布鲁塞尔、法兰克福、卢森堡、米兰、巴黎、华沙、马德里、纽约、悉尼
	子行	工银亚洲、工银阿拉木图、工银印尼、工银澳门、工银马来西亚、工银中东、工银泰国、工银国际、工银欧洲、工银伦敦、工银莫斯科、工商东亚、诚兴银行、工银卢森堡、工银加拿大、工银金融、工银美国、美国东亚银行、工银阿根廷、工银秘鲁、工银新西兰
	合资银行	南非
	代表处	仰光、非洲
中国建设银行	分行	中国香港特别行政区、新加坡、法兰克福、约翰内斯堡、东京、首尔、纽约、胡志明市、悉尼
	子行	中国建设银行（亚洲）股份有限公司、建银国际（控股）有限公司、中国建设银行（伦敦）有限公司
	代表处	莫斯科、中国台湾地区
中国农业银行	分行	中国香港特别行政区、新加坡、纽约、首尔、迪拜、东京、法兰克福
	子行	农银国际控股有限公司、中国农业银行（英国）有限公司
	代表处	悉尼、温哥华、河内
中国交通银行	分行	中国香港特别行政区、中国台湾地区、纽约、东京、新加坡、首尔、法兰克福、澳门、胡志明市
	代表处	伦敦、中国台湾地区
中国招商银行	分行	中国香港特别行政区、纽约
	子行	中国香港特别行政区永隆银行
	代表处	美国、伦敦、中国台湾地区
中国民生银行	分行	中国香港特别行政区
	合资银行	美国联合银行控股公司（UCBH）（20%股权）
北京银行	代表处	阿姆斯特丹
浦发银行	代表处	中国香港特别行政区
国家开发银行	代表处	里约热内卢
	合资银行	英国巴莱克银行（3%股份，第一大股东）

注：作者根据各大商业银行年报及银行监管机构年度报告等资料整理、汇编而成。

三、涉外银行监管的法律冲突

由于各国金融发展水平的不同和金融主权的相对独立性，各国对自身金融安全与金融发展所持的监管体制和监管原则也不尽相同，直接导致了跨国银行监管的法律冲突和矛盾，从而造成了跨国银行监管漏洞和监管套利的频繁出现。

（一）跨国银行监管法律冲突的类型

1. 金融监管安全法律价值目标的冲突

金融业作为国民经济的命脉和血液，客观上要求其平稳运转，一旦金融机构因经营管理不善而破产，在社会经济相互融合与全球经济一体化的背景下，必然引发不良的连锁反应，甚至会诱发金融危机和经济危机。因此，为维持银行金融系统的安全秩序和稳健运营，东道国必须采取有效的监管措施，防范和降低金融风险。但是，在跨国银行监管中，外资银行的安全控制与绩效水平不仅与东道国的监管能力密切相关，而且与其母行或总行的资产质量、经营状况以及风险控制能力息息相关。特别是在东道国以非法人组织形式运营的外国银行分行，总行所在国对跨国银行整体运营的法律监管尤为重要，对于维护金融安全与保障公平竞争起着决定性的作用。母国总行负责跨国银行集团在全球范围内的经营安排、资本协调和风险调配，其母国具备了相应的全球统一管理和持续监管的能力和条件，而东道国的监管职能一般仅限于其境内的分支机构和子行，起到辅助和配合的功能和作用。如果没有母国强有力的金融监管或母国缺乏有效监管，那么母国银行在东道国的分行也无法获得来自母行稳健经营的安全保障和充足的资本支持。鉴于母国监管要求在保障跨国银行安全与稳健经营方面发挥的重要作用，东道国往往将母国对跨国银行的有效监管作为外资银行准入的必备审核条件。[①] 一些国际金融监管组织和许多国家的金融立法通过不同形式强化了母国监管的具体要求与标准。20 世纪 70 年代以来，随着跨国银行在全球的扩展，BCBS 首先确立了“母国充分有效监管”原则，如果外资银行的母行没有受到其母国银行监管部门全面有效的跨国监管，那么东道国监管机构有权限制或禁止外资银行准入。

出于维护本国金融安全、保证公平竞争秩序的监管目标，东道国常常对外资银行进行准入监管和日常监管，并通过法律手段以审核或特别授权

---

① See Rainer Grote & Thilo Mathrauhn, *The Regulation of International Financial Markets: Perspective and Reform*, Combridge, 2008, p. 213.

的方式对银行资本准入的组织形式、范围等进行规制。因此,东道国与母国的监管目标与监管手段并非总能保持一致。母国监管当局对海外分支机构,特别是那些出现不良经营状况的分支机构的监督和风险评估,进行全球调整,往往会与东道国的监管目标发生冲突。这种冲突从微观来看,是监管目标和监管政策之间的矛盾;从宏观来看,体现的是监管权国际分配之间的矛盾,体现了东道国属地管辖权和母行所在国属人管辖权之间的经济主权之争。

目前,我国主要通过制定和颁布《商业银行法》、《银行业监督管理法》和《中国银监会中资商业银行行政许可事项实施办法》等法规对境外商业银行进行监管。另外,在《商业银行流动性风险管理办法》《商业银行合规风险管理指引》《商业银行并表管理与监管指引》《金融控股公司财务管理若干规定》等规范性法律文件中对境外分支机构的设立、变更、投资,境外机构高层人员任职资格和审查流程,商业银行董事会、监事会和高级管理层的合规管理职责,商业银行合规风险管理体系,合规管理部门职责和合规风险内外部监管要求等问题进行了较为详细的规定。在市场准出方面,我国参照 BCBS 发布的有关跨国银行监管的基本原则,规定商业银行在设立或收购境外机构时要事前向中国人民银行提出申请,经中国人民银行批准后,方可向东道国监管当局申请。总体来看,我国对境外分支机构的监管理念是自由竞争与审慎监管相结合。但是在对境外机构监管的具体规定上还有不少法律漏洞,如中资银行的境外分支机构是否采用我国的存款准备金制度和最后贷款人制度等还有待于以法律规范的形式加以确定。此外,有的法律、法规的规定过于原则、笼统,不仅难以理解和定性,也难以操作执行,由此造成海外分支机构处于低效监管状态,容易引发金融风险。

2. 监管信息披露与客户信息保护之间的法律冲突

随着消费者权益保护运动的日益深化和法治观念的加强,对金融消费者群体的特别保护,已日益成为世界各国金融监管立法的重点。防止银行等金融机构利用其优势地位直接或间接侵害投资人和存款人的利益,保护存款人、投资者和其他社会公众的利益也是金融监管中必须审慎对待的重要原则。因此,金融监管机构应采取稳健的监管措施,最大限度保护金融消费者的合法权益和金融隐私权。值得注意的是,金融消费者利益的保护无疑是各国银行监管的重要原则,但不是唯一的监管目标。为防范金融风险和保障市场的公平竞争,银行监管机构通常以社会公共利益为着眼点,还要对金融机构的经营活动进行必要的规范和限制,属于典型的公法性行为。而金融隐私权则强调的是金融消费者和投资者的个体利益,主要以私权利为主。这种张力和矛盾集中体现在跨国银行的监管矛盾和冲突中，母国出于整体安全的考虑，需要金融机构能够及时披露信息，以保障全面获取境内外的客户信息，而东道国的客户信息保护制度和信息安全制度就会在很大程度上制约母国的统一监管或并表监管。如果东道国与母国不能进行有效的监管合作，进行信息共享，就会造成跨国金融风险的识别困难，也就难以进行有效的风险防范，从而威胁到整个跨国银行集团。因此，东道国和母国之间的信息共享制度，是消除或减少跨国银行监管法律冲突的必要途径。除公法与私法之间的矛盾之外，国家之间监管制度的差异也是导致跨境监管矛盾的重要原因。银行信用和客户隐私保护亦是商业银行赖以生存和发展的社会基础，为保护这些商业利益不受侵害和破坏，各国一般都制定了严密的银行业保密法，由此也导致了母国与东道国银行保护程度和保护标准之间的差异，从而造成银行保密等法律制度之间的适用冲突。如反洗钱最常见的监管措施是对大额可疑资金进行监督和控制，但在对客户资金进行监督时可能会侵害客户的隐私权。虽然在《反洗钱法》、《金融机构反洗钱规定》以及 2018 年出台的《金融机构大额交易和可疑交易报告管理办法》等法规中均有严格的保密规定，但由于各国信息披露标准和程序有所差异，仍有可能造成信息偏差和泄露。

此外，金融客户的个人账户、交易记录和消费习惯等大数据信息也是各国研判金融安全和金融风险系数的重要数据来源，是国家信息安全的重要组成部分。因此，在涉及跨国监管套利和反洗钱监管国际合作时，东道国监管机构与母国监管机构之间的信息交换与协调沟通更显重要。就银行集团母国来说，为了维护国际金融秩序的稳定而实施全球并表监管，就必然要求各东道国银行机构与母国监管当局共享客户的金融信息。而各东道国则会更多出于维护客户的金融隐私权，对客户金融信息进行较为严格的保护，对境外监管机构的信息查询和披露设定较多的限制。

（二）涉外银行监管典型案例

1. 2002 年中国银行纽约分行违规贷款处罚案

中国银行纽约分行的违规操作行为发生在 1991 年至 1999 年，在担保严重不足的情况下，该行违规向与中国银行高层管理人员有特殊私人关系的公司提供了信贷支持。这种无抵押贷款的违规操作不仅严重违反了银行借贷法规，造成了融资市场的不正当竞争，而且容易形成死账、坏账，从而给银行自身和金融行业的稳健运营带来风险。在违规放贷行为被发现后，中国和美国的银行监管部门在金融调查方面展开了较为密切的监管合作。经过相互的调查取证、信息提供和执法合作，2002 年 1 月，美国货币监理署会同中国人民银行发布公告，对中国银行纽约分行的违法借贷行为进行了监管处罚，要求中国银行纽约分行缴纳2000万美元的罚金。金融监管部门的行政监管处罚得到了中国银行总行和纽约分行的认可，罚金由负有内部监管责任的总行和分行分别向中国和美国的监管当局平均缴纳。为确保中国银行纽约分行遵守美国当地的银行监管法，以安全稳健的方式在东道国进行合规经营，我国的银行监管机构对中国银行纽约分行采取了多项监管整治措施，如撤换违规人员、纠正违规放贷行为、督促制定新的内控管理制度，并将这些监管整顿措施及时向美方监管机构进行了通报。这次监管执法和处罚的联合行动得到了两国银行监管机构的协助和配合，集中体现了跨国银行监管机构密切合作的重要性，对于其他中资银行在境外的合规经营起到了深刻的警示作用。

2. 美国纽约南区联邦地区法院处罚中国银行案

（1）案情简介

2010年6月，美国古驰公司就中国公民李某、赵某等涉嫌侵犯该公司商标权向美国纽约南区联邦地区法院提起诉讼，要求侵权人停止侵权，赔偿损失（以下简称古驰案）。在调查中发现制售侵权商品的非法所得流向了被告在我国境内的中国银行账户之后，美国纽约南区联邦地区法院于2010年和2011年两次向中国银行纽约分行送达传票，要求美国境内外的中国银行必须遵守传票及预先禁令的内容，于14天内提供相关证据并进行信息披露。由于账户本身和文件信息均位于中国境内，中国银行认为不宜向境外机构和个人提供，于是向纽约南区联邦地区法院提出了申请重审和豁免禁令的动议。2012年5月纽约南区联邦地区法院驳回了中国银行的动议，并于2012年11月裁定中国银行构成藐视法庭，处以75,000美元的强制罚款。在中国银行提出上诉后的2014年9月，美国联邦第二巡回法院作出裁定，维持了纽约南区联邦地区法院的预先禁令，但同时撤销了强制罚款的命令，并指定该法院就中国银行特别管辖权问题重新进行审理。2015年9月，纽约南区联邦地区法院重新审理后认为：首先，其对中国银行享有特别管辖权，且行使该管辖权没有违背国际礼让原则。其次，再次重申中国银行必须遵守古驰案传票，并须提供案件相关的银行账户信息及其他文件。2015年11月，纽约南区联邦地区法院认定中国银行未能遵守上述命令，遂裁定中国银行藐视法庭，并处以每日5万美元的强制性罚款。

（2）纽约南区联邦地区法院对中国银行是否享有司法管辖权？

在英美法上根据民事诉讼目的的不同，管辖权分为对人诉讼管辖权和对物诉讼管辖权,分别简称为对人管辖权和对物管辖权。在对人诉讼中,管辖权一般以民事诉讼传票能否送达被告为基础,因而被告居所或住所地通常是法院行使对人管辖权的基本依据,也称为一般对人管辖权。如果被告在法院地没有居所或住所,但传票能够送达到被告,则原告提起诉讼的法院仍然具有管辖权,这种完全基于传票有效送达的对人管辖权即是特殊对人管辖权。此外,美国法律规定法院只有满足对非当事方享有对人管辖权的前提条件,才能要求该非当事方遵守送达的传票中规定的义务。综合看来,美国联邦法院要对域外法律主体行使司法管辖权,必须符合三个基本要件:传票能够被合法送达,司法管辖权必须具有法律依据,行使该司法管辖权必须符合美国宪法的正当程序要求。

首先,由于中国银行纽约分行设立于美国,传票被合法送达到中国银行,各方对此无异议。

其次,纽约南区联邦地区法院认为其对中国银行有权行使司法管辖权。纽约州的长臂法案规定,如果非居民被告在纽约州从事交易活动,或者通过代理人在纽约州进行交易,原告可以就该交易活动产生的纠纷向纽约州法院提起诉讼,即纽约州的所有法院享有特殊的对人管辖权。所以,在对一个主体行使对人管辖权之前,法院需要决定被告是否在纽约州从事交易以及诉由是否源于该交易。纽约南区联邦地区法院认为,中国银行在纽约州注册登记有两个分支机构,且在该州拥有系列不动产;为方便客户账户资金流转和其他金融活动,中国银行在纽约摩根大通银行开立有代理银行账户。因此,纽约南区联邦地区法院认定中国银行在纽约州从事了交易活动。

最后,司法管辖权符合宪法的正当程序要求。在判断管辖权是否符合美国宪法的正当程序要求时,纽约南区联邦地区法院一是必须确定被管辖主体与该管辖区域具有充足的"最低限度联系",该法院认为中国银行在纽约州有办公场所等不动产、境内外员工、稳定的客户群体和业务活动,持续不断地向纽约州的客户提供较为全面的银行服务,并与纽约州维持着较为固定和重复的联系,因而与纽约州内的所有法院具有非常充分的"最低限度联系"。二是必须确定司法管辖权是合理的,即符合程序正当和实质正义等基本理念。纽约南区联邦地区法院在对案件进行综合权衡后认为,该法院符合公平竞争和实质正义的要求,也符合美国宪法的正当程序要求,因而对中国银行具有特殊的对人管辖权。

(3)国际礼让原则的司法适用

中国银行向纽约南区联邦地区法院提出管辖权异议的一个重要理由

是两国司法管辖权冲突以及银行监管法的适用冲突。如果中国银行遵守纽约南区联邦地区法院传票的要求,向法院和古驰公司提供客户账户信息等证据材料,不仅会侵害银行客户的信赖和安全利益,也违反中国保密法的有关规定,甚至有可能承担行政责任和刑事责任。鉴于此,美国第二巡回上诉法院将案件发回初审法院重审时,要求纽约南区联邦地区法院特别考虑国际礼让原则在特别对人管辖权行使中的适用。在处理域外管辖权冲突问题时,美国法院一般以《对外关系法重述》(第三版)的相关规定作为衡量和处理冲突问题的指南和依据。根据《对外关系法重述》(第三版)第442(1)(c)条的规定,纽约南区联邦地区法院结合古驰案的具体案情,对以下五个因素进行了分析:①提交文件或者其他信息对争讼的重要性;②提交文件内容的确定程度;③案件相关信息或文件材料是否源于美国;④是否存在替代性的文件或信息获取方式;⑤不遵守传票义务是否会造成美国重大利益的损害,或者遵守传票义务是否会对证据来源国造成重大利益损害,以及被告提交证据和信息的现实困难、抗拒执行司法命令的主观心理状态等。纽约南区联邦地区法院在重点分析和考量了第④项和第⑤项因素后,得出了对中国银行行使特别对人管辖权符合国际礼让原则的最终结论。

(4)美国法院司法命令和决定的执行

根据美国《联邦民事诉讼规则》第45(g)条的规定,当事人应遵守已送达的传票或法院命令,如果没有充足理由未能遵守上述命令,法院有权认定其构成民事上的藐视法庭。由于中国银行以书面方式表明不遵守美国法院的命令,并在庭审过程中也曾以口头方式作出类似表示,纽约南区联邦地区法院据此认为中国银行构成民事上的藐视法庭,决定对其处以每日5万美元的强制性罚款,直到中国银行遵守法院相关命令。

中国银行一直认为自身并非古驰案的当事人,纽约南区联邦地区法院要求中国银行提交的大部分账户转账信息均位于中国境内。虽然中国银行在纽约设有分行,但海外分行与境内银行是两个独立的法人主体,且其客户数据信息是分开管理的,因而纽约分行并没有权限访问或获取中国境内的银行客户账户信息。更为重要的是,中国银行认为中美双方是1970年《海牙公约》的成员国,原告方应通过公约途径借助国际司法协助的方式调查证据,不能迫使中国银行以违反本国银行法的方式提供证据资料。但是,纽约南区联邦地区法院采纳了原告方的专家证人报告,认可了原告方专家关于"美国法院根据《海牙公约》提出调取文件的要求对本案原告获取其所需信息并非一个有意义的现实选择"的报告结论,而没有认可中国银行关于“中国执行《海牙公约》情况已大为改善”的报告结论。据此，纽约南区联邦地区法院最后认为1970年《海牙公约》不是原告获取关键信息和其他证据的可行备选方案。

(5)案件评析

从古驰案来看，中国银行并非案件的直接当事人，但美国为了追查和执行案件，基于“长臂管辖权原则”，对中国银行主张和行使了司法管辖权，并要求中国领域内的中国银行提交案件账户信息和材料。但中国银行纽约分行与中国银行总行毕竟是位于两个国家的不同经营主体，根据独立主体原则，即便在美国境内有分行的中国银行作为第三债务人(基于扣押令或传票)，需要接受纽约南区联邦地区法院的特殊对人管辖时，中国银行纽约分行也应与总行区别开来，被作为独立主体对待。事实上，在古驰案中，纽约南区联邦地区法院要求中国银行提交的大部分账户信息和材料都位于中国领域内，且中国银行在纽约虽然设有分行，但中国银行纽约分行并无权限访问或获取中国境内的账户信息与交易记录。因此，无论从理论还是从实践来看，美国纽约南区联邦地区法院对中国银行不享有司法管辖权，尤其是对中国领域内的银行。

该案的另一个核心问题是法律的执行冲突问题。根据中国的银行监管法律，中国境内的商业银行对客户信息负有保密义务，不得擅自泄露客户信息。中国境内的商业银行只有依据国内金融监管机构或司法机构的决定，并依照法定程序才能协助查询客户账户信息和交易记录，或者冻结、扣划客户账户，而不能依据外国法院的命令对外提供客户账户信息和其他相关材料。外国法院或者当事人需要获取中国境内银行的客户账户信息或交易记录，应当通过双边或多边条约以国际司法协助的方式获得。纽约南区联邦地区法院直接要求中国银行提供中国境内的客户账户信息，既侵犯了我国的司法主权，也让中国银行陷入执行的两难境地。如果遵守美国纽约南区联邦地区法院的传票命令提供账户信息，就会违反中国的银行监管法律；若不提供信息查询协助，则会被美国纽约南区联邦地区法院裁定藐视法庭并处以巨额司法罚款。但纽约南区联邦地区法院认为，根据判例，当原告寻求的救济措施是传票时，独立主体规则并不禁止传票的执行，原告只需要证明作出传票的法院对该银行及其分支机构具有管辖权即可。显然，该法院又把司法措施的执行问题归结为管辖权问题。因此，在执行问题上，美国又一次滥用了长臂管辖权，并利用美元的金融霸权地位及其全球清结算的垄断优势地位，迫使他国金融机构执行美国的司法决定和命令，这种单边主义的做法严重损害了两国司法管辖权和执法管辖权的协助与合作。

3. 美国哥伦比亚特区联邦地区法院调查中资银行洗钱案

近年来，中资银行在“走出去”过程中，频频遭遇因涉嫌洗钱被调查而产生的管辖与执行冲突案件。美国、英国、德国、韩国等国的监管部门均对中资银行海外分行加大了监管和执法力度，要求当地中资银行加强反洗钱合规审查。2015年7月，美国联邦储备系统（美联储）调查局发现中国建设银行纽约分行没有严格遵守美国当地的监管法规，并存在若干反洗钱的漏洞，从而要求该分行制订并实施改正反洗钱漏洞计划书。2016年2月，中国工商银行西班牙马德里分行涉嫌洗钱被调查，多名高管被处罚。2016年11月，由于中国农业银行纽约分行违反纽约州反洗钱法规，并涉嫌掩盖大宗可疑金融交易，美国纽约州金融服务局对该行处以2.15亿美元罚金。由于中国银行米兰分行涉嫌洗钱，中国银行与意大利监管当局达成庭外和解，中国银行支付60万欧元罚金，其四名职员因违反反洗钱规定被法院判处两年缓刑。在系列案件中，尤以美国哥伦比亚特区联邦地区法院调查中资银行洗钱案最为典型。

（1）案情简介

美国财政部海外资产控制办公室认定中国香港某空壳公司为朝鲜大规模杀伤性武器项目洗钱，将其列为制裁实体。2017年12月，美国哥伦比亚特区检察长向与该空壳公司有业务往来的三家中资银行发出大陪审团传票和行政传票，要求三家中资银行配合针对该中国香港公司协助朝鲜洗钱的调查，并提供相关的银行交易记录。由于三家中资银行均未履行美国司法机构的行政传票，该机构随后向哥伦比亚特区联邦地区法院申请强制执行。该法院首席法官贝丽尔·霍维尔于2019年3月作出了支持美国检方要求的司法决定，要求上述三家中资银行提供相关银行交易记录。①

（2）管辖权冲突及抗辩

法官认为，在本案中如果强制执行传票，可能会造成美国国内法与外国法的“真正冲突”。因此，法院应依据管辖权行使的一般国际法原则，考量是否应作出强制执行传票的命令，以避免管辖权的冲突。为了说明美国法院行使管辖权的合理性，美国检方援引了《对外关系法重述》（第三版）的五要素，即需要调取信息的重要性，调查信息是否足够具体，调查信息是否源于美国国内，是否有获取信息的其他手段，不执行与执行传票对美国和被申请执行国重要利益的比较。中国三家银行在答辩中则认为，还应考

① See 18 U. S. C. § 1956(a)(1),(a)(2),and (a)(3);50 U. S. C. § 1705(c).

虑其他两个要素:当事方在面临法律冲突时的困难程度以及当事方应对调查取证时是否诚信。

最终贝丽尔·霍维尔法官采用了七要素分析,认为信息源于中国、银行被迫执行会面临困难和银行应对调查取证时诚信这三点支持不强制执行传票;但是调取信息的重要性、传票的具体要求、缺乏获得信息的其他途径和对美国国家利益的潜在损害四点则支持作出强制执行传票的命令。贝丽尔·霍维尔法官最后指出:国际礼让不是不强制执行传票的理由,其有关国家利益的最重要分析因素亦不能充分地支持作出不强制执行传票的结论。原因在于一方面,美国的国家安全遭受了威胁;另一方面,任何其他国家的利益都没有受到损害。此外,美国政府只调取与其国家安全调查有关的记录,之所以这样做是因为没有其他有效的方法来调取这些重要记录。银行存在的困难主要是一种推测,无论如何,任何惩罚都不太可能产生严重后果。虽然法院认定这些记录源于中国,并肯定了三家中资银行的诚信经营行为,但与其他考量因素相比,这些因素的重要性显然不足以否定美国法院的管辖权和强制执行权。

(3)执行措施

美国司法机构作出命令后,三家中资银行仍未提供相关记录。美国检方以三家中国银行拒不履行法院命令为由,请求法院认定其已构成藐视法庭,并处以每日5万美元的罚款。2019年4月10日,首席法官贝丽尔·霍维尔支持了检方的请求,作出了处罚命令。同时,由于其中一家银行已提起上诉,上诉期间暂不处罚,待上诉维持的七个营业日后正式开始处罚。最终,法官作出命令,强制执行传票。① 中资银行不得不提交了原告所要求的账户信息。

(4)案件评析

美国的系列强硬做法开启了《爱国者法案》对中国进行域外管辖和强制适用的恶例,破坏了中美两国开展跨国金融监管协调与合作的信任基础和氛围。美国法院首度援引《爱国者法案》对中国境内的银行进行调查取证,要求提供银行交易记录,但有的中国银行在美国甚至连具有“最小联系”的分支机构都没有,且与案件本身没有明显的直接联系。美国司法机关在其领域范围外主张和行使管辖权,以及对中国银行调查取证的强制性做法,造成了两国公法适用和执法的强烈法律冲突。首先,美国违反了中美两国有关刑事调查的司法合作协议。2000年中国与美国共同签署了

① See 18 U.S.C. § 1956(a)(1),(a)(2),and (a)(3);50 U.S.C. § 1705(c).

《中华人民共和国政府和美利坚合众国政府关于刑事司法协助的协定》（以下简称《中美协定》），为两国开展刑事司法合作以及其他具体司法强制性协助合作奠定了法律基础。但是，美国绕开了《中美协定》，直接要求中国境内的三家银行提供涉案交易记录和账户信息。事实上，美国国内司法实践的多份判决也表明，在对中国领域内的当事人进行取证、送达时，美国的司法检察机关应优先考虑《中美协定》设定的司法协助途径，经由中国最高司法机关提出协助请求。[①] 因此，美国法院在没有征求中国最高司法机关同意的情形下，绕开《中美协定》规定的司法协助方式，直接对中国领域内的商业银行强制调查取证，不仅与《中美协定》的国家“契约精神”相背离，更是严重侵犯了我国的司法主权。

其次，美国司法机构的行为也违反了我国国内法的规定。跨国调查取证属于典型的司法行为，也是主权色彩非常鲜明的公法行为。根据国际法一般原理，一国不得主张或要求在他国领域内进行司法或执法行为，尤其是刑事司法行为。我国一贯尊重他国的司法主权，也非常珍视自身的司法主权。刑事案件的调查权、侦查权是国家主权的重要组成部分，也是国家行使司法主权的重要体现，外国司法机构必须根据被请求方的国内法（中国法）委托中国法定机构（如法院、检察院、公安机关、税务机关、海关）调查犯罪嫌疑人的银行账户与交易信息。[②] 为进一步执行《中美协定》，我国于 2018 年制定并通过了《国际刑事司法协助法》，禁止中国境内的金融机构向美国的司法机构或个人直接提供证据。美国的司法机构本来应该尊重中国的司法主权，应通过《中美协定》规定的合作方式，或者征得我国同意并依照中国相关法律法规进行适当的调查取证。但是，美国司法机构在刑事调查中强制要求中国境内商业银行提供账户交易信息和记录，直接造成了中国法与美国法的适用冲突。

第二节　我国涉外证券监管的法律冲突

一、我国证券市场的国际化

涉外证券监管冲突是证券市场国际化发展到一定历史阶段的产物。从具体国家来看，证券国际化包含三个层次的内容：一是证券投资的国际

---

① See United States of America v. USPLABS, Criminal No. 3:15 - CR - 496 - L(2018); United States of America v. Sinovel Wind Group, Nos. 14 - 3013, 14 - 3105(2014).

② 参见肖永平：《“长臂管辖权”的法理分析与对策研究》，载《中国法学》2019 年第 6 期。

化,即境外投资人投资于本国证券市场和本国投资人投资于境外证券市场;二是证券融资的国际化,即境外融资人在本国证券市场上发行证券产品及本国融资人在境外证券市场上发行证券产品;三是证券中介机构的国际化,即境外证券中介机构准入经营本国证券业务以及本国证券中介机构准出经营境外证券业务。证券国际化的三个层次之间通常相互影响、相互促进,共同推动一国证券市场的国际化。目前我国证券融资的国际化开放最早,发展相对较为完善,法律监管和冲突也相对较为突出。证券投资和证券经营机构的国际化则刚刚开启,前景广阔未来可期,但也潜伏着不少监管制度和规则的法律冲突隐患。由于国际债券一般严格遵循发行所在国的监管法律,且主要以私法契约约束债券双方当事人的权利义务,较少涉及不同国家的法律监管冲突问题,因而本部分主要围绕股票和基金等狭义证券的监管法律问题展开。

1. 外资参股证券公司

外资参股证券公司是指境外股东与境内股东依法共同出资设立的证券公司,或者是境外投资者依法受让、认购内资证券公司股权,内资证券公司依法变更的证券公司。为了适应证券市场对外开放的需要,加强和完善对外商投资证券公司的监督管理,明确外商投资证券公司的设立条件和程序,证监会制定了《外商投资证券公司管理办法》(2020 年修订)。根据该部门规章第 24 条的规定,香港特别行政区、澳门特别行政区和台湾地区的投资者投资证券公司的,参照适用该办法。外资参股证券公司可经营的业务具体包括:(1)股票(包括人民币普通股、外资股)和债券(包括政府债券、公司债券)的承销;(2)外资股的经纪;(3)债券(包括政府债券、公司债券)的经纪和自营;(4)证监会批准的其他业务。截至 2020 年 9 月,我国境内的外资参股证券公司已达到 15 家。(见表 4)

表 4　外资参股证券公司一览

序号	公司名称	境外股东名称	注册资本/亿元	境外股东出资比例/%	批准时间
1	中国国际金融股份有限公司	Tencent Mobility Limited Des Voeux Investment Company Limited 名力集团控股有限公司 其他公众股东	43.69	43.58	1995 年 5 月

续表

序号	公司名称	境外股东名称	注册资本/亿元	境外股东出资比例/%	批准时间
2	光大证券股份有限公司	中国光大控股有限公司	46.11	21.30	1996年5月
3	中银国际证券股份有限公司	中银国际控股有限公司	25	37.14	2002年1月
4	高盛高华证券有限责任公司	高盛(亚洲)有限公司	10.94	51	2004年11月
5	瑞银证券有限责任公司	瑞士银行有限公司	14.9	51	2006年12月
6	瑞信方正证券有限责任公司	瑞士信贷银行股份有限公司	10.89	51	2008年6月
7	中德证券有限责任公司	德意志银行股份有限公司	10	33.3	2008年12月
8	摩根士丹利华鑫证券有限责任公司	摩根士丹利(亚洲)有限公司	10.2	51	2010年12月
9	申港证券股份有限公司	茂宸集团控股有限公司 民众证券有限公司 嘉泰新兴资本管理有限公司	43.15	34.85	2016年3月
10	华菁证券有限公司	华兴金融服务(香港)有限公司	14.048	48.83	2016年4月
11	汇丰前海证券有限责任公司	香港上海汇丰银行有限公司	18	51	2017年6月
12	东亚前海证券有限责任公司	东亚银行有限公司	15	49	2017年6月
13	野村东方国际证券有限公司	野村控股株式会社	20	51	2019年3月
14	摩根大通证券(中国)有限公司	J. P. Morgan International Finance Limited	8	51	2019年3月
15	金圆统一证券有限公司	统一综合证券股份有限公司	5.88	49	2020年2月

资料来源：中国证监会 www.csrc.gov.cn，访问时间：2020年11月18日。

2. 外资参股基金公司

2002 年 6 月开始，中国资本市场逐步开放。证监会相继发布《外资参股证券公司设立规则》《外资参股基金管理公司设立规则》，并于 2002 年 7 月 1 日正式执行。至此，外资开始进入境内金融市场，我国资本市场国际化的大门开始敞开。外资参股基金管理公司包括境外股东受让、认购境内基金管理公司股权而变更的基金管理公司，或者境外股东与境内股东共同出资设立的基金管理公司。2005 年，基金管理公司外资股东持股比例上限提升至 49%，并于 2018 年 4 月放宽至 51%，规定 3 年后不再设限。截至 2019 年年末，我国合资基金公司达 44 家，占全部公募基金公司的 35%（见表 5）。2020 年 4 月 1 日，基金管理公司外资持股比例限制提前取消，国际资管巨头新设独资公司的大幕缓缓拉开。2020 年 8 月，证监会发布《关于核准设立贝莱德基金管理有限公司的批复》，核准设立贝莱德基金；2020 年 9 月 10 日，贝莱德基金正式成立，首家外商独资公募基金公司诞生，由此迎来境内基金公司国际化的新阶段。仅 2023 年 1 月，就有施罗德基金和上投摩根基金 2 家外商独资公募基金公司获批。

表 5　参股基金管理公司一览（2019 年 12 月）

序号	公司名称	境外股东	入资机构国家或地区	出资比例/%	成立时间
1	国泰基金管理有限公司	意大利忠利集团	意大利	30	1998 年 3 月
2	华夏基金管理有限公司	加拿大鲍尔公司	加拿大	13.9	1998 年 3 月
3	鹏华基金管理有限公司	意大利欧利盛资本资产管理股份公司	意大利	49	1998 年 12 月
4	嘉实基金管理有限公司	德意志资产管理（亚洲）公司（新加坡注册）	新加坡	30	1999 年 3 月
5	长盛基金管理有限公司	新加坡星展银行有限公司	新加坡	33	1999 年 3 月
6	富国基金管理有限公司	加拿大蒙特利尔银行	加拿大	27.78	1999 年 5 月
7	融通基金管理有限公司	日兴资产管理公司	日本	40	2001 年 5 月

续表

序号	公司名称	境外股东	入资机构国家或地区	出资比例/%	成立时间
8	国投瑞银基金管理有限公司	瑞士银行有限公司	瑞士	49	2002 年 6 月
9	泰达宏利基金管理有限公司	宏利资产管理(香港)有限公司	中国香港	49	2002 年 7 月
10	华宝基金管理有限公司	美国华平投资集团	美国	49	2003 年 2 月
11	摩根士丹利华鑫基金管理有限公司	摩根士丹利国际控股公司	美国	44	2003 年 3 月
12	国联安基金管理有限公司	德国安联集团	德国	49	2003 年 3 月
13	海富通基金管理有限公司	法国巴黎投资管理 BE 控股公司	比利时	49	2003 年 5 月
14	景顺长城基金管理有限公司	美国景顺资产管理公司(英国注册)	英国	49	2003 年 6 月
15	兴全基金管理有限公司	荷兰全球人寿保险国际公司	荷兰	49	2003 年 9 月
16	申万菱信基金管理有限公司	三菱 UFJ 信托银行株式会社	日本	33	2003 年 12 月
17	中海基金管理有限公司	法国爱德蒙得洛希尔银行股份有限公司	法国	25	2004 年 3 月
18	上投摩根基金管理有限公司	摩根富林明资产管理有限公司	英国	49	2004 年 5 月
19	光大保德信基金管理有限公司	保德信投资管理有限公司	美国	45	2004 年 5 月
20	中银基金管理有限公司	贝莱德投资管理(英国)有限公司	英国	16.5	2004 年 6 月
21	国海富兰克林基金管理有限公司	美国坦伯顿国际股份有限公司	美国	49	2004 年 9 月

续表

序号	公司名称	境外股东	入资机构国家或地区	出资比例/%	成立时间
22	华泰柏瑞基金管理有限公司	柏瑞投资有限责任公司	美国	49	2004年11月
23	工银瑞信基金管理有限公司	瑞士信贷银行股份有限公司	瑞士	20	2005年6月
24	交银施罗德基金管理有限公司	施罗德投资管理公司	英国	30	2005年7月
25	中信保诚基金管理有限公司	英国保诚集团股份有限公司	英国	49	2005年8月
26	建信基金管理有限责任公司	美国信安金融服务公司	美国	25	2005年9月
27	汇丰晋信基金管理有限公司	汇丰环球投资管理(英国)有限公司	英国	49	2005年10月
28	中邮创业基金管理股份有限公司	三井住友银行股份有限公司	日本	24	2006年2月
29	信达澳银基金管理有限公司	康联首域集团有限公司	澳大利亚	46	2006年5月
30	中欧基金管理有限公司	意大利意联银行股份合作公司	意大利	25	2006年7月
31	浦银安盛基金管理有限公司	法国安盛投资管理公司	法国	39	2007年7月
32	农银汇理基金管理有限公司	东方汇理资产管理公司	法国	33.33	2008年2月
33	民生加银基金管理有限公司	加拿大皇家银行	加拿大	30	2008年10月
34	平安基金管理有限公司	大华资产管理有限公司	新加坡	17.51	2010年12月
35	方正富邦基金管理有限公司	富邦证券投资信托股份有限公司	中国台湾	33.3	2011年6月

续表

序号	公司名称	境外股东	入资机构国家或地区	出资比例/%	成立时间
36	华宸未来基金管理有限公司	未来资产基金管理公司	韩国	25	2012 年 3 月
37	太平基金管理有限公司	安石投资管理有限公司	英国	8.5	2012 年 12 月
38	华润元大基金管理有限公司	元大证券投资信托股份有限公司	中国台湾	49	2012 年 12 月
39	中加基金管理有限公司	加拿大丰业银行	加拿大	28	2013 年 3 月
40	国开泰富基金管理有限责任公司	国泰证券投资信托股份有限公司	中国台湾	33.3	2013 年 6 月
41	永赢基金管理有限公司	利安资金管理公司	新加坡	28.51	2013 年 10 月
42	国寿安保基金管理有限公司	安保资本投资有限公司	澳大利亚	14.97	2013 年 10 月
43	圆信永丰基金管理有限公司	永丰证券投资信托股份有限公司	中国台湾	49	2013 年 11 月
44	恒生前海基金管理有限公司	恒生银行有限公司	中国香港	70	2016 年 7 月

3. 境内证券经营机构的国际化

2005 年 7 月，中国证监会批准了招商证券收购香港招商证券有限公司的申请，招商证券成为首家在境外设立分支机构经营证券业务的公司。中信证券公司经中国证监会审批同意后也在香港设立了中信证券香港有限公司，成为第一批获得监管机构批准设立境外机构的券商。为了进一步开拓国际市场，证监会支持境内交易所和证券期货经营机构走出去。2018 年 5 月，深圳证券交易所和上海证券交易所与孟加拉国达卡证券交易所签署了股权收购协议；2018 年 6 月，上海期货交易所、大连商品交易所驻新加坡办公室双双开业；2018 年 7 月，上海证券交易所参与筹建的哈萨克斯坦阿斯塔纳国际交易所正式开业。截至 2019 年 6 月底，内地已批准 31 家证券公司、24 家基金公司和 18 家期货公司在香港设立机构。

二、涉外证券监管的法律冲突

(一)涉外证券监管的法律冲突形式

由于不同国家证券法和公司法等法律法规对证券发行、上市和交易作出了不同的规定,当涉及两个或两个以上国家的证券活动时,同一证券适用不同注册地和发行地的监管法律,从而会导致证券融资活动的法律适用冲突。[①] 在证券发行与上市同步进行时,证券发行地法律与证券上市交易所在地的法律通常是一致的,因而涉外证券监管的法律冲突主要体现为发行人注册地法律与证券发行地法律之间的冲突。[②] 实践中,这些法律冲突主要表现在跨国证券发行条件、会计准则标准、信息披露内容、证券上市条件以及证券欺诈规制等方面。

1. 证券监管原则的抵触

我国政府一贯主张和坚持金融监管的国家主权原则,在跨境证券监管方面具体体现为会计审计的独立性原则。会计师事务所所在国的监管机构对证券发行的财务报表等信息进行独立自主的审核,并完成审计报告的审核,有权决定审计报告的适用和披露。国际通行的做法一般是认可会计师事务所所在国的审计监管权,并在证券审计监管合作中尽可能尊重该国的金融监管主权。为促进跨国证券监管的交流与合作,各国证券监管机构2002 年在 IOSCO 的牵头组织下,签署了全球第一个《关于磋商、合作与信息交换的多边谅解备忘录》(以下简称 MMoU)。MMoU 第 7 条就明确规定一国监管机构可向境外监管机构请求获得涉及交易记录和行为人的账户信息、财务审计信息。MMoU 的基本立场表明境外监管机构不能直接进行调查或者要求当事人提供材料,而需要向境内监管机构提出请求,符合尊重国家内政主权的基本原则。

相较于中国坚持的国家主权原则和完全信赖原则,美国一直强力主张和推行长臂管辖原则,不断扩大本国的司法管辖权和行政执法权,集中体现了美国政府强化本国主权、弱化他国监管主权的单边霸权主义做法。各国证券监管原则的根本性差异是不同法律文化价值理念在司法管辖和证

---

① 参见廖凡:《国际金融法学的新发展》,中国社会科学出版社 2013 年版,第 145 ~ 146 页。

② 当发行人仅在一个国家或地区进行跨境证券融资的情况下,仅涉及发行人注册地法律与证券发行地法律之间的冲突;然而对于大型跨国公司而言,同时在两个或两个以上国家或地区进行跨境证券融资已不鲜见,此时,跨境融资不仅存在前述冲突,同时涉及各证券发行地法律之间的冲突。

券监管领域的具体体现，一般难以调和。[①] 在中美两国2013年就跨境审计监管达成框架性协议后，美国监管机构仍然主张在中国领域内开展独立自主的监管活动，否则就视为"遭遇审计障碍"。[②] 在经济全球化的背景下，美国滥用长臂管辖权，肆意主张和扩大行使域外管辖权，造成了国际管辖权的矛盾和冲突，不仅损害到其他主权国家的管辖权，造成国际关系的紧张，也不利于当事人维护稳定的法律关系和合法权益的保护。

2. 公司治理制度的法律冲突

公司内控制度与治理结构既是公司自律性监管的制度要求，也是证券发行与上市交易的重要组织保障，但是各国公司法和证券法规定的组织形式、股权结构和管理架构等存在明显的差异。我国《公司法》规定公司应设立监事会，对公司事务履行独立的监督职能，而英美法系国家公司法则没有设置监事会的要求，其监督职能主要由公司的独立董事承担。值得一提的是，我国《公司法》也吸纳了英美法系国家公司法的独立董事制度，但其职责和功能却还没有充分发挥出来。由此可见，即使各国证券法中存在名义相同的公司治理制度，但其内涵和功能却也不尽相同。

对于跨国上市公司治理结构的法律适用冲突，有些证券发行地国家的监管机构要求境外拟上市企业通过修改其公司章程的方式，达到使拟上市公司的治理结构与该国证券法规则保持一致的监管目标。如2007年我国证监会颁布的《境外中资控股上市公司在境内首次公开发行股票试点办法》中，开始对这类法律冲突做出调整。也有国家根据实质审查的标准，只要内外国公司治理制度功能一致，就直接认可境外拟上市公司。一般来讲，公司治理结构冲突的法律适用与协调应坚持功能等同主义的原则。只要境外企业治理结构所给予的投资者保护水平不低于本国证券监管规则赋予的保护功能，就应承认和认同该外国的有关公司治理的监管规则，而不应强行要求该拟上市公司改弦易张，调整其公司章程和治理架构。如一些国家和地区的公司独立董事制度与我国的监事会制度，都发挥着公司内控中的监督作用，具有很强的功能相似性，因而涉及公司在对方证券市场进行融资安排时，就不应要求拟上市公司强制设立监事会或者独立董事机构或组织。事实上，境外拟上市企业被迫增加的监管成本和融资成本，最终也会转嫁给证券投资者和金融消费者。因此，在涉及相关的证券监管法律冲突时，应赋予证券交易所给予境外上市公司一定豁免的权限。

---

① 参见余佳奇：《中美会计跨境监管合作有关问题研究》，载《会计研究》2020年第4期。

② 参见李有星、潘政：《论中概股危机下中美跨境审计监管合作》，载《证券市场导报》2020年第10期。

3. 信息披露的法律冲突

为充分保障投资者的信息知情权,各国证券法和公司法对上市公司都规定了较为严格的信息披露监管要求,但各国信息披露制度的具体内容却存在显著不同,如披露报告的事项范围、时间安排、公告形式和方式等。对于多地上市的大型跨国公司而言,要在相同时段内满足不同国家的信息披露报告要求,或者进行文本转换,委实是一项充满挑战和需要付出高昂成本的任务。还有一些国家和地区采用了较为特别的信息披露制度,更是增加了证券投资者获取信息的难度。如季报是我国证券资本市场逐渐发展起来的特殊监管制度安排,根据我国证监会颁布的《股票上市规则》等监管规则的规定,上市公司应于每个会计年度的第 3 个月、第 9 个月结束后的 1 个月内编制并披露季度报告。此外,上市公司还应当在每个会计年度的上半年结束之日起 2 个月内编制并披露中期报告。世界其他国家和地区的证券监管部门,如东京证券交易所和法兰克福证券交易所等,一般对季度报告没有相应的披露要求。另外,我国证监会对中期报告的披露时间要求也与其他国家和地区有所不同,如伦敦证券交易所就与我国内地证券交易所规定的时间不一致。

4. 会计准则的法律适用冲突

会计准则是指规范上市公司会计、财务和资产账目核算的标准和方法。根据会计准则所形成的会计报告或其他文件就成为研判公司财务和资产信息的基础,也是不同上市公司进行会计比较的依据。会计准则应建立在公允、合理的基础上,但企业根据不同会计准则审核的经营业绩与财务成果,往往会呈现不同的会计结果,因而在很大程度上影响甚至决定了上市公司的经营业绩和盈利水平,从而对证券投资者的财务评估与投资决策产生重要影响。因此,正确理解和适用会计准则是有效监管与评价跨国上市公司经营质量和管理水平的前提条件和重要依据,各国应妥善处理跨国证券发行与信息披露中的会计准则适用问题。目前,跨国证券融资的会计准则适用冲突主要有以下三种协调模式:第一,只准许跨国证券发行人适用 IFRS 的单一模式,伦敦和东京等资本市场国际化程度较高的证券交易所一般采用此种模式。第二,授权跨国证券发行人在证券发行地会计准则与 IFRS 中择一适用的选择模式,如我国香港特别行政区的证券交易所即是采用这种灵活的选择模式。第三,主要适用于专业与机构投资者金融市场的混合模式,该模式兼采了前两种模式的优点,证券发行人在适用其本国会计准则的同时,需另行向证券监管机构提交一份说明报告,以阐释其注册地国会计准则与 IFRS 的重大差别。①

对于境外企业在境内证券市场融资的会计准则适用问题,笔者认为,混合模式将增加我国监管机构的监管难度,也间接对我国投资者的投资素质提出了更高的要求,现阶段不宜采用。目前,我国公司法主要采用公认会计准则(GAAP),该准则与 IFRS 之间还是存在较为明显的差异。因此,无论是我国企业赴境外证券市场融资,还是境外企业来我国证券市场融资,都会存在较为明显的会计准则法律适用冲突问题。如果是前者,可以适当考虑选择模式和混合模式,在充分利用我国作为注册地的会计准则的基础上,适当扩大 IFRS 的适用。如果是后者,我国的证券监管机构可以要求境外主体直接以 IFRS 编制财务报告,并进行相关的信息披露。通过这两种灵活变通的会计准则适用,在一定程度上能加速我国会计准则与国际通行的 IFRS 的接轨,从而为我国证券市场的国际化奠定坚实的会计准则基础。

(二)我国涉外证券监管法律冲突的典型案例

1. 中概股财务造假案

(1)中概股危机

中概股是在美上市"中国概念股"(China-Concept Stocks)的简称。中概股不是从股票发行地和交易地进行的认定,而是从上市公司大股东或实际控制人的国籍标准界定的股票类别,因而不属于传统法人国籍法意义上的概念。中概股主要包括注册地在境外避税地的发行人和注册地在中国境内的发行人两种类型,但无论哪种类型,其商业运营和公司治理等核心要素,诸如核心资产、主营业务利润来源和关键高级管理人员等实体因素均在中国境内。前者如阿里巴巴、百度、腾讯、京东等公司,后者如中国石油、中国石化、中国电信和中国人寿等公司。2012 年,在美上市的中概股板块曾经历过一次危机,主要表现为财务造假和公司治理不当,多家中概股公司深陷第三方机构做空、SEC 调查、投资者集团诉讼、股价破发、市值大幅缩水、停牌、退市甚至倒闭等风险中。在第一轮风波中,中概股所暴露出来的问题逐渐从虚增资产和利润、编造虚假合同、通过关联交易损公肥私,升级到"赤裸裸"挪用资金、转移资产,甚至变成抢夺公章等非法争夺公司管理权的闹剧,严重损害了中概股的集体声誉和投资者信心。②

① 参见唐应茂:《国际金融法:跨境融资和法律规制》,北京大学出版社 2020 年版,第 63 ~ 65 页。

② 参见沈乎、郑斐等:《跨境监管回原点》,载《新世纪周刊》2012 年第 21 期。

(2)涉外证券监管矛盾与冲突

为调查近年来130多家中概股赴美上市和交易过程中是否存在会计财务和信息披露等法律监管问题,SEC要求全球五大会计师事务所在中国境内的合作所或分支机构提供相关审计资料和法律文件。但是,这些中介服务机构均表示无法提供,主要原因在于中美两国的证券监管冲突。根据中国有关证券监管的法律规定,会计师事务所的工作底稿和审计资料属于机密文件,在没有得到中国证监会或其他证券监管部门明确许可或授权的情况下,擅自提交给境外的监管机构有可能面临中国证券监管机构的严重处罚。在此监管冲突背景下,SEC对这些证券中介机构提起了行政诉讼,试图以司法强制手段压服会计师事务所提供部分中概股公司的审计底稿,美国证券监管机构的强制做法进一步加深了两国的监管矛盾。这种冲突可能会触发一场两国的金融监管大战,甚至不排除美方强行给所有在美上市的中国公司摘牌或使其强制退市,也让中国企业未来在美国证券市场上市与交易的前景蒙上了"阴影"。

从根源上说,中概股事件是由两地审计标准、信息披露标准差异所引发的证券监管冲突。从资本属性和股东国籍上讲,中概股公司是中国公司,但无论是证券的发行还是交易都发生在美国证券市场,美国的证券监管机构基于属地管辖权原则,对这些中概股公司负有证券上市及交易的监管责任。但是,中概股公司的经营实体一般主要位于中国,中国同样基于属地管辖权原则,也对其负有经营监管和审计监督的管理权。① 因此,美国的证券监管机构无法直接对中概股公司的经营活动开展有效的监管,对于中国籍公司高管的司法裁判也难以得到有效执行,只能寻求中国监管机关与司法机关的协助与支持,对于中国证券监管机构而言,个别中概股公司的财务造假行为严重损害了中资企业的全球声誉,需要进行跨国联合监管。但监管中概股公司又面临许多障碍:中概股公司仅是经营实体位于中国境内,而上市主体并非中国公司,中国证监会直接监管境外上市公司需要解决管辖权的问题;中美证券监管机构之间也缺乏事先对在美上市中概股公司的通报和合作机制。

中概股普遍采用VIE(可变利益实体)架构跨境上市,首先,其基本模式是中国境内经营实体的股东在境外设立特殊目的公司(SPV),作为上市壳公司。其次,该上市壳公司在我国香港特别行政区或其他离岸地设立全

① 参见王克玉:《论境外国有企业的审计管辖与法律适用》,载《中央财经大学学报》2014年第6期。

资控股公司，再由该子公司在中国境内设立一家外商独资子公司（WFOE）。最后，由该公司与境内经营实体签署股权质押协议、贷款协议、独家服务协议等一系列协议，以控制该实体，从而将该实体的利润转移到境外子公司，境外子公司再以投资分红的方式将利润转移到上市壳公司。①通过复杂的协议网络架构，中概股实现了境外上市壳公司对境内经营实体的实际控制。但是，VIE 架构本身就是中概股规避中国法律赴境外上市的特殊手段，天然就具有缺乏有效监管、信息披露不透明、跨越不同的法域等风险。

（3）监管矛盾协调

由监管矛盾所导致的中概股事件，需要由两国监管当局以协商的方式妥善解决。一方面，中国证监会和 SEC 需要进一步协调两国的监管职能；另一方面，作为主业经营地的中国需要进一步加强信息披露透明性和合规性的监管。在因涉嫌业绩造假引发的调查与诉讼中，德勤（上海）会计师事务所援引中国法律拒绝向负责监管美股上市公司财务报告审计质量的美国上市公司会计监管委员会（以下简称 PCAOB）提交审计底稿，首次凸显了中美跨境审计监管合作的制度"短板"。在第一轮中概股风波以后，SEC 与 PCAOB 作为美国证券监管的一线执法机构，加快了与中方寻求跨境执法合作的步伐，并将谈判和磋商的重点放在了落实 PCAOB 跨境审计监督权和调查权方面。具体而言，美方希望在入境检查中国审计师的工作底稿方面得到中方证券监管机构的配合与协助，尤其是在 PCAOB 注册并为赴美上市中概股出具审计报告的中国审计机构，这实质上就是要求中方为美方证券监管机构域外行使执法权打开方便之门。

中美两国的证券监管机构早就于 1994 年签署了关于监管合作、磋商及技术协助的双边谅解备忘录。2002 年美国的商品期货交易委员会又与中国证监会签署了有关期货监管的合作谅解备忘录。2006 年，两国的证券监管机构进一步签署了双边合作协作对话安排。在前期两国监管合作的基础上，中美双方经过多轮谈判磋商，终于就跨境审计监管合作达成了框架协议，标志着双边监管的执法合作迈出了关键的一步。②

（4）评价

中美两国虽然签署了证券监管合作的备忘录，但备忘录并不能完全解

① See Endean J. ,*A Payoff to Second Best Pragmatism*:*Rethinking Entity Classification for Foreign Companies*,14 NYU Journal of Law & Business 311(2017).

② See Fried J. M. & Kamar E. ,*Alibaba*:*A Case Study of Synthetic Control*,Social Science Research Network (Jul. 22,2020),https://ssrn. com/abstract = 3644019.

决跨境监管冲突的所有问题,尤其在具体执行过程中此类备忘录也并非绝对有效。2012 年 5 月,SEC 就曾以拒交东南融通审计底稿为由起诉了德勤(上海)会计师事务所。同年 12 月 SEC 又以拒交审计工作底稿起诉了安永、普华永道、毕马威、德勤及德豪这五家会计师事务所的中国分支机构。2014 年 1 月,SEC 以德勤、毕马威、安永、普华永道等会计师事务所拒绝提交中国公司的审计底稿为由,作出了暂停由这四家事务所中国分所负责审计的中资公司赴美上市 6 个月的裁决。此外,SEC 还根据 IOSCO 的 MMoU,要求中国证监会提供相关上市材料。但是,MMoU 毕竟是证券监管合作的"软法",并不能有效解决中美之间较为复杂的证券监管法律冲突问题。因此,中国证监会、财政部与 PCAOB 于 2013 年 5 月签署了执法合作备忘录,内容主要涉及双方会计审计跨境监管的执法合作问题,[①]为 SEC 能够以监管合作的方式取得中国上市公司审计资料和文件提供了法律依据,从而使得"四大所"各以 50 万美元罚款的和解形式结案。耐人寻味的是,中美双方签署的该备忘录,SEC 并不是签署方。质言之,以后出现类似案件,仍然要采取逐案申请逐案审批的形式,双方的监管合作仍然具有不确定性。

2. 瑞幸咖啡造假案

(1)基本案情

2017 年 6 月,瑞幸咖啡在福建厦门注册成立,至 2019 年年末瑞幸咖啡在我国领域内的门店数量已超过 4500 家,成为我国发展最快和最大的咖啡连锁店。2019 年 5 月,瑞幸咖啡在美国纳斯达克市场成功上市,刷新了从公司成立到首次公开募股(IPO)最快的世界纪录。快速扩张的背后,隐藏着财务危机与公司管理的漏洞。2020 年 2 月,著名做空组织浑水(Muddy Waters)发布研究报告,披露瑞幸咖啡商业运营模式缺陷和财务造假等风险信号。随后,美国一些律师事务所闻风而动,联合启动了针对瑞幸咖啡公司的集体诉讼,从而引发了股价巨幅下滑等证券市场震动。瑞幸咖啡公司连续发布公告,披露股权变动,并于 2020 年向 SEC 递交了正式的书面文件,首次承认存在严重的财务欺诈。

(2)监管冲突

瑞幸咖啡公司的主要实体业务和核心资产均在我国境内,但公司登记地却为开曼群岛,并在境外的纳斯达克证券交易市场上市和交易。对于这

---

① 2013 年中国证监会、财政部与美国上市公司会计监管委员会(PCAOB)签署《中美会计审计跨境执法合作备忘录》,载中国证监会网 2021 年 4 月 30 日,http://pcaobus. org/International/Documents/MOU – China. polf。

种两头在外的跨国企业很难进行有效的监管,甚至在许多监管环节会出现积极的管辖权冲突,或者无人担责的监管空白。在涉及证券欺诈侵权时,跨国上市公司的海外投资者遍布全球,不同监管主体的调查程序和处罚标准的差异,无疑会进一步加大跨国上市公司的监管协调难度。在双边或多边合作框架下开展联合检查瑞幸咖啡造假一案中,在中国境内执业的中介机构(包括会计师事务所、券商、律师事务所),将面临来自 SEC 和 PCAOB 的监管压力,要求其提供材料,同时会受到中国法律禁止其"擅自"提供材料的双重压力。

(3)监管合作与协调

瑞幸咖啡事件曝光后,中国证监会非常重视瑞幸咖啡公司的财务造假事件,及时发布公告,强烈谴责公司的财务造假行为。为维护国际证券市场的有效竞争,保护境内外投资者的正当权益,中国证监会一如既往地坚决打击跨国证券欺诈行为,依法对瑞幸咖啡公司的财务造假行为进行彻查,并按照中国与相关国家签署的证券监管合作协议,进行跨国执法合作。在现有立法框架下,比较现实的既能合乎中国境内法律规定又能实际满足美方监管需要的途径,就是中美证监会的联合监管和调查。但是,如前所述,中美双方目前在执法技术方案的选择上已经形成僵局——中方倾向的"联合检查"途径不受美方青睐,而中美曾经联合检查的事实又未能满足美方的监管期待和关切,导致美方目前启动了甩开中方另起炉灶的单边应对措施。

3. 雅百特财务造假案①

(1)案情简介

雅百特是 A 股上市公司,为了达到虚增营业收入的目的,伪造了境外虚假工程项目回款的财务记录。雅百特公司在巴基斯坦旁遮普省设立了所谓的木尔坦公交工程项目,然后以该境外公司工程回款的形式,先后通过中国香港、马来西亚和美国等地的 16 家境外第三方公司虚增公司营收和利润。此外,雅百特公司还虚构建材进出口交易,虚增营业收入和利润,导致该公司在 2015 年和 2016 年的财务信息报告中存在明显的虚假记载。

(2)跨境监管合作与执法

雅百特财务造假案涉及中国境外工程项目,其违法事实的调查与查处

① 《证券期货监督管理信息公开目录》中国证监会行政处罚决定书,(2017)102 号;中国证监会市场禁入决定书,(2017)23 号。

需要得到境外监管机构的协助和配合，根据跨境监管合作的谅解备忘录，我国证监会及时启动了跨境证券的执法合作程序，分别向我国香港特别行政区、马来西亚和巴基斯坦等地的相关监管职能部门提出了执法协助请求。根据谅解备忘录的合作程序和要求，这些境外证券监管机构也及时向中国证监会反馈了协助调查结果，这些证据与境内收集的证据构成了完整的证据链条，查实了雅百特公司的财务造假违法行为，为后续证监会的处罚措施奠定了基础。

（3）行政处罚

在跨境监管合作调查的基础上，中国证监会认定雅百特财务造假案涉案金额巨大，情节非常严重，对雅百特公司作出了责令改正和警告的监管处分。根据当时的《证券法》第 193 条的规定，中国证监会对雅百特公司的虚假陈述行为作出了罚款 60 万元的顶格处罚，并对时任董事长处以警告，同时处以 30 万元罚款和终身不得准入市场的处罚，对其他相关责任人员则处以一定的行政罚款及期限不等的市场禁入措施。

（4）案件评析

近年来，我国证券监管部门重拳出击，对雅百特等跨国公司涉及财务虚增和造假案件的查处，在打击和治理跨境证券欺诈违法犯罪的同时，也初步显现了跨境证券监管执法协助与合作制度的重要性和优势。如 2012 年 4 月，证监会通过国际证监机构的协作机制，在 SEC 的协助下，查清了宏盛科技制作虚假提单和商业票据，骗取信用证承兑汇票额近 5 亿美元，虚增 2005 年和 2006 年主营业务收入一案；2017 年登云股份首次公开募股造假一案中，同样涉及中美两国证券监管机构的协作。但是，在雅百特财务造假案中，当时《证券法》规定的虚假陈述行为最高 60 万元的行政罚款金额过低，相对于造假公司的投机造富收入而言，相差过于悬殊，既不能惩戒和震慑证券违法者，也无法对广大受害投资人进行补偿和救济。不仅如此，证监会对该公司作出监管处罚后，其股价在三天内猛跌超过 25%，市值蒸发近 20 亿元，进一步削弱了持股价值，从而增加了投资人的损失。

4. 唐某博跨境操纵股票案[①]

（1）案情简介

唐某博伙同他人组建并操纵的团伙组织曾于 2012 年至 2015 年多次因操纵市场等违法行为被中国证监会进行处罚，行政处罚的金额累计达到

① 中国证监会行政处罚决定书，（2017）21 号。

5500 万元。唐某博等人在 2014 年 11 月“沪港通”联通后，申请开通“沪港通”账户，逐步将炒作资金转移至香港市场，借助“沪港通”交易机制频繁操纵两地股票价格，进行套利。如在唐某博操纵域外小商品城证券案中，唐某博及其控制的团伙在 2016 年 2 月到 6 月，通过操纵开收盘价、反向买卖、对敲买卖等多种违法手段拉抬或压低股价，仅该案就获利 4000 余万元。另外，此案调查期间，证监会根据其他线索，同步查实了唐某博等人涉嫌利用资金优势、持股优势操纵其他 5 支内地股票，非法获利近 2.5 亿元的另一起股票操纵案件。

（2）跨境操纵股票的管辖权

唐某博在内地证券市场被查处后，转移资金和账户到香港操作股票，非法牟取利益，违法行为发生地是我国香港特别行政区，香港证监会享有无可争辩的管辖权。从这个意义上讲，我国内地的证监会没有基于行为发生地的管辖权。但是，该起跨境股票操纵案的行为人唐某博等人是中国内地公民，且通过“沪港通”联通机制对在上海证券交易所挂牌交易的“小商品城”等系列股票进行了价格操纵，获益巨大，对两地证券市场和投资人均造成了明显的损害和影响。因此，无论是基于属人管辖权原则，还是基于系列操纵行为或是行为后果均发生在香港和内地等属地因素，内地证监会均对唐某博等人的该违法行为享有合法的管辖权。

（3）跨境监管调查与执法合作

在案件调查处理过程中，当事人提出了申辩理由，他们认为对案件定性的全部证据都来自香港证监会，内地证监会根据香港证监会提供的证据和材料进行审查和定性，香港证监会取证的程序合法性和有效性存在疑问。内地证监会认为：首先，根据我国《证券法》第 179 条第 2 款①的规定，证监会可以和其他国家或地区的证券监督管理机构建立跨境监管合作安排。内地证监会与香港证监会签署了监管合作备忘录，建立了两地跨境证券监管执法的合作机制。根据上述有关法律文件和跨境执法工作的现实需要，内地证监会向香港证监会提出执法协助申请，请求香港证监会移交与唐某博跨境操纵股票案有关的一切证据和材料。其次，根据我国香港特别行政区《证券及期货条例》等有关规定，香港证监会对于特区内的所有证券案件都享有调查权。最后，根据内地与香港签署的系列监管合作备忘录，香港证监会向内地证监会移交其依法定职权获取的证据，在我国香港具有法律效力，在内地也同等对待，具有相应的证据效力。

---

① 2019 年《中华人民共和国证券法》第 177 条第 1 款。

(4)行政处罚

根据《证券法》第203条的规定,对唐某博等人跨境从事操纵多地股票价格的违法行为,中国证监会主动行使了监管权和执法权,没收了唐某博等人4000余万元的违法所得,并作出了罚款2亿元的行政处罚。

(5)案件评析

内地证监会在香港证监会的支持和协助下,迅速查处了唐某博等人利用“沪港通”机制进行股票价格操纵的跨境案件。“沪港通”联通机制是我国资本市场走向国际化的重要过渡性制度安排,内地证监会与香港证监会在跨境执法合作中的密切协作和配合,不仅维护了两地证券市场的健康发展,也为我国开展跨境执法合作积累了丰富的经验。唐某博跨境操纵股票案是“沪港通”开通以来内地和香港联合查处的首起跨境操纵证券市场案件,被列为“2016年20起典型证券市场违法案例”的首位。唐某博跨境操纵股票案的成功查处,不仅以反面案例的形式揭示了“沪港通”等过渡性资本市场开放机制运行中的法律问题,而且充分检验了两地证券监管机构进行跨境执法协调与合作的能力和水平,从而为今后两地监管部门深入开展跨境监管合作积累了宝贵的合作执法经验。值得注意的是,随着我国内地资本市场双向通道的渐次开放和扩大,境外投资者或境内投资者迂回到境外进行证券市场操纵和内幕交易等违法行为的手段更为隐蔽,违法违规链条更为复杂,查证也更为艰难。因此,加强内地和香港等地证券监管的执法协作,是平稳推进互联互通机制的重要法治保障。

为进一步加强内地和香港证券市场的跨境执法合作,平等保护境内外证券投资者的合法权益,内地证监会和香港证监会在2014年10月互联互通后不久,随即共同签署了《沪港通项目下中国证监会与香港证监会加强监管执法合作备忘录》,以建立更为完善健全的两地执法协调制度安排。两地监管协调与合作涉及调查、执行和信息交换等各个监管环节,主要内容包括线索与调查信息通报、协助调查、联合调查与稽查、文书制作与送达、相互协助执行、投资者权益救济与损害赔偿、监管执法信息通报等各个监管与执法合作环节。2016年11月,内地证监会与香港证监会签署了《内地与香港股票市场交易互联互通机制下中国证监会与香港证监会加强监管执法合作备忘录》。此外,内地证监会与香港证监会也都是IOSCO的成员单位,IOSCO系统下制定了一系列有关跨境证券监管的磋商、合作及信息交换的指导性文件和谅解备忘录,正是在这些监管合作文件的保障和指引下,两地的证券监管合作取得了显著的成效。仅2017年,内地证监会与香港证监会开展的跨境执法合作案件与事项就多达139次/件。

第三节　我国涉外金融监管法律冲突的协调与应对

一、我国涉外金融监管立法管辖权冲突的协调与应对

（一）我国涉外银行监管立法管辖权的完善与协调

BCBS应时而需的成立，为跨国银行的监管冲突提供了协商与合作的交流平台，而且BCBS鼓励但不强求成员方采用共同监管方法和监管标准的合作路径，已深刻影响到各国对跨国银行运营的监管。“无为而达治”，各国监管当局在实践中都愿意以BCBS确定的原则和标准来约束本国的商业银行，因而这些原则和标准在事实上已成为跨国银行遵守的共同规则，甚至逐渐成为新兴的金融监管和内控管理的惯例规则。随着我国双向金融改革开放不断深入发展，外资银行已全方位进入国内市场，中资银行也基本完成了全球布局，更深层次参与了国际金融竞争。为尽快缩小与国际先进监管模式和标准的差距，我国银行监管机构必须倡导商业银行积极推行新资本协议，督促其提升风险管理能力，促进我国商业银行走国际化和现代化的可持续发展道路。自从2009年3月中国正式加入BCBS之后，①中国加快了按照新资本协议实施银行监管的步伐。按照巴塞尔新资本协议的监管原则和规定，我国银行监管机构将商业银行分为两大类，对商业银行资本监管法规进行了修订完善。

1.银行资本充足率监管

银行资本是银行从事一切金融业务活动的基础，同时是银行经营实力和流动性兑付的重要保障，对于维持市场信心和保护消费者切身利益具有重要意义。因此，银行资本监管是金融审慎监管的最核心要素，资本充足率是衡量商业银行稳健系数的最重要指标，乃至衡量整个银行体系安全系数的重要参数。为促进各国银行资本充足率的协调与公平竞争，促进统一性资本监管框架的形成，BCBS在1988年发布了第一个资本协议，规定了最低的资本充足率监管标准和计量方法，为各国商业银行的跨国公平竞争奠定了共同的“安全阀”基础。迄今为止，BCBS与时俱进地提供了三个资本协议，为各国商业银行的资本监管提供了统一的国际标准，促进了全球银行资本监管标准和方法的总体一致，已有100多个国家或地区以不同的

---

① BCBS在2009年3月17日召开的会议上决定吸收澳大利亚、巴西、中国、印度、韩国、墨西哥和俄罗斯为该组织的新成员。至此，BCBS成员扩大为20家。中国加入BCBS是我国银行监管史上的一个重要里程碑，这标志着我国将全面参与银行监管国际标准的制定，更加有效地维护我国银行业利益，并为国际银行体系稳定作出更大的贡献。

法律形式采纳和推行了 BCBS 的系列资本监管标准。

目前，我国《商业银行法》和其他配套银行监管法规均已规定了商业银行资本充足率不得低于 8%，其中核心资本充足率不得低于 4%，并适用于在我国境内设立的所有外资商业银行。但是，我国商业银行资本充足率的计算方法和尺度相对比较灵活和宽松，且对未达标商业银行的惩戒手段和措施不够明确和具体。这些问题的存在一方面不利于真实衡量商业银行的资本状况和潜在风险，难以有效抑制其资产的不公平扩张，从而削弱了我国银行的商业信誉和国际竞争力。另一方面也无法有效应对顺周期性监管和监管套利问题。为建立适合我国国情的商业银行监管框架，逐步实现与国际金融监管惯例的接轨与融合，近年来银行监管机构在借鉴国际银行业资本监管经验的基础上，加大了与通行监管标准的接轨，推行了《商业银行资本管理办法（试行）》，主要内容如下：

第一，督促商业银行建立稳健的内部资本评价体系，包括内部资本风险评估目标、程序和方法，并制定相应的银行资本充足维持战略安排。

第二，规定商业银行资本风险评估应涵盖银行面临的全部风险。除资本充足率本身涉及的相关风险以外，商业银行还应重点审慎评估资本充足率尚未完全覆盖的风险，如贷款集中度风险、利率风险、流动性风险和外部突发性风险等。

第三，为加强对银行内部风险和资本评估程序内部风险的监测，银行监管机构应建立资本充足率监督检查程序，以准确和动态评估商业银行的资本充足水平。

2. 信用风险监管

信用风险，是指商业银行交易对手不能正常履行合同的风险。针对信用风险，BCBS 提出了信用风险监管的原则和方法。信用风险监管具体包括建立信用审批管理和信用监测标准、对银行资产质量和坏账准备金的监测和评估、信用集中度管理和信用大额暴露控制、关联贷款比例监管、国家风险或转移风险控制五个方面的持续性经营监管措施。针对信用风险的计量和监管，银行监管机构通过发布系列监管指引进行了具体规定。

（1）对于信用风险，银行监管机构要求商业银行采取内部评级法进行风险资本计算，鼓励条件成熟的商业银行采取高级内部评级法。

（2）达到内部评级法对应的监管要求后，经银行监管机构审核通过方可具体实施内部评级法。

（3）获得银行监管机构批准使用内部评级法后，商业银行可以分阶段推行内部评级法，其中首期被评级资产覆盖率应不低于 50%，3 年内应逐步上升到80%。

(4)对于内部评级法未计量到的信用风险,则按新修订的资本监管规则进行风险加权资产计算和评估。

3. 市场风险监管

金融市场风险是指金融价格波动对金融资本价值的影响。随着我国银行综合业务的融合、银行国际化的不断发展,尤其是银行利率和外汇汇率的市场化改革,以及金融创新和金融科技的突飞猛进,商业银行的业务范围和投资领域除传统的利率市场之外,也越来越多地涉足证券及衍生品交易市场、外汇与黄金市场及保险信托市场,因而各种金融产品价格波动所导致的市场风险均会对银行资产造成一定的冲击和影响。因此,商业银行的市场风险是指利率、汇率和证券等市场价格变动对银行资产可能导致的风险。

20世纪末期以来,各国陆续发生了一些因市场风险监管不足而导致的跨国银行破产倒闭案件。各国于是意识到了市场风险在跨国监管中的重要性,BCBS随后将市场风险纳入资本监管的范畴。为及时反映银行资本充足率对银行各种业务风险的监管敏感性,2004年《巴塞尔新资本协议》提出了全面风险监管的原则,将银行资本风险进一步扩大为包括信用风险、市场风险和操作风险等各种因素在内,从而奠定了监测和管理商业银行经营风险的全球框架基础。

为有效评估市场风险的资本监管标准,BCBS提出了定量管理模型(VaR)的技术监管方法,鼓励有条件的商业银行将其运用于银行内部的市场风险监测和评估。三十国集团也建议成员国用定量管理模型衡量金融衍生工具的市场风险。为有效披露金融衍生交易的风险,SEC也积极推荐上市公司采用定量管理模型测算市场风险。因此,越来越多的金融机构主动在内部采用定量管理模型来评估自身的金融风险,同时,更多的银行监管机构也用定量管理模型的技术监管手段来评判商业银行的市场风险。相比其他国家和BCBS较为成熟的市场风险监管手段,我国的市场风险监管起步较晚,是最为薄弱的银行监管环节之一。鉴于此,为加强商业银行的市场风险管理,银行监管机构发布了《商业银行市场风险管理指引》,在一定程度上弥补了我国银行业在市场风险监管方面的不足。

4. 操作风险监管

BCBS的统计数据表明,金融机构操作风险所致损失在所有银行风险中处于第二位,位列信用风险所致损失之后。这一市场风险状况引起了各国银行监管机构和BCBS的反思和重视。2003年BCBS首次公布了《操作风险管理和监管稳健原则》，随后2004年的《巴塞尔新资本协议》将操作风险连同信用风险和市场风险一起正式纳入资本监管范围，并对商业银行的操作风险提出了具体的资本要求。根据《巴塞尔新资本协议》，操作风险是指“由不完善或有问题的内部程序、员工、信息科技系统或外部事件所造成损失的风险”①。操作风险的出现实质上反映了商业银行内控管理制度和公司治理机制的失效，如果银行自身或监管机构未能及时作出应对，有可能导致银行资产或利益遭受进一步的损失，或者诱发其他道德风险或产生高风险业务。近年来，我国商业银行的操作风险主要表现在四个方面：员工方面表现为监守自盗、内部欺诈交易和失职违规行为等；内部流程方面表现为工作流程不全、内控执行不力或失灵、担保抵押品管理不当、银行服务产品设计缺陷和泄密事件等；信息科技系统方面表现为技术更新后的不匹配；外部事件则表现为欺诈、自然灾害和交通事故等意外事件。

经过改革开放后40多年的发展，我国商业银行的内控安排和外部营商环境都有了很大的改进。尤其是经过股份制的市场化改革和金融科技创新后，商业银行无论是在资本充足率和市场风险管理方面，还是在市场操作风险预防与管理方面都得到了显著提高。为进一步完善银行的治理结构，提升风险内控管理能力，加强商业银行的操作风险管理，银行监管机构制定了《商业银行操作风险管理指引》，为我国商业银行实施操作风险管理提供了明确的指导意见。

5. 市场约束机制的监管措施

市场约束是BCBS对资本监管和外部监督两大监管原则的补充，也称为第三支柱。市场约束是指通过金融市场的运作机制来约束商业银行审慎经营和自我管理。为了使自身利益免受银行风险所导致的损失，银行股东、存款人、债权人等市场主体在利益驱动下，会从不同层面和维度关注银行经营状况和暴露的各种风险，并采取必要措施约束商业银行的不当行为。在市场化的运行机制中，信息披露起着重要的传导作用。因此，为方便利益相关者及时准确作出判断和采取应对措施，《巴塞尔新资本协议》特别要求商业银行建立健全信息披露制度，及时、全面地提供准确信息。为充分发挥新资本协议第三支柱的调节作用，原中国银行保险监督管理委员会督导商业银行强化信息透明度和披露制度建设，尽可能减少和消除银行在市场机制运行中的信息不对称问题。

---

① 本定义所指操作风险包括法律风险，但不包括策略风险和声誉风险。

(1)银行信息披露

第一,颁布专门的信息披露管理法规。为规范市场约束机制中的信息通道建设,我国的银行监管机构于2007年颁布了《商业银行信息披露办法》。该办法要求商业银行在会计年度截止后的4个月内必须披露公司财务报告、风险管理状况、公司内控和治理、重大事项等基本信息,并要求境内外上市银行公司和部分非上市银行机构采用国际通行的会计准则编制和披露财务报告。

第二,建立信息网络平台。为方便商业银行利益主体和中介机构查阅、收集、分析和研判商业银行的各种信息,银行监管机构在其官网上开辟了商业银行信息披露网站。商业银行信息披露网站的建立不仅有助于督导商业银行认同市场约束和外部监督,提升自我监管能力,而且在督促和指导金融机构规范信息披露的劝导式监管过程中,也提高和改善了银行监管机构的监管质量和水平。

第三,建立市场互动平台。为促进银行金融市场交流和切磋,并提升专业探讨质量和研究深度,银行监管机构出面组建了银行市场互动平台。市场互动平台主要由中国境内的各种商业银行和投资银行等金融机构、律师事务所和会计师事务所等中介机构组成,截至2022年12月总共有300多家公司和机构。借助于市场互动平台组织的专题研讨会和小型报告会,这些公司和机构能够进行多维度的交流和沟通,分享各种市场信息。

(2)银行业协会的自律监管

完善的金融监管是由外部权威监管、内部治理、行业自我监管和社会公众监督相互协调与配合而形成的"四位一体"监管体系。中国银行业协会是促进我国银行可持续健康发展的专业行业团体,是我国银行监管机构的政府监管之外的有益补充,对于维护银行业的公平竞争和建设良好的外部营商环境发挥了重要作用。中国银行业协会成立于2000年,目前的主管单位是国家金融监管总局。截至2023年1月,中国银行业协会共有764家会员单位,下设30个专业委员会。为进一步发挥行业协会的同业协调、行业监管、会员权益维护和行业服务等基本职能,作为主管单位的银行监管机构加强了对银行业协会的督导,并推动其建立健全行业自律机制。在银行监管机构的指导下,近年来,银行业协会在组织、督促商业银行承担社会责任、提高银行服务质量、规范同业有序竞争、维护行业自身合法权益、建立信息交流沟通机制、加强工作人员专业和职业操守培训和教育、强化国际交流与合作等方面发挥了积极作用。如在银行监管机构的指导下,银行业协会制定和实施了《中国银行业文明规范服务工作指引(试行)》《银行业从业人员职业操守和行为准则》《中国银行业文明规范服务示范单位管理办法》《中国银行业文明规范服务百佳示范单位考核标准(修订版)》《关于加强商业银行节假日金融服务的指导意见》等,既有效解决了政府监管有形之手无法触及的市场化问题,也有效协调了商业银行之间的公平竞争和有效服务等市场竞争问题。

(二)涉外证券监管的立法管辖权完善

相比于境外较为成熟的证券市场,我国证券市场开始于20世纪90年代,起步较晚。从当前涉外证券的法律环境和发展趋向看,我国的证券监管体系仍存在一些尚待解决的实践问题,在证券法的域外管辖权、监管手段和方法、执法措施等方面都存在发展和改善的空间。

1. 涉外证券监管域外管辖权的确立

2014年《证券法》第2条规定,在中华人民共和国境内,股票、公司债券和国务院依法认定的其他证券的发行和交易,适用该法。我国对涉外证券活动的监管长期采取的是严格的属地主义原则,对于在我国境内证券发行、交易行为的监管以及违规行为的查处,发挥了重要作用。但是,由于原《证券法》未对证券法的域外效力作出规定,涉外证券监管的管辖、法律适用、调查取证、境外数据分析处理等方面存在立法管辖权的缺失,不利于维护国内外证券市场的公平竞争,也不利于平等保护中外跨境证券投资者的利益。

随着我国证券市场国际化程度的加深,以及建立国际金融中心进程的逐步推进,为逐步实现金融市场统一监管的目标,保护中外证券投资者的合法权益,维护公正高效的统一证券市场秩序,2019年12月我国对《证券法》进行了修订,并于次年3月正式生效。2019年《证券法》第2条第4款是新增条款,首次在证券专门立法中确立了我国《证券法》的域外管辖权。[①] 该条款的增设,通过较为主动和积极地主张和行使管辖权,甚至是基于损害结果地而主张域外管辖权,无论是在维护公正高效的国内证券市场方面,还是在保护我国境内的投资者利益方面,对于日益开放和国际化的中国证券市场而言,无疑是一个巨大的历史进步。

但是,2019年《证券法》第2条第4款只是一个基础性条款,仅就我国证券法域外效力的立法管辖权作出了一般规定。由于我国是成文法国家,不能像英美等判例法国家那样通过司法机关在适用域外效力条款的过程

---

① 2019年《证券法》第2条第4款规定:"在中华人民共和国境外的证券发行和交易活动,扰乱中华人民共和国境内市场秩序,损害境内投资者合法权益的,依照本法有关规定处理并追究法律责任。"

中细化具体适用情形，并发展完善证券监管的域外立法管辖权条款。因此，我国新《证券法》在域外实施和执法方面规定得不够具体，不利于我国涉外证券监管条款的有效实施。从我国涉外证券监管的实际情况来看，目前证券市场国际化进程中最突出的问题就是中概股的国内外监管矛盾及其法律适用问题。如我国很多上市企业赴英属维尔京群岛、开曼群岛等境外离岸地注册，并申请在境外第三地证券市场上市，而这些公司大部分的核心资产和主要业务都在我国领域内，但是这些上市壳公司却既不在我国注册，也没有在我国境内登记或审批。因此，我国的证券监管机构没有法律依据获取其真实的会计财务信息，也无法对其实施有效监管，从而导致借壳上市模式的监管盲区，使之成为跨国证券欺诈的“避风港”。而境外上市发行地的证券监管机构却往往实行全面监管原则，要求主营业地所在国全面提供相关财务和审计信息，从而导致了跨国证券发行与交易的监管冲突。

2. 制定统一的涉外证券会计审计监管标准

20 世纪 90 年代以来，为建立与社会主义市场经济体制配套的会计审计监管体系，我国已经初步建立了企业会计准则、政府会计准则、管理会计准则、内部控制标准和会计信息化标准五个相互协调与配合的会计准则体系，力图构建涵盖工商业、公共服务和境外服务三个市场的会计服务市场开放体系。① 但是，这些会计准则和标准大都立足于我国国内的会计服务市场，而且标准较为陈旧，无法满足我国境内公司赴境外上市的会计与审计质量需求。为大力支持和服务中资企业更好地利用国际资本市场，我国证券监管机构需要在充分研究国际会计监管原则、会计准则和监管合作模式的基础上，进一步推进我国会计审计准则与国际通行会计准则的趋同。目前，作为会计准则趋同和统一的过渡性制度安排，我国可以与境外监管机构采取功能等同主义的相互认可原则，这不仅可以促进我国中介机构与境外对应机构之间的业务合作，促进我国会计师事务所审计质量和国际服务能力的提升，还能消除双方会计准则法律适用的矛盾与冲突，促进会计准则和标准的统一。如在 2019 年完成对我国监管机构就审计工作的全面评估后，欧盟委员会授权其成员国可与以财政部为首的中国监管机构开展谈判，以达成互惠互利的审计监管合作协议。这种合作监管措施不仅进一步彰显了我国历来主张的“尊重对方主权和法律、相互依赖”的合作理念，也为审计会计等专业服务领域准则和标准法律适用冲突的协调与合作提

① 参见余佳奇：《中美会计跨境监管合作有关问题研究》，载《会计研究》2020 年第 4 期。

供了有益镜鉴。

二、我国涉外金融执法管辖权冲突的协调与应对

（一）涉外银行监管执法的完善与协调

我国银行监管机构成立以来，一直遵循 BCBS 确定的跨国银行监管原则，积极主动地加强与境外监管机构的监管合作。近年来，中国的监管机构建立和完善了一系列的跨境监管交流合作和监管协调机制。

1. 签署监管合作协议

双边性的银行监管合作协议是各国家和地区开展跨境银行监管的重要方式。我国银行监管机构历来尊重和践行 BCBS 制定的系列监管原则和标准，积极主动与其他国家或地区的银行监管机构开展监管协调，并建立正式的跨境银行监管的合作机制或签订谅解备忘录。截至目前，我国已与美国、英国等国家和地区的银行或金融监管机构签署了各种形式的监管合作协议或监管合作谅解备忘录（见表 6）。

表 6　中国银行监管机构签署的监管合作协议

合作方机构名称	生效时间
1. 澳门金融管理局	2003 年 8 月
2. 香港金融管理局	2003 年 8 月
3. 英国金融服务局	2003 年 12 月
4. 韩国金融监督委员会	2004 年 2 月
5. 新加坡金管局	2004 年 5 月
6－1. 美联储 美国货币监理署 美国联邦存款保险公司 美国储蓄机构监理署	2004 年 6 月 2004 年 6 月 2004 年 6 月 2007 年 3 月
6－2. 美国加利福尼亚洲金融厅	2007 年 11 月
7. 加拿大金融机构监管署	2004 年 8 月
8. 吉尔吉斯共和国国家银行	2004 年 9 月
9. 巴基斯坦国家银行	2004 年 10 月
10. 德国联邦金融监理署	2004 年 12 月
11. 波兰银行监督委员会	2005 年 2 月
12. 法兰西共和国银行委员会	2005 年 3 月

续表

合作方机构名称	生效时间
13. 澳大利亚审慎监管署	2005 年 5 月
14. 意大利中央银行	2005 年 10 月
15. 菲律宾中央银行	2005 年 10 月
16. 俄罗斯联邦中央银行	2005 年 11 月
17. 匈牙利金融监管局	2005 年 11 月
18. 哈萨克斯坦金融监管署	2005 年 12 月
19. 西班牙中央银行	2006 年 4 月
20. 泽西岛金融服务委员会	2006 年 4 月
21. 土耳其银行监理署	2006 年 7 月
22. 泰国中央银行	2006 年 9 月
23. 乌克兰中央银行	2007 年 1 月
24. 白俄罗斯国家银行	2007 年 4 月
25. 卡塔尔金融中心监管局	2007 年 5 月
26. 冰岛金融监管局	2007 年 6 月
27. 迪拜金融服务局	2007 年 9 月
28. 瑞士联邦银行委员会	2007 年 9 月
29. 荷兰中央银行	2007 年 12 月
30. 卢森堡金融监管委员会	2008 年 2 月
31. 越南中央银行	2008 年 5 月
32. 比利时金融监管委员会	2008 年 9 月
33. 爱尔兰金融服务监管局	2008 年 10 月
34. 尼日利亚中央银行	2008 年 10 月
35. 马来西亚中央银行	2009 年 1 月

中国同其他国家和地区的金融监管机构签署合作谅解备忘录，一方面提高了我国银行监管机构监管跨国银行的能力；另一方面监管合作机制的不断完善，促进了监管信息的双向交换与交互核实，能够及时发现跨境监管的漏洞和问题，洞悉发展趋势，真正落实全方位的监管，以促进跨国银行的合法稳健经营。

2. 落实双多边的定期磋商机制

近年来，中国银行监管机构与美联储多次成功举行了中美银行跨国监管磋商，中国与新加坡举行了第三次中新银行监管磋商，中国和日本举行了中日第一次和第二次银行监管磋商。此外，中国银行监管机构同日韩两国的金融监管部门共同举办了第三届三方银行监管研讨会。这些双边或多边的定期磋商机制可以提高监管合作的透明度和效力。

3. 参加国际和地区性监管交流活动

近年来，我国银行监管机构继续保持与 WBG、IMF、BCBS、环太平洋中央银行组织、东新澳中央银行组织等国际或地区性监管组织或金融机构的联系；积极参加 BCBS、环太平洋中央银行组织和东新澳中央银行组织下设的银行监管工作组的研究工作和会议。2008 年金融危机之后，二十国集团领导人召开了一系列的金融峰会，组建了提高稳健监管和加强透明度，加强国际合作，推动金融市场诚信建设，改革 IMF、WBG 和区域性开发银行 4 个具体工作组，中国的监管机构均有积极参与。中国在提高稳健监管和加强透明度的第一工作组中发挥了积极和建设性作用，我国银行监管机构在审议当前国际金融体系问题的基础上，提出具体改革建议，为第二次二十国集团领导人峰会提供决策方面支持。

（二）涉外证券监管执法的完善与协调

1. 涉外证券监管执法的完善

我国 2019 年《证券法》除了在第 2 条第 4 款规定了域外立法管辖权之外，还在第 170 条赋予了证券监管机构调查取证的执法权。《证券法》第 170 条规定，国务院证券监督管理机构依法履行职责，有权采取现场检查、调查取证、询问、查阅与复制、封存与扣押、冻结与查封等执法措施，第 177 条还规定了我国的证券监管机关与其他国家和地区监管机构建立监督管理合作机制，实施跨境监督管理。执法管辖权的建立为我国证券监管机构实施涉外证券的监管执法奠定了法律基础。但是，相对于其他国家的证券管辖权和执法措施而言，我国《证券法》规定的执法措施种类和类型总体上比较单一，执法管辖权的范围比较小。如 SEC 除了作为证券监管机构享有基本的行政处罚权之外，还享有案件调查权、强制传唤权、向司法机构申请搜查令或提起诉讼的权力，如果涉嫌证券犯罪，SEC 还可以自行向司法机构移送刑事案件等。在启动证券案件的调查程序后，SEC 享有调查权附带的广泛权力，能够收集并获取被调查人员和组织的通信记录和银行账户信息，能够直接冻结被调查人员的账户，能够强制获取证词、传唤证人作证等。如果有必要，SEC 还可以强制要求被调查人员提供一切其他涉案人员的账户、往来信函和通信资料、备忘录或其他相关文件资料等。[①] 即使与IOSCO的通行范本相比，我国证监会执法管辖权的赋权范围比较狭窄，执行措施种类也比较单一。依据跨国证券监管合作的对等原则，当我国与其他IOSCO成员方进行跨国证券监管合作时，《证券法》第177条的规定会直接导致我国提出的监管协查要求缺乏明确的执法依据，当合作对方提出监管协查事项时也有可能导致我国证券监管部门无法满足对方的合理要求。此外，当遭遇执法障碍时，尤其是《证券法》第218条规定的阻碍执法惩罚措施，相比于SEC分不同情节予以罚款和监禁的细化执法规定，我国的相关执法惩戒措施数量少、程度轻，法律威慑力不够。

2. 涉外证券监管执法的合作与协调

作为规制证券市场的基本法律规范，《证券法》全面规范和调整证券发行、交易与监管关系，并赋予了证监会与境外其他国家和地区的证券监管机构谈判、签署谅解备忘录，开展跨境证券监管与执法合作的权限，为证券跨境监管的协调与合作奠定了一定的法律和制度基础。2014年《证券法》第179条第2款明确规定："国务院证券监督管理机构可以和其他国家或者地区的证券监督管理机构建立监督管理合作机制，实施跨境监督管理。"该条规定从立法层面上进一步确立了我国证监会开展与实施跨境证券监管与执法合作的职责与权限。据此条文，也说明未经证监会和国务院其他有关主管部门明确许可，任何组织和个人不得私自向境外其他国家或地区提供与证券活动有关的各种文件和材料。2019年修改后的《证券法》将上述跨境监管合作内容单列为第177条，第177条赋予中国证监会同境外证券监督管理机构建立监督管理合作机制、实施跨境监管的权力；第170条则规定了中国证监会依法履行职责有权采取的措施。这些条款的增补为我国证券监管机构开展执法活动提供了必要的法律保障，也为我国涉外证券的监管合作与协调提供了较为完善的法律依据。

目前，双边谅解备忘录是各国家和地区开展跨境证券监管协调与合作的主要方式。在IOSCO等国际组织的推动和倡导下，谈判和签署证券监管的谅解备忘录已得到绝大多数成员方的认可，经过多年的努力，国际社会已初步编织构建起了双边谅解备忘录的国际合作法网，极大提升了跨境证券合作监管与全球执法的效力。根据双边谅解备忘录的规定以及执法实践，中国证监会与境外监管机构开展执法合作时，双方协助调查的内容具体分为：(1)对人员或组织机构的调查。被调查人员或组织机构是指在

① 参见张彩萍：《中美跨境证券监管机制比较研究》，外交学院2018年博士学位论文，第111页。

被请求方境内的当事人或机构，如在境外的中资公司，或者在中国领域内的外国证券公司或办事处。协助调查的基本内容包括被调查人员或组织机构的基本信息、涉嫌的违法违规行为、是否破产或存在接受核查的情形、相关业务活动及跨境违法违规经营情况，并对相关行为作出真实性或合法性的初步认定。(2)调查信息提供。相互提供各自境内信息是国际监管合作的重要内容，一般包括有关法律或其他文件资料，并根据请求出具待查信息真实性和合法性的证明文件。(3)调查协助。一方的证券监管机构应对方证券监管机构的请求，对本国境内来自对方国家的公司进行协助调查，是谅解备忘录合作监管的核心内容，也是两国联手防范和打击跨境证券违法犯罪活动的重要措施。除了积极履行证券监管合作谅解备忘录，推进跨国证券监管，为积极参与国际金融治理，我国证监会还加强了与区域性和全球性国际金融组织的监管合作，着重从财务造假、联动执法、非法荐股防范等三方面初步建立了打击跨境证券违法犯罪活动的地区性或全球性执法联盟，进一步推动了跨境监管与执法合作机制的完善。

近年来，随着我国证券市场的日益国际化，为加强证券监管的执法合作，我国加大了与其他国家和地区签订谅解备忘录的力度。借助于备忘录框架下的协调与合作路径，我国在涉外证券监管方面取得了较为明显的进展。2020 年 4 月证监会有关负责人表示，在 IOSCO 多边备忘录等合作框架下，中国证监会已向多家境外监管机构提供了 23 家境外上市公司的相关审计工作底稿，其中向 SEC 和 PCAOB 提供了 14 家。我国向境外监管机构提供了 34 项协助，从境外监管机构获得了 4 项协助。通过双边谅解备忘录，中国证监会与上述监管机构在信息分享、跨境执法协助和经验交流等方面进行了有效的合作，促进了各自市场的健康发展。证监会官网公布的中国证监会与境外证券(期货)监管机构签署的备忘录一览表显示，截至 2019 年 12 月，证监会已同 64 个国家和地区的证券(期货)监管机构建立了跨境监管与执法合作机制。另外，证监会还于 2007 年 5 月签署了 MMoU，开始在双多边监管合作框架下，开展与境外监管机构的跨境监管执法合作。截至 2021 年 12 月，中国证监会已与 68 个国家(或地区)的证券期货监管机构签署了监管合作谅解备忘录(见表 7)。但值得注意的是，从严格意义上讲，谅解备忘录只是各证券监管部门或金融监管机构之间有关跨国证券监管执法的合作意向，虽然是双方意思一致的明确表示，但并非由国际法主体签署或作出，因而谅解备忘录一般不具有国际法意义上的拘束力。

表 7 中国证监会与境外证券(期货)监管机构签署的备忘录
(截至 2021 年 12 月)

序号	国家/地区	境外监管机构名称	签署时间/年	合作文件名称
1	阿布扎比	阿布扎比全球市场金融服务监管局	2016	《证券期货监管合作谅解备忘录》
2	阿根廷	阿根廷国家证券委员会	2006	《证券期货监管合作谅解备忘录》
3	澳大利亚	澳大利亚证券委员会	1996	《证券期货监管合作谅解备忘录》
4	奥地利	奥地利金融市场管理局	2008	《证券期货监管合作谅解备忘录》
5	阿塞拜疆	阿塞拜疆国家证券委员会	2015	《证券期货监管合作谅解备忘录》
6	白俄罗斯	白俄罗斯共和国财政部	2014	《证券期货监管合作谅解备忘录》
7	比利时	比利时银行及金融委员会	2002	《证券期货监管合作谅解备忘录》
8	巴西	巴西证券委员会	1997	《证券监管合作谅解备忘录》
9	文莱	文莱金融管理局	2014	《证券期货监管合作谅解备忘录》
10	柬埔寨	柬埔寨证券交易委员会	2019	《证券期货监管合作谅解备忘录》
11	加拿大	加拿大证券监管机构初始参与成员	2003	《证券期货监管合作谅解备忘录》
12	开曼群岛	开曼群岛金融管理局	2018	《证券期货监管合作谅解备忘录》
13	智利	智利证券和保险监管局	2017	《证券监管合作谅解备忘录》
14	塞浦路斯	塞浦路斯证券交易委员会	2012	《证券期货监管合作谅解备忘录》
15	迪拜	迪拜金融服务局	2008	《证券期货监管合作谅解备忘录》
16	埃及	埃及资本市场委员会	2000	《证券监管合作谅解备忘录》

续表

序号	国家/地区	境外监管机构名称	签署时间/年	合作文件名称
17	法国	法国证券委员会	1998	《证券期货监管合作谅解备忘录》
		法国金融市场委员会（现译为法国金融市场管理局）	2006	《中国证监会与法国金融市场委员会关于相互合作的函》
		法国金融市场管理局	2018	《法国金融市场管理局与中国证券监督管理委员会关于相互合作的函》
		法国金融市场管理局	2019	《关于金融领域创新合作之谅解备忘录》
18	德国	德国联邦金融监管局	2019	《证券期货监管合作谅解备忘录》
			2019	《关于期货监管合作与信息交换的谅解备忘录附函》
19	直布罗陀	直布罗陀金融服务委员会	2020	《证券期货监管合作谅解备忘录》
20	希腊	希腊资本市场委员会	2017	《证券期货及其他投资产品监管合作谅解备忘录》
21	耿西岛	耿西金融服务委员会	2013	《证券期货监管合作谅解备忘录》
22	中国香港特别行政区	香港证券及期货事务监察委员会	1993	《监管合作备忘录》
			1995	《有关期货事宜的监管合作备忘录》
			2016	《内地与香港股票市场交易互联互通机制下中国证监会与香港证监会加强监管执法合作备忘录》
			2017	《关于期货事宜的监管及执法合作备忘录》
23	印度	印度证券及交易委员会	2006	《证券期货监管合作谅解备忘录》
		印度远期市场委员会	2006	《商品期货监管合作谅解备忘录》

续表

序号	国家/地区	境外监管机构名称	签署时间/年	合作文件名称
24	印度尼西亚	印度尼西亚资本市场监管委员会	2003	《关于相互协助和信息交流的谅解备忘录》
		印度尼西亚商品期货交易监管局	2004	《期货监管合作谅解备忘录》
25	伊朗	伊朗证券和交易组织	2018	《证券期货及其他投资产品监管合作谅解备忘录》
26	爱尔兰	爱尔兰金融服务监管局	2008	《证券期货监管合作谅解备忘录》
27	马恩岛	马恩岛金融监督管理委员会	2014	《证券期货监管合作谅解备忘录》
28	以色列	以色列证券管理局	2011	《证券期货监管合作谅解备忘录》
29	意大利	意大利国家证券监管委员会	1999	《证券期货监管合作谅解备忘录》
30	日本	日本大藏省	1997	《谅解备忘录》
		日本金融厅	2018	《关于促进两国证券市场合作的谅解备忘录》
31	泽西岛	泽西岛金融服务委员会	2014	《证券期货监管合作谅解备忘录》
32	约旦	约旦证券委员会	2006	《证券期货监管合作谅解备忘录》
33	哈萨克斯坦	哈萨克斯坦国家银行	2015	《证券期货监管合作谅解备忘录》
		阿斯塔纳金融服务管理局	2018	《证券期货监管合作谅解备忘录》
34	韩国	韩国金融服务委员会 韩国金融监督院	2018	《证券期货监管合作谅解备忘录》
35	科威特	科威特股票交易所委员会	2010	《证券期货监管合作谅解备忘录》
36	老挝	老挝证券交易委员会	2011	《证券期货监管合作谅解备忘录》
37	列支敦士登	列支敦士登金融管理局	2008	《证券期货监管合作谅解备忘录》

续表

序号	国家/地区	境外监管机构名称	签署时间/年	合作文件名称
38	立陶宛	立陶宛证券委员会	2013	《证券期货监管合作谅解备忘录》
39	卢森堡	卢森堡金融监管委员会	2012	《证券期货监管合作谅解备忘录》
40	中国澳门特别行政区	澳门金融管理局	2020	《合作备忘录》
41	马来西亚	马来西亚证券委员会	1997	《证券期货监管合作谅解备忘录》
42	马耳他	马耳他金融服务局	2010	《证券期货监管合作谅解备忘录》
43	蒙古	蒙古金融监督委员会	2008	《证券监管合作谅解备忘录》
44	荷兰	荷兰金融市场委员会	2002	《证券期货监管合作谅解备忘录》
45	新西兰	新西兰证券委员会	2004	《证券期货监管合作谅解备忘录》
46	尼日利亚	尼日利亚证券交易委员会	2005	《证券期货监管合作谅解备忘录》
47	挪威	挪威金融监管委员会	2006	《证券期货监管合作谅解备忘录》
48	巴基斯坦	巴基斯坦证券交易委员会	2010	《证券期货监管合作谅解备忘录》
49	波兰	波兰金融监督管理局	2015	《证券期货监管合作谅解备忘录》
50	葡萄牙	葡萄牙证券市场委员会	2004	《证券期货监管合作谅解备忘录》
51	卡塔尔	卡塔尔金融市场管理局	2011	《证券期货监管合作谅解备忘录》
52	罗马尼亚	罗马尼亚国家证券委员会	2002	《证券期货监管合作谅解备忘录》
53	俄罗斯	俄罗斯中央银行	2016	《证券期货监管合作谅解备忘录》

续表

序号	国家/地区	境外监管机构名称	签署时间/年	合作文件名称
54	新加坡	新加坡金融管理局	1995	《关于监管证券和期货活动的相关合作与信息互换的备忘录》
			2018	《关于期货监管合作与信息交换的谅解备忘录》
55	南非	南非金融服务委员会	2002	《证券期货监管合作谅解备忘录》
56	西班牙	西班牙国家证券市场委员会	2009	《证券期货监管合作谅解备忘录》
57	瑞典	瑞典金融监管局	2012	《证券期货监管合作谅解备忘录》
58	瑞士	瑞士联邦银行委员会	2003	《证券期货监管合作谅解备忘录》
59	中国台湾地区	台湾地区金融监督管理机构	2009	《海峡两岸证券及期货监督管理合作谅解备忘录》
60	泰国	泰国证券交易委员会	2007	《证券期货监管合作谅解备忘录》
61	土耳其	土耳其资本市场委员会	2006	《证券期货监管合作谅解备忘录》
62	阿联酋	阿联酋证券商品委员会	2006	《证券期货监管合作谅解备忘录》
63	英国	英国财政部、英国证券与投资委员会	1996	《证券期货监管合作谅解备忘录》
		英国金融行为监管局	2018	《上海与伦敦证券市场互联互通机制监管合作谅解备忘录》
64	美国	SEC	1994	《关于合作、磋商及技术协助的谅解备忘录》
			2006	《中国证券监督管理委员会与美国证券交易委员会合作条款》
		美国商品期货交易委员会	2002	《期货监管合作谅解备忘录》

续表

序号	国家/地区	境外监管机构名称	签署时间/年	合作文件名称
65	乌克兰	乌克兰国家证券和股市委员会	2013	《证券期货监管合作谅解备忘录》
66	越南	越南证券委员会	2005	《证券期货监管合作谅解备忘录》
67	直布罗陀	直布罗陀金融服务委员会	2020	《证券期货监管合作谅解备忘录》
68	匈牙利	匈牙利中央银行	2021	《证券期货监管合作谅解备忘录》

《中国证监会与境外证券(期货)监管机构签署的备忘录一览表》,载中国证监会网 2023 年 2 月 25 日,www.csrc.gov.cn/csrc/c100214/c199728/1997278/files/。

三、我国涉外金融监管司法管辖权冲突的协调与应对

(一)我国涉外银行司法管辖权的完善与应对

1.受调查中国银行的两难处境

在前文涉及中国银行的系列案例中,美国根据长臂管辖原则对中国银行进行调查取证,并要求提供相关客户的银行账户信息。根据我国《商业银行法》等法律的规定,中国境内商业银行对其客户负有对相关信息保密的基本义务。如果境外监管机构或司法机构要求中国境内的银行提供相关材料和信息,应该借助国际司法协助的途径,向我国有关主管机关提出协助申请,经我国司法协助主管机构批准同意后,才能要求银行依据法定程序予以协助调查和查询、冻结、扣划被申请人账户,任何机构和个人均不能直接向境外机构提供中国客户的银行账户信息。目前,中美双方都是1970 年《海牙公约》的成员国,但美国纽约南区联邦地区法院却没有按照公约规定,以国际司法协助的方式在中国境内进行调查取证,而是径行要求中国银行等境内银行提供相关境内客户的账户信息。美国的这一强制做法不仅违背了相关国际公约的规定,也让境内外的中国银行陷入尴尬境地。如果遵守美国纽约南区联邦地区法院的命令,就会违反中国的《商业银行法》等法律法规;但如果拒不提供银行账户等信息,就会被美国纽约南区联邦地区法院判定为“藐视法庭”等妨害司法执行的犯罪行为,并同时被处以巨额的罚款。美国此举显然是对长臂管辖权的滥用,这种单边主义的做法必然损害两国之间的司法协助关系。美国要求中国银行执行传票、配合调查、缴纳罚金等行为,可能违反了一系列中国法律法规,包括但不限于《商业银行法》第 73 条、《反洗钱法》第 32 条、《网络安全法》第 64 条和

第66条、《征信业管理条例》第40条和《人民币单位存款管理办法》第28条等，并会导致50万元的罚款和其他法律责任。这种国内外监管法律的矛盾和冲突，尤其是借助于司法、行政等强制手段在他国法域行使权力，引起了他国强烈的反感和抵制。在国际执法实践中，比较常见的做法即是适用阻断法，以保护国内企业和自然人，维护国家司法主权。

2. 制定适用于涉外金融业务的阻断法或反制法

多年以来我国涉外金融领域的法律制度不够健全和完善，严重影响了我国监管机构和司法部门有效开展涉外金融执法，尤其是面对一些国家过度行使域外管辖权时，缺乏相应的法律依据进行有效的应对与反制。这种被动局面既不利于国家主权和管辖权利益的维护，也不利于我国当事人利益的保护。因此，我国需要加强在涉外监管的行政和民事领域相应反制法的立法工作，以应对以美国为首的西方国家不断扩大和加深的对华经济制裁和域外强制执法行动。

阻断法也称为阻却性立法或者反制立法。①《欧共体条约》将阻断法定义为："为保护已建立的法律秩序，维护共同体及人民利益，通过法定程序以阻却的方式消除外国立法的效力。"②阻断性立法的核心内容为拒绝承认外国经济制裁的法律效力，是一种防御性的权利，并不能直接对制裁国发生法律效力，但可以使外国的经济制裁措施无法对该国领域内的实体产生法律效力。当我国个人和企业因违反外国所谓经济管制法而受到经济制裁时，如果受制裁主体在我国法院提起反诉，则可以在一定程度上豁免其可能承担的域外法律责任，维护企业与其他受制裁主体的正常国际贸易往来。因此，我国制定并通过阻断性立法可以在很大程度上建立起维护本国企业合法权益的法律屏障。③

针对一些西方国家对中国企业、公民和其他组织采取的歧视性限制措施，我国商务部于2020年9月和2021年1月，先后发布了《不可靠实体清单规定》和《阻断外国法律与措施不当域外适用办法》。国务院均可按此规定采取相应的反制措施，在阻断措施的法律化道路上迈出了坚实的第一步。但是这两部临时应急性质的法律均属于部门规章，缺乏明确的上位法依据。为进一步提升我国应对西方国家制裁等霸权主义威胁和挑战的涉外法治能力，全国人大常委会于2021年6月10日表决通过了《反外国制裁法》，针对外国立法、执法和司法上的各种制裁、干涉和长臂管辖措施，提

① 欧盟的立法称为《阻却法令》，加拿大的立法称为《反美封锁条例》。

② EC Treaty 2271 / 96.

③ 参见袁达松、苏航：《我国应对经济制裁的反制法律机制》，载《天津法学》2020年第1期。

供了应对外部挑战和防范风险的法律“工具箱”。该法的生效为我国依法反制外国歧视性措施提供了强有力的法治保障。

但是,《反外国制裁法》全文只有16条,内容较为原则,且适用于外国对我国进行遏制和打压,对我国公民、组织采取歧视性限制措施的一切行为,缺乏具体领域和行业的可操作性。在实施具体反制措施时,只有执法和司法机构会同各职能部门,综合权衡反制措施的类型、对象和力度,才能精准反制和回击。金融领域是最容易受到欧美国家经济制裁的脆弱敏感领域,因而我国在实施《反外国制裁法》时,需要优先考虑具体的工作机制和流程。在发挥现有“一行一会一局”联动机制优势的基础上,国务院需要设立反外国金融制裁的专门工作机构,明确其工作职责,统一领导和协调金融领域的反制工作,并避免使中方主体限于左支右绌的尴尬境地。金融阻断法和反制裁的具体内容包括:(1)明确金融反制法的适用范围,一般应仅限于外国恶意或任意适用的域外管辖行为。(2)建立报告制度。中资企业在受到域外过度管辖权的不利影响时,应在规定期限内向反外国金融制裁专门工作机构进行报告。(3)完善申请豁免清单制度。中方当事人需提交材料和申请,证明遵守中国反制法而不遵守外国经济制裁措施将产生严重的利益损失,由主管部门综合权衡是否予以豁免。(4)建立“追回”制度。如果中方当事人因“违反”外国所谓经济制裁而遭受损失,有权通过中国司法或行政程序获得对方当事人同等价值的损害赔偿。(5)完善拒绝承认与执行外国制裁判决或行政裁决的制度。①

(二)我国涉外证券司法管辖权的完善与应对

1.我国涉外证券司法管辖权的不足

司法制度是证券市场良性发展的重要法制保障,也是保护证券投资者的最后一道屏障,对于促进跨国证券的监管与执法合作也同样发挥着重要的司法保障作用。尤其是当证券监管机构执法不力,或者行政处罚结果也难以补偿证券投资者的实际损失时,以诉讼途径寻求民事补偿就成为当事人最后的选择。此外,涉外证券司法管辖权的有效落实也是从司法层面促进和保障立法管辖权目标的贯彻、执法管辖权实施的重要一环。但目前我国对证券违法犯罪行为的司法治理功能还没有得到应有的重视和利用,主要表现在以下几个方面。

首先,中国证券监管执法与司法配合力度不够。从我国香港特别行政

---

① See Jürgen Basedow, *The Law of Open Societies: Private Ordering and Public Regulation in the Conflict of Laws*, Brill Nijhoff, 2015, p. 388.

区等地的证券执法实践来看,监管机构的执法决定或处罚决定可以在证券侵权诉讼中直接使用,从而为司法程序提供证据支持。如根据我国香港《证券及期货条例》第218条的规定,香港证监会审裁处所作的决定或裁定,投资者可以在证券的民事诉讼中使用。此外,如果发生证券的集体诉讼,证券监管机构一般都有权在第一时间介入,协助进行调查。法院同时会向监管或执法机构提供司法支持。如根据我国香港《证券及期货条例》第213条的规定,香港证监会可以向香港特别行政区法院申请强制令或其他具有强制执行措施的命令,包括但不限于宣告交易合同无效,停止取得、处置或者买卖证券,直至将当事人恢复至证券交易前状态的强制令等。考虑到司法程序比较拖沓冗长,即使在启动司法诉讼程序后,证券监管机构仍然可以推动集体纠纷达成和解,并作出相应的行政裁定以尽快结案。而反观内地,作为证券监管机构的中国证监会与人民法院之间缺乏这样直接或间接的相互配合和协调。

其次,民事诉讼救济制度不健全。对于会计财务造假和虚报、证券欺诈的救济手段,以刑事责任和行政责任为主,民事责任为辅。① 姑且不论这种模式是否能对证券投资人起到法律保护作用,单就民事救济手段而言,由于目前《证券法》《公司法》《会计法》等基本法律都只对相关欺诈造成损失的救济方式作了原则性规定,因而民事诉讼救济缺乏可操作性。值得注意的是,由于缺乏配套民事诉讼程序法的支持,相关民事责任的规定流于形式。此外,《民事诉讼法》规定的代表人诉讼、公益诉讼因为功能定位模糊、程序设计过于烦琐严苛,在证券诉讼中多年来存而不用,形同虚设。再加上司法部门的因循保守,导致目前我国证券投资者很难、也不愿意通过民事诉讼进行索赔。在司法实践中,虽然证券集体侵权案件呈现上升的态势,但实际上鲜有予以立案调查或审理的案例。最高人民法院在有关证券侵权的司法解释中,也曾明确表示司法机关对于证券集团纠纷不宜以集团诉讼的形式受理。"我国《证券法》虽然明确禁止从事虚假陈述、内幕交易、操纵市场等证券欺诈行为,并规定了证券欺诈行为人的民事赔偿责任,但是这些规定过于原则,加上欺诈行为往往在合法形式掩盖下进行,隐蔽性强,难以被发现,因此总有人以身犯险。"②

再次,司法诉讼费用保障制度缺失。由于证券诉讼程序较为复杂,周期长,成本大,尤其是涉及集团诉讼或涉外诉讼时更是让当事人望而却步,

① 参见余佳奇:《中美会计跨境监管合作有关问题研究》,载《会计研究》2020年第4期。

② 杨秋林:《试论操纵证券市场的民事责任研究》,载郭锋主编:《证券法律评论》2017年卷,中国法制出版社2017年版,第384页。

甚至主动放弃求偿或救济。因此,为了鼓励当事人提起司法诉讼救济程序,一些国家专门设立了诉讼基金制度,为涉外证券或集团诉讼提供相关费用的支持。澳大利亚在这方面走在了其他国家和地区的前列,设立了诉讼基金制度,在给当事人提供前期诉讼费用支持的基础上,能够在胜诉后获得一定比例的诉讼收益,由此进一步壮大和发展基金,走向了诉讼基金市场化发展的道路。该集团诉讼基金于2001年在澳洲证券交易所成功上市,已先后为航空账单和银行乱收费等大规模的集团诉讼提供了前期的诉讼费用资助,取得了社会和企业双赢的效果。我国在诉讼公益基金支持或集团诉讼纠纷支持方面还比较保守,为鼓励证券侵权诉讼救济程序的有效运转,可以借鉴和学习澳大利亚等国的先进做法。

最后,涉外证券纠纷平行管辖权协调缺失。2019年《证券法》增加了涉外证券的域外司法管辖权,为我国证券市场秩序的维护、投资者利益的保护提供了法律依据。但是,从条文内容来看,第2条立法管辖权的规定显得比较单薄和笼统,不利于司法管辖权的具体行使和操作,也不利于跨国证券的监管合作。如果把握不当,过度的行使可能会引起境外公司对我国域外司法管辖权的担忧,不利于吸引国际资本进入中国市场。此外,也可能会加重我国司法机构的负担,造成司法资源的紧张和浪费。因此,对于涉外证券如何合理行使司法管辖权,发生域外管辖权冲突时,采取什么样的冲突处理方式等问题,还需要《证券法》以配套法规的形式进行具体完善。

2. 我国涉外证券司法管辖权的完善

完善的涉外司法管辖权首先是管辖权在国际社会中的合理分配,然后是司法管辖权的恰当与有效行使,审理程序正当,合适的准据法适用,以及判决的承认与执行,这些形成一个相互呼应与配合的有序证券监管体系。

(1)明确涉外证券司法管辖权的实施标准

目前我国2019年《证券法》第2条增加了域外管辖权的规定,但正如上文所言,该规定比较笼统,有待进一步细化。我国在制定域外管辖权的具体实施细则或司法解释时,应适当考虑和尊重其他国家或地区的监管权限和管辖权,尽量减少平行管辖和平行诉讼,在维护本国证券市场秩序与尊重他国主权之间寻求合理的平衡。

美国在涉外证券的域外管辖权行使方面积累了较为丰富的司法实践经验,值得逐步走向国际化证券市场的中国借鉴和学习。美国的司法机构,特别是联邦最高法院在处理涉外证券诉讼的司法实践中,一度抛弃了传统的属地管辖原则,形成了具有较强司法扩张性的行为主义原则和效果主义原则，对涉外证券的司法实践产生了深远影响。司法管辖中的行为主义原则主要判断发生在美国境内的证券发行与交易行为是否对证券欺诈活动及案件发挥主导作用或具有关键影响，由此可见该标准仍然在很大程度上遵循了传统的属地管辖原则。但与此相对或密切相关的效果主义原则则强调发行与交易等证券行为结果对证券欺诈活动或证券市场和投资者所产生的明显影响，而无论该证券行为是否发生在美国境内。美国司法机构在具体适用效果主义原则时，通过“实质、直接、可预见”三要素来界定和判定域外行为对域内的“效果”或影响。“实质性标准”包含针对美国境内的投资者及其境内的投资利益受损，此乃侵权认定中的客观因素；“直接性标准”强调域外行为是造成美国域内损害结果的重大、直接因素，此乃侵权认定中的因果关系因素；“可预见性标准”强调美国域外的证券行为人按照通常人的知识水平能够合理预见到美国域内的损害结果，并非偶然的巧合或不可抗力等其他因素，此乃侵权认定中的主观过错因素。由此可见，美国的效果主义原则通过“实质、直接、可预见”三要素标准的细化，实质上是一般侵权行为构成要件在涉外证券欺诈与诉讼案件中的具体运用，从而在一定程度上降低了效果主义原则的模糊性和自由裁量权。

我国《证券法》域外管辖适用的判断标准可以借鉴美国在实践中积累的相应经验。根据我国 2019 年《证券法》第 2 条第 4 款的规定，“在中华人民共和国境外的证券发行和交易活动，扰乱中华人民共和国境内市场秩序，损害境内投资者合法权益的，依照本法有关规定处理并追究法律责任”，我国在立法中主张行使的域外管辖权，在功能上，与美国的效果主义原则有很大的相似之处。但由于域外管辖权是首次进入证券法领域，又缺乏司法实践的具体案例，对于如何实施第 2 条第 4 款，尚存在较大的不确定性。因此，我国的司法机关在适用第 2 条第 4 款时，可以适当参照美国的做法，灵活运用“实质、直接、可预见”三要素标准，谨慎合理地行使域外司法管辖权。①

（2）建立健全涉外证券民事诉讼救济制度

证券执法与司法的相互配合是域外证券监管的重要环节，证券侵权民事责任制度则把二者联结起来，共同构筑了跨境证券监管的一道重要防线。证券民事诉讼救济程序不仅是维护公平合理的证券市场秩序的重要司法制度，也是保护证券投资者利益的最后救济手段。美国证券期货市场

① 徐玉德、智广洁：《从瑞幸咖啡事件看我国跨境会计监管的改进》，载《中国注册会计师》2020 年第 10 期。

在世界金融体系中居于主导性的地位，尤其是美国的融资制度、监管执法和司法救济制度对其他国家和地区产生了深刻的影响。美国证券市场的有效性在很大程度上得益于 SEC 的高效强力监管，而美国司法系统对 SEC 监管执法的强力支持与协助亦是整个金融体系有效运转的重要环节，再次体现了美国证券监管立法管辖权、司法管辖权、行政管辖权三者之间的合理分工与有机协调。其中，证券侵权的集团诉讼是美国非常成功的证券监管执法和司法救济制度安排。[①] 我国在《民事诉讼法》中规定了方便当事人一方人数众多的诉讼制度，但我国的证券集体侵权制度与代表人诉讼制度运用不多，缺乏配套的实施细则和司法实践支撑。

首先，我国可以考虑建立健全证券大规模侵权纠纷的代表人诉讼制度。有些地区已做出了大胆的尝试和有益的探索，如上海金融法院于2020 年发布了《上海金融法院关于证券纠纷代表人诉讼机制的规定（试行）》，该规定一方面为各类金融投资者提供了多元化的"一站式"纠纷解决途径，丰富和发展了金融纠纷的救济手段和救济程序；另一方面该规定明确了证券纠纷代表人诉讼制度的具体操作流程，从专门性法院的司法层面加强了金融投资者的保护和维权救济，也为其他司法机构乃至全球的多数人代表诉讼制度的完善积累了宝贵的地方实践经验。

其次，稳步推动证券欺诈的公益诉讼。在目前集团诉讼缺位的情况下，在证券欺诈案件中引入民事公益诉讼可能是一个次优的制度选择。[②] 民事公益诉讼是我国司法体制的一大特色，在投资者权益保护方面可以发挥独特作用。代表人诉讼制度是我国当前民事诉讼的基本制度之一，在证券欺诈案件中引入检察机关进行公益诉讼可以更好地保护投资者和维护证券市场公平稳定。[③] 我国《民事诉讼法》（2023 年）第 58 条第 1 款规定："对污染环境、侵害众多消费者合法权益等损害社会公共利益的行为，法律规定的机关和有关组织可以向人民法院提起诉讼。"该法颁布后，全国人大常委会确定此处"法律规定的机关"为检察机关，赋予了检察机关启动民事公益诉讼的职责。虽然此条规定没有明确说明可适用于证券法领域，但是，涉及社会公众投资者的证券欺诈案件往往侵犯了众多金融消费者正当合法的信赖利益，影响范围广泛，同时危害到公共秩序，证券监管法规应将这种失信的社会性侵权行为纳入公益诉讼的范围。因此，我国应及时制定监管条例或由司法机构适时发布司法解释，将此类案件纳入公益诉讼的

① 参见刘远志：《美国跨境证券交易执法及启示》，载《证券法苑》2016 年第 2 期。

② 参见余佳奇：《中美会计跨境监管合作有关问题研究》，载《会计研究》2020 年第 4 期。

③ 参见张彩萍：《中美跨境证券监管机制比较研究》，外交学院 2018 年博士学位论文，第 115 页。

范围。

(3)涉外证券法律适用制度的完善

国际证券监管冲突包括立法管辖权和实施管辖权的冲突,因而各国监管矛盾的协调与合作也大都从这两个维度展开。从国际法的角度而言,国际证券监管冲突的合作与协调在本质上也就是涉外证券的管辖权在各主权国家之间的分配问题。“国际法主体通过双多边协议,实现证券实体法律制度的趋同,乃至统一,是解决跨国监管套利和跨国监管漏洞的良方。”①实体法趋同虽然具有“毕其功于一役”的法治和谐的终极理想目标,但由于各国证券监管制度和法治水准的巨大差异,全球证券监管法的趋同和统一充满了现实的巨大挑战和冲击。因此,通过实体法的统一达到消除监管矛盾的目标与其说是一个法治愿景,还不如说是作为一段非常艰难而长期的历史进程而存在。在这个历史进程中,如果各国在实体规则趋同和统一问题上暂时难以达成一致意见,则不如退而求其次,在承认和保留现行各国监管法律制度多元化的基础上,利用国际私法的冲突法规则构建一个更富于灵活性的跨国证券治理机制。“与统一实体法追求全球监管规则的趋同与统一的协调方法不同,冲突法则立足于涉外监管规则差异化的国际现实,强调以指引适用和间接认可的迂回方式协调各国的金融实体法规则,因而冲突法方法更适合在多元化的跨国金融监管领域发挥积极的协调作用。”②因此,冲突法方法不需要对各国现行的证券立法管辖权体系进行调整和变动,只需要证券法律的实施者,尤其是司法机关在跨国证券纠纷案件中能大胆利用冲突法规则,主动适用本国或他国的证券实体法。这种监管协调方式具有以下明显的优势:首先,冲突法规范和冲突法方法本身已达成国际共识,几乎所有的国家和地区都已在本法域内接受和施行冲突法规范,从而为证券法的域外适用打下了坚实的冲突法基础。其次,冲突法方式将证券监管牵涉的敏感政治问题转化为法律规则适用的技术问题,从而减少了各国监管机构之间的正面冲突,有利于跨国证券监管冲突合作与协调机制的形成。最后,冲突法规范作为统一法的过渡和桥梁,可以在多元性的证券监管规则中进行适当的选择适用,在给当事人带来相对稳定的预期的同时,也能在一定程度上消除监管重叠,从而可以保留各国灵活

① Annelise Riles, *Managing Regulatory Arbitrage: A Conflict of Laws Approach*, 47 Cornell International Law Journal 66(2014).

② 张彩萍:《中美跨境证券监管机制比较研究》,外交学院 2018 年博士学位论文,第 117 页。

多样的监管规则,不至于引致各国的抵触和矛盾。[①]

除法律冲突协调方法的重大变革之外,跨国证券监管矛盾的合作与协调理论的突破也离不开私法与冲突法理论自身的发展演变。冲突法规则中的直接适用法或强制性规则的适用即是明证。20世纪最重大的法律变化就是传统公法和私法界线的渐趋模糊,两者的中间地带或混合地带逐渐产生了新的经济法部门和社会法部门。因此,如同对待一般意义上的民商事法律规则一样,冲突法也必须为经济法规则确定国际上的空间适用范围。[②] 而在司法实践中,确有不少国家将证券法或证券监管法视为私法,在冲突法规则中被确立为准据法,并在跨国证券侵权诉讼中加以适用。如欧洲大部分国家将证券法视为私法,在跨境证券纠纷案件中,经冲突法规范的指引,外国证券法或本国证券法就有可能作为准据法得以适用。这种国内司法实践也影响了欧盟的统一立法。对于虚假陈述等证券欺诈行为,除鼓励和授权各成员国动用行政执法手段进行监管和处罚之外,欧盟还积极寻求通过侵权冲突法规则对跨国证券欺诈进行民事救济。《罗马条例Ⅱ》以欧盟统一冲突法的形式协调了各成员国一般侵权行为的法律适用。值得注意的是,欧盟统一冲突法并没有将证券欺诈作为特殊侵权行为对待,而是明确该条例适用于欧盟范围内的证券欺诈,从而进一步统一和扩大了包括证券欺诈在内的侵权冲突法的适用范围。在美国,通过前文对莫里森案的分析,我们也可以推知,美国联邦最高法院的法律适用逻辑明面上主要采用效果主义原则,但在具体考量标准的辅助说理部分也提到了冲突法规则适用的合理性。也就是说,如果证券欺诈侵权案件是由私法主体主动提起的诉讼案件,案件受理法官也可以凭借冲突法规则适用证券交易行为所在地的证券监管法等实体法律规则。[③] 在我国,也有学者提出了要积极利用冲突法方法,主动或扩大包括证券监管规则在内的经济法或社会法在涉外纠纷案件中的法律适用。因此,在涉外纠纷案件中,除了传统的民商事私法性规则之外,我国司法机构还可以扩大对兼具公私法特性的社会法和经济法的适用。这既是以法律手段维护我国国家利益的正当之举,也是我国积极参与国际经济秩序维护的全球治理需要,更是反制美国等国家对我国恶意、任意行使"长臂管辖"的法律利器,并为我国司法机构和行政机

---

① See Annelise Riles, *Managing Regulatory Arbitrage: A Conflict of Laws Approach*, 47 Cornell International Law Journal 76(2014).

② 参见宋晓:《当代国际私法的实体取向》,武汉大学出版社2004年版,第257页。

③ See Morrison v. National Australia Bank Ltd. 130 S. ct. 2888(2010).

关在涉外案件中合理合法地行使域外管辖权提供有力的国际法依据。①

值得注意的是，在利用冲突法规则去解决跨国证券监管法律规则的适用冲突时，要适当区分直接适用法或强制性规范的适用方式。② 不同于一般私法性规则借助于冲突法的援引得以适用的特点，直接适用法或强制性规范可以由司法机构直接适用，而无须借助或经由冲突法规范的指引。因此，为避免因冲突法援引错误适用私法规则而缩小强制性规范的适用范围，我们既要充分理解强制性规范的直接适用特点，更要精准识别强制性规范的适用范围和对象。我国《涉外民事关系法律适用法》第 4 条规定："中华人民共和国法律对涉外民事关系有强制性规定的，直接适用该强制性规定。"强制性规范一般体现的是国家的核心利益和公共秩序，这种直接适用的法律条款保障了强制性规范的法律效力。原因在于现代国家的治理活动融合或渗透到传统民法领域的规制事项，也不断侵蚀扩展至国家司法机构或行政监管机构的司法和执法过程，从而使强制性规范以直接适用法的方式得到有效遵守和实施。为弥补立法缺陷，并为法院适用强制性规范提供更加明确的指引，最高人民法院《关于适用〈中华人民共和国涉外民事关系法律适用法〉若干问题的解释（一）》（2012 年）对强制性规范进行了明确的列举式规定。③ 司法解释的规定明晰了强制性规范的具体内容，为我国强制性规范的直接适用提供了法律依据。其中与金融相关的强制性规范内容，既包括对外汇管制等国家金融安全的维护，也包括对金融市场竞争秩序的维护，还包括对金融投资者等弱势群体利益的保护，对于加强我国以司法管辖权手段扩大金融强制性规范的境内外适用起到了重要的推动作用。

（4）涉外证券平行诉讼的应对

平行诉讼表面上是各国司法管辖权行使的冲突，也间接反映了各国在立法管辖权上的针锋相对，从而体现了各国在域外管辖权上的主权之争。因此，平行诉讼是各国管辖权冲突最尖锐的体现，也是各国进行证券监管协调与合作必须面对的核心问题。在国际平行诉讼的应对中，除国际社会对管辖权的分配与行使制定统一的规则之外，目前主要由各国自行以国内

---

① 参见肖永平：《"长臂管辖权"的法理分析与对策研究》，载《中国法学》2019 年第 6 期。

② 参见霍政欣：《国际私法学》（第 2 版），中国政法大学出版社 2020 年版，第 144 ~ 146 页。

③ 该司法解释第 10 条规定：有下列情形之一，涉及中华人民共和国社会公共利益、当事人不能通过约定排除适用、无须通过冲突规范指引而直接适用于涉外民事关系的法律、行政法规的规定，人民法院应当认定为《涉外民事关系法律适用法》第 4 条规定的强制性规定：（1）涉及劳动者权益保护的；（2）涉及食品或公共卫生安全的；（3）涉及环境安全的；（4）涉及外汇管制等金融安全的；（5）涉及反垄断、反倾销的；（6）应当认定为强制性规定的其他情形。

法的形式进行协调,其中不方便法院原则和禁诉令是各国经常会用到的制度安排,分别从司法管辖权的积极和消极行使两个方面做出了回应。譬如,如果我国法院是不方便法院,则可以不方便法院原则,放弃我国人民法院的民事诉讼管辖权;但如果外国法院是不方便法院或为防止另行起诉,则我国人民法院可以发出禁诉令,禁止或预防当事人在外国不方便法院诉讼。[①] 在涉外证券纠纷中,从案情调查核实、域外证据调取、实际利益最大联系地以及判决承认与执行等因素综合考虑,如果由境外其他司法机构行使管辖权和审理更为合适,我国人民法院则可以不主张和行使该管辖权。虽然不方便法院原则在我国国际法理论中尚存不同意见,但在东鹏贸易公司诉东亚银行信用证纠纷案等涉外金融纠纷中已多次运用了不方便法院原则,我国受案人民法院均主动放弃了司法管辖权。我国在司法解释中确立了人民法院的不方便管辖原则,对申请主体、条件、审查程序及结果进行了具体规定。[②]

此外,作为与不方便法院原则配套的司法管辖权制度,我国立法还适时规定了禁诉令制度。禁诉令又称反诉令,是指为防范或限制对方当事人重新提起或者参与相同外国民事诉讼,一国法院应一方当事人的申请,对另一方当事人签发的禁止或限制诉讼的司法命令。[③] 目前我国《证券法》正式植入了域外管辖权制度,在诉讼法中也确立了不方便法院原则,但还没有正式确立禁诉令制度。在国际经济竞争加剧的形势下,中国遭遇了贸易、投资、技术和金融等方面全方位的遏制和打压,为配合政治上对中国的围堵,西方国家在法律上频繁对中国公司和企业主张和行使域外管辖权,并采取制裁、调查、封锁和禁运等强制措施。有学者认为禁诉令是涉及国际择地行诉或择地诉讼最重要、最极端的对抗做法之一。[④] 话虽如此,但必

---

① 参见张利民:《国际民诉中禁诉令的运用及我国禁诉令制度的构建》,载《法学》2007 年第 3 期。

② 最高人民法院《关于适用〈中华人民共和国民事诉讼法〉的解释》第 530 条规定:涉外民事案件同时符合下列情形的,人民法院可以裁定驳回原告的起诉,告知其向更方便的外国法院提起诉讼:(1)被告提出案件应由更方便外国法院管辖的请求,或者提出管辖异议;(2)当事人之间不存在选择中华人民共和国法院管辖的协议;(3)案件不属于中华人民共和国法院专属管辖;(4)案件不涉及中华人民共和国国家、公民、法人或者其他组织的利益;(5)案件争议的主要事实不是发生在中华人民共和国境内,且案件不适用中华人民共和国法律,人民法院审理案件在认定事实和适用法律方面存在重大困难;(6)外国法院对案件享有管辖权,且审理该案件更加方便。

③ 参见欧福永:《论禁诉令在解决中国内地与香港民商事管辖权积极冲突中的运用》,载《时代法学》2009 年第 4 期。

④ 参见杨良宜、杨大明:《禁令》,中国政法大学出版社 2000 年版,第 492 页。

要的禁诉令仍然与不方便法院原则一起，成为各国处理国际平行诉讼的两大法律武器。只不过一个采用更为积极的管辖权方式，一个采用相对消极的管辖权方式而已。因此，我国应积极筹划建立具有中国特色的禁诉令制度，“反制”域外司法机构和执法机构对我国公民和企业行使的积极司法管辖权，为我国涉外证券司法管辖权和监管提供立法依据。2020 年 9 月武汉市中级人民法院向国际社会发出了禁诉令，禁止被告美国交互数字公司及关联公司在其他国家提起相关诉讼，以排除外国司法管辖权的不法干扰和妨碍。① 我国人民法院发出首个全球禁诉令，其管辖权适用和裁决依据合法，且符合禁诉令的国际惯例，为中国企业参与跨国知识产权竞争提供了强有力的司法保护。该案虽然发生在知识产权领域，但无疑为金融领域禁诉令的适用提供了宝贵的借鉴和参考。

① 耿珊珊、陈勇：《武汉中院发出全球首个跨国禁诉令》，载央广网，http://www.cnr.cn/hubei/yw/20210304/t20210304_525427042.shtml。

结　语

一、结论

本书通过对国际金融监管法律冲突及其协调的研究，初步得出以下基本结论。

（一）金融监管不足和监管效力低下是引发金融危机的重要原因

金融的全球化与自由化一方面提高了全球金融资源的配置效率，促进了经济的发展和全球消费福利的提升，但另一方面也扩大了金融风险和金融危机在国际范围内的传递。金融全球化背景下的金融风险呈现突发性、联动性和破坏性的全新特征，各国金融体系也越来越容易受到外来因素的影响。20 世纪 70 年代以来国际社会发生了一系列的金融危机，尽管人们对危机生成原因与危机的防御之道众说纷纭，但是金融监管无疑是其中重要的一环。2008 年肇始于美国的新一轮全球金融危机再次引起了学者们对国际金融治理的深度关切，二十国集团等国际组织和国际社会也普遍认为监管不足乃至缺位是导致此次危机发生和扩大的重要原因。

金融全球化的出现，给各国的金融监管带来了巨大的挑战，一国金融安全与发展的协调必然涉及全球范围内金融监管的协调与合作。而当前的金融监管主要属于国内经济管制事项，这种内生性的金融监管制度不足以应对金融全球化的趋势，从而导致各自为政的金融安全监管在国际范围内的管制失灵。经济全球化使金融发展的跨国性与金融安全的内国监管之间产生了明显的对抗与张力，反映在法律上就是各国金融监管的管辖权冲突与实体法冲突。因此，在金融自由化迅速推进，金融创新不断涌现的金融全球化背景下，金融监管也必须相应地走向国际化的发展道路。为防止国际金融系统风险的发生与传导，各国必须加强国内金融监管和国际范围内的金融监管合作，努力提高金融监管的法律效力。

（二）国际金融监管法律冲突表现为法律内容和法律效力双重冲突的特性

金融活动的外生性和国际性与金融监管的内生性和内国管辖性之间的矛盾是产生国际金融监管法律冲突的根本原因。在金融活动不甚发达的时代，各国金融监管机构可以比较充分地实现本国的监管目标。在这一时期，国际金融监管的法律冲突主要体现为法律内容的歧义，是一种潜在的法律冲突。但随着经济全球化进程的深化，金融活动已逐渐溢出了一国的管辖范围，具有日新月异的国际性和复杂性。与此相对应，当前金融监管的法律冲突已经不仅仅停留在立法内容歧义的潜在冲突层面，而表现为法律内容和法律效力的双重冲突。

（三）域外管辖权的分配与协调在解决公法法律冲突中具有突出的作用

国际金融监管法律冲突属于典型的公法性质的法律冲突。公法的适用具有严格的地域属性，一般不承认公法的域外适用或域内适用，因而金融监管法律冲突的解决方法不同于民商法冲突的国际私法解决方法，即公法的适用与管辖权是密切联系在一起的，哪一个国家享有管辖权，就要适用该国的公法；而私法的适用与管辖权可以分离，拥有司法管辖权的国家，却可以适用法院地国以外的私法。因此，国际金融监管法律冲突的管辖权协调在冲突解决中起着举足轻重的作用。在国家主权平等并存的国际社会中，为实现对跨国金融机构的有效监管，主权国家必须首先解决金融监管权在不同法域的再分配问题。通过长期的外交谈判和国际立法协调，在金融监管实践中逐渐形成了东道国管辖、母国管辖、共同管辖以及国际组织管辖等四种管辖权分配原则。

（四）统一性实体法是消弭国际金融监管法律冲突的根本路径

单一的监管管辖权协调与合作只是权宜之计，并不能从根本上消除金融监管法律在内容上的冲突。各国金融监管标准的歧义是影响国际监管合作成效的现实障碍，只有各国金融监管立法普遍采用国际通行标准与规则，实现金融监管法律和规则的趋同与统一，才能从根本上减少乃至消除法律冲突产生的根源。

（五）当前国际金融监管体系的重构注重程序法与实体法的协调发展

2008 年全球性金融危机再次充分暴露出国际金融监管体制功能分裂、条块分割、管制对立和效率低下的痼疾。受金融危机的冲击和影响，改革完善现有的国际金融组织，建立严格、充分、规范和统一的新型全球金融监管体系是大势所趋。二十国集团伦敦峰会上各国首脑决心创建一个以 IMF、国际清算银行（Bank for International Settlements）、BCBS 以及 FSB 为核心、具备综合功能的全球金融监管框架，并提出壮大 FSB 的监管功能和协调功能，使其成为上述各机构间合作的平台，从而实现以现有框架为基础的统一监管功能。同时加强了对离岸金融市场、金融衍生工具和避税港等消极监管冲突的治理，并初步建立了全球金融风险预警机制。这种以管辖权协调为中心的程序法协调和以统一规则协调为中心的实体法协调并存的监管改革重新打造了后危机时代的全球金融监管体系。

二、启示与研究展望

(一)公法冲突协调中的程序法与实体法路径

法律冲突是影响国际经济交流与合作的现实法律障碍,国际社会只有注重程序法与实体法的统一协调,才能提高跨国金融监管的法律效力。程序法的协调主要关注域外管辖权的合理分配问题,主要讨论管辖权行使的合理界限。实体法协调主要关注立法管辖权的合理行使与立法规则的趋同,从具体权利与义务的实体规则角度,消除法律冲突。只有程序法和实体法协调统一,才能实现国际金融监管的有效性和正义性要求。

通过比较研究,笔者认为,从金融监管法律冲突的解决方式来看,单边主义的管辖权自我约束程度有限,实施效果也不是很理想,多边主义的管辖权和实体法的统一方法在短时期内缺少可行性,而且这种集中型协调机制相对来说成本较高。相对来说,以最低实体法标准协调为基础、以母国监管机构承担跨境金融服务的监管管辖权为表现形式的相互认可制度,通过把分散型协调手段和集中型协调手段相结合的综合性协调原则,取长补短,避免了两种协调机制的弊端,成为解决金融监管法律冲突的灵活务实的有效路径,也成为推动全球和区域金融服务贸易一体化的重要法律手段,相互认可制度在欧盟和 WTO 体系内的成功运作即为明证。因此,有理由相信,双边主义的相互认可制度预示着将来跨国经济监管法律冲突协调的发展方向。

(二)国际公法与国际私法的相互影响与相互渗透

20 世纪,西方国际法学界提出了立法管辖权、司法管辖权、执行管辖权三分法和立法管辖权、实施管辖权二分法的理论模式,为跨国经济监管中的域外管辖权协调奠定了理论基础。曼恩进一步揭示,由于国家管辖权是法律发生域外效力的基础,因而国际公法与国际私法(冲突法)在管辖权问题上并没有不可逾越的鸿沟。国际公法关注的是立法管辖权和实施管辖权的合理界限,国际私法(冲突法)关注的是立法管辖权和司法管辖权是统一还是分离,即管辖权的确立和准据法的援引二者究竟应该是分是合。

通过研究,笔者发现,立法管辖权和实施管辖权以及公法和私法的法理划分是相对的。如果主权国家不承认立法管辖权的域外效力,或者不主张立法管辖权的域外效力,就不会有实施管辖权的冲突。但为了适应跨国经济管理的现实需要,大多数国家都在一定程度上和范围内承认域外管辖权的效力，只是对域外管辖权的限度存在分歧而已。因此，随着国际经济交流与合作的扩展，各国经济监管法律冲突的协调方式并非总是彼此隔绝、泾渭分明的。事实上，程序法模式和实体法模式已日益交融在一起，并且出现了公法突破“属地禁忌”，在国际私法法律选择中直接适用公法的新趋势。

（三）国际金融监管法的发展趋向

在国际性金融危机的推动下，“大乱而大治”，国际金融监管体系面临重大的调整和重组。在国际金融监管新旧格局的转换过程中，国际金融监管法呈现出实效性、系统性和全球治理的发展趋势。尤其是国际金融监管合作与协调机制的建立与完善，代表着将来金融监管和金融治理的发展方向。

在金融创新和金融危机的直接推动下，产生了四种类型的国际金融组织，它们的产生与运作，分别代表着国际金融监管协调与合作的不同层次与要求。巴塞尔体制虽不具有正式的法律效力，但它立足于国际金融的现状，提出了一系列实用而有效的审慎监管的原则与标准，成为化解与防范金融风险的核心内容，也成为各国和各国际监管组织在实体规则方面最重要的参照依据和国际标准。WTO 体制把金融服务贸易纳入多边主义的协调体系，使金融监管走上法治化的健康发展道路，从而提高了金融监管协调与合作的国际法效力。欧洲经济货币联盟是迄今为止最成功、最彻底的国际金融合作机制，也是布雷顿森林体系崩溃后，国际金融领域最为重要的制度创新，代表着国际金融合作的高级阶段与将来的发展方向。FSB 作为全球统一性的金融监管和协调机构，在构建全球金融风险预警和防范机制，维护国际金融安全上迈出了关键性的一步。

通过比较上述四种协调机制，笔者认为，国际社会要从根本上解决金融体系的动荡与危机，必须要求主权国家在货币主权上进行更多的合作与让渡。各国向 FSB 让渡部分金融监管主权以及欧洲中央银行发行单一货币（欧元）的成功尝试，都昭示了国际社会共同解决国际金融基本问题的制度创新与努力方向。

鉴于主体内容和篇幅限制，本书对上述与国际金融监管法律冲突相关的问题只是稍作介绍，对于这种新趋势没有详细展开阐述，有待将来的后续跟踪研究予以发展和完善。